Photoshop Elements 3 para fotógrafos digitales

Título de la obra original:

The Photoshop Elements 3 Book for Digital Photographers

Responsable Editorial:

Eugenio Tuya Feijoó

Traducción:

Beatriz Tarancón Álvaro

> Photoshop Elements 3
para fotógrafos digitales

> Scott Kelby

ANAYA MULTIMEDIA

Authorized translation from the English Language edition of The Photoshop Elements 3 Book for Digital Photographers by Scott Kelby, published by New Riders/Peachpit.
Copyright © 2005 Scott Kelby. All rights reserved.

Edición española:

© EDICIONES ANAYA MULTIMEDIA
(GRUPO ANAYA, S.A.), 2005
Juan Ignacio Luca de Tena, 15.
28027, Madrid
Depósito legal: M. 16.543-2005
ISBN: 84-415-1849-1
Printed in Spain
Imprime: Varoprinter, S.A.

OCIO DIGITAL

> Para mi maravillosa esposa Kalebra, y mi querido hijo Jordan.
Es sorprendente la cantidad de alegrías y amor que estas dos
personas aportan a mi vida.

> Agradecimientos

En primer lugar, quiero dar las gracias a mi increíble esposa Kalebra. Mientras escribo este libro, ella está tumbada en el sofá enfrente de mí leyendo un libro (no uno de los míos, lamentablemente), pero tengo que decir que el simple hecho de mirarla hace que me dé un vuelco el corazón, y vuelva a recordarme lo mucho que la adoro y lo realmente bella que es; no podría vivir sin ella. Es el tipo de mujer para las que se escriben las canciones de amor, y sin duda, soy el hombre más afortunado del mundo por tenerla como esposa.

En segundo lugar, me gustaría dar las gracias a mi hijo Jordan, de siete años, que pasó muchas tardes con su adorable cabecita apoyada en mi regazo mientras yo escribía este libro. Dios ha bendecido nuestra familia con una gran cantidad de regalos maravillosos, y yo los puedo ver todos reflejados en sus ojos. Estoy muy orgulloso de él, enormemente contento de ser su padre, y realmente encantado de verlo crecer para convertirse en un niño tan maravilloso, tan cariñoso y con ese gran corazón. (Eres el mejor, amiguito).

También me gustaría dar las gracias a mi hermano mayor Jeffrey, por ser una influencia tan positiva en mi vida, por optar siempre por el camino adecuado, por saber siempre decir lo correcto en el momento preciso, y por tener tantas cosas de nuestro padre en ti. Es un honor tenerte como hermano y como amigo.

Mi más sincero agradecimiento a todo el equipo de KW Media Group, que día a día han hecho que me replantee los conceptos de trabajo en equipo y dedicación. Son un grupo de gente realmente especial, que se reúnen para llevar a cabo cosas realmente sorprendentes (en plazos verdaderamente terroríficos) y lo hacen con clase, elegancia y una actitud dinámica que resulta de gran inspiración. Estoy muy orgulloso de trabajar con todos vosotros.

Gracias a mi equipo de maquetación y producción. En particular, quiero dar las gracias a mi amigo y director creativo Felix Nelson por su ilimitado talento, su creatividad, sus aportaciones, su diseño de la portada, la maquetación global y por sus fantásticas y trepidantes ideas. A Chris Main y a nuestra nueva e innovadora editora técnica Polly Reincheld por comprobar de forma rigurosa cada una de las técnicas, y por hacerme estar alerta a lo largo de todo el proceso. A Kim Gabriel por mantenernos a todos en la misma línea y organizados, lo que nos hizo capaces de enfrentarnos a esas horrorosas fechas límite de entrega. A Dave Damstra y su sorprendente equipo, por dar a este libro un diseño tan claro y riguroso.

Gracias a mi compadre Dave Moser, cuya incansable dedicación para crear un producto de calidad hace que cada proyecto que hacemos sea mejor que el anterior. Gracias a Jim Workman, Jean A. Kendra y Pete Kratzenberg por su apoyo, y por mantener una gran cantidad de platos en el aire mientras escribo estos libros. Gracias a mi asistente ejecutivo Kathy Siler por su gran trabajo y dedicación, y por no restregarme en la cara que sus Redskins le dieron una paliza aplastante a mis Bucs este año.

Gracias a mi editora Nancy Reunzel y al increíblemente dedicado equipo de Peachpit Publishing Group. Sois gente muy especial haciendo cosas muy especiales, y es un verdadero honor trabajar con personas que simplemente quieren crear fantásticos libros. Muchas gracias también a la formidable Rachel Tiley, el arma secreta de Peachpit, y al inconformista del *marketing* Scott Cowlin.

He contraído una deuda especial de gratitud con mis amigos Kevin Ames y Jim DiVitale por dedicar su tiempo a compartir sus ideas, sus técnicas, sus conceptos y una visión para este libro de Photoshop Elements para fotógrafos digitales que realmente marcará la diferencia. Además, quiero agradecer a Kevin las horas que ha pasado conmigo enseñándome sus técnicas de retoque.

Quiero dar las gracias a todos los fotógrafos, retocadores y expertos en Photoshop que me han enseñado tanto a lo largo de los años, entre los que se incluyen Jack Davis, Deke McClelland, Ben Willmore, Julieanne Kost, Robert Dennis, Helene DeLillo, Jim Patterson, Doug Gornick, Manual Obordo, Dan Margulis, Peter Bauer, Joe Glyda y Russell Preston Brown.

Gracias a los brillantes y talentosos fotógrafos digitales que tan gentilmente me han prestados sus fotos para este libro, incluyendo a Carol Freeman, Jeannie Theriault, David Cuerdon y Dave Moser.

También quiero mostrar mi agradecimiento a mis amigos de Adobe Systems: Terry White, Kevin Connor, Addy Roff, Mark Dahlman, Karen Gauthier, John Nack, Bryan Lamkin, Russell Brady, Julieanne y Russell. Y a los que se han ido, pero no he olvidado: Barbara Rice, Jill Nakashima y Theresa Ojeda.

No puedo dejar de dar las gracias una vez más al director de producción de Elements Mark Dahm por atender mis desesperadas llamadas a altas horas de la madrugada, por ir más allá y ayudarme a hacer que este libro sea una realidad, y por su ayuda para hacer de Elements 3 una aplicación de edición fascinante.

Gracias a mis mentores John Graden, Jack Lee, Dave Gales, Judy Farmery Douglas Poole cuya sabiduría y estímulo me han ayudado enormemente.

Además, me gustaría dar las gracias de forma personal a Jeffrey Burke de Brand X Pictures por dejarme utilizar parte de su maravillosa obra fotográfica en este libro.

Gracias a mi amigo Steve Weiss por ayudarme tanto en este asunto, y por todo el apoyo y la orientación que me ha prestado en los últimos años. Realmente ha significado mucho.

Y, lo que es más importante, quiero dar las gracias a Dios y a su hijo Jesucristo por conducirme hasta la mujer de mis sueños, por bendecirme con este hijo tan especial, por permitirme ganarme la vida haciendo algo que realmente me encanta, por estar siempre ahí cuando lo necesito, por bendecirme con una vida maravillosa, feliz y completamente satisfactoria, y por haberme dado una familia cálida y cariñosa con la que compartirla.

> Sobre el autor

Scott Kelby

Scott es redactor jefe y cofundador de la revista *Photoshop User*, redactor jefe de la revista *Capture User* de Nikon, editor ejecutivo de *Photoshop Elements Techniques* y redactor jefe de *Mac Design Magazine*. Es el presidente de la Asociación Nacional de Profesionales de Photoshop (National Association of Photoshop Professionals, NAPP), la asociación comercial para los usuarios de Adobe® Photoshop®, y presidente de KW Media Group, Inc., una empresa de publicación y formación de *software* con sede en Florida.

Scott es el autor de los *best-sellers*, *Photoshop CS Down & Dirty Tricks*, *Photoshop Photo-Retouching Secrets*, *The Photoshop CS Book for Digital Photographers* y es co-autor de *Photoshop CS Killer Tips*, todos publicados por New Riders Publishing. Ha colaborado en los libros *Photoshop Effects Magic*, también

de New Riders, *Maclopedia, the Ultimate Reference on Everything Macintosh* de Hayden Books y *Adobe Web Design and Publishing Unleashed* de Sams.net Publishing. Scott ha escrito también dos *best-sellers* para Macintosh: *Mac OS X Panther Killer Tips* y el premiado Macintosh: *The Naked Truth*, ambos de New Riders y la nueva obra *Mac OS X Conversion Kit: 9 to 10 Side-by-Side* de Peachpit Press.

Scott presentó su primer libro sobre *software* en 2003; el libro, que se titula *Kelby's Notes for Adobe Photoshop*, incluía las respuestas a las 100 preguntas más realizadas en Photoshop, a las que se accedió directamente desde dentro de Photoshop.

Scott es el director de formación del *tour* de seminarios de Adobe Photoshop, presidente técnico de conferencia para la PhotoshopWorld Conference & Expo y participa como orador en los acontecimientos y muestras comerciales por todo el mundo. También aparece en una serie de vídeos y DVD formativos sobre Adobe Photoshop y lleva formando usuarios de Adobe Photoshop desde 1993.

Puede obtener más información sobre Scott visitando su página Web: www.scottkelby.com.

> Índice de Contenidos

> CAPÍTULO 2. CAOS ORGANIZADO. MANIPULAR FOTOGRAFÍAS USANDO EL ORGANIZADOR 63

> CAPÍTULO 3. LA FLOR Y NATA DEL RECORTE. RECORTAR Y CAMBIAR EL TAMAÑO 97

Lea esto antes de que ocurra algo malo

> Introducción. **Lea esto antes de que ocurra algo malo**

NO TENÍA INTENCIÓN DE ESCRIBIR ESTE LIBRO

(En realidad, me refiero al libro que me llevó a este libro. Ésta es la historia.) Faltaban aproximadamente cuatro semanas para que volara a la ciudad de Nueva York; iba a dar un seminario de un día a más de 1.200 adictos profesionales a Photoshop. (Bueno, en realidad eran aproximadamente 1.160 profesionales, 42 personas que sólo querían un día libre pagado, y un "friki" total que me preguntaba constantemente si yo había estado en la cárcel alguna vez. Le contesté claramente, "no, que tú sepas".)

De todas formas, sólo faltaban cuatro semanas para el seminario, y había una sesión para la que yo no tenía todavía un esquema. Se denominaba "Corregir fotos procedentes de cámaras digitales" (un título dramáticamente mejor que mi título de trabajo para la clase, "¡Muere, usuario de la cámara tradicional, muere!").

Sabía que tendría que cubrir esta sesión, porque durante los últimos diez años me he dedicado a enseñar a cientos de fotógrafos tradicionales cómo utilizar Photoshop. La mayoría de ellos se han pasado a la fotografía digital, o están en ello, y todos estos fotógrafos digitales parecen tener por lo general el mismo tipo de preguntas sobre Photoshop, por lo que, de hecho, estoy agradecido, puesto que ahora puedo proporcionarles respuestas. Si realizaran constantemente preguntas distintas, me quedaría sin respuestas de vez en cuando, y tendría que echar mano del plan B, es decir, proporcionar respuestas que suenen bien, pero que, en realidad, son sólo suposiciones.

Así que, sabía lo que tenía que cubrir, pero quería investigar un poco antes, para ver si otras personas de la industria trataban estas cuestiones de la misma forma que lo hacía yo, o si tenían una aproximación distinta, o diferentes técnicas o ideas. Así que salí y compré todos los libros que pude encontrar sobre fotografía digital y Photoshop. Me gasté casi 1,2 millones de dólares. Bueno, no fue tanto, pero digamos sólo que durante los meses siguientes tuve que suprimir algunos lujos como el agua corriente, la recogida de basuras, la calefacción, etc.

Empecé a leer todos esos libros, y lo primero que pensé que buscaría era cómo trataban el ruido digital (ruido High ISO, ruido del canal azul, pérdida de datos de color, etc.), pero, a medida que avanzaba en ellos, me sorprendió descubrir que ni uno solo de los libros trataba este tema. Ni uno solo. Sinceramente, estaba indignado. Me encuentro con esta pregunta muchas veces en cada seminario, y, sin embargo, ninguno de esos libros se molestaba ni siquiera en mencionarlo. Así que, empecé a buscar cómo trabajaban con fotografías de 16 bits. Nada. Bueno, uno de los libros lo mencionaba, pero básicamente lo que decían era "ésto no es para usted, es para profesionales de proyectos de alta calidad con cámaras de 15.000 dólares". No podía creer lo que leía, me quedé atónito. Continué mi búsqueda en otros temas sobre los que se me preguntaba una y otra vez, con los mismos resultados.

Bueno, seguí con mi sesión de Nueva York tal como esta planeado, y, por lo que dicen todos, fue un gran éxito. Tuve un fotógrafo detrás de otro acercándose a mí para decirme "muchas gracias, éstas eran exactamente las cosas que esperaba aprender". Y es en este momento en el que me di cuenta que faltaba un libro, un libro para gente que ya sabe tomar fotografías, y que incluso sabe lo que quiere hacer en Photoshop; estas personas sólo necesitan que alguien les enseñe cómo hacerlo. Alguien que les indique cómo enfrentarse a retos especiales (y oportunidades sorprendentes) de utilizar fotografías digitales con Photoshop. Estaba realmente emocionado porque, en lo más profundo de mi corazón, sabía que yo podría escribir ese libro.

Y EN ESE MOMENTO TUVE LA INTENCIÓN DE ESCRIBIRLO

El día después del seminario volé de vuelta a casa e inmediatamente llamé a mi editor en New Riders para decirle: "Sé lo que quiero hacer en mi próximo libro, quiero escribir un libro de Photoshop para fotógrafos digitales". Se produjo un largo e incómodo silencio, y entonces él dijo: "¿De verdad?, un libro de fotografía digital, ¿eh?". Estaba claro que él no estaba ni de lejos tan emocionado con esta idea como yo (y eso siendo amable). Finalmente dijo: "Ya sabes que ya hay una gran cantidad de libros de fotografía digital publicados", y estuve de acuerdo con él, porque casi me arruino comprándolos todos. Así que ahora tenía que convencer a mi editor no sólo de que era una buena idea, sino de que era tan buena idea que tendría que parar otros proyectos de libros para que yo pudiera escribir este tipo de libro, de los que (tal como él dijo) "ya hay una gran cantidad".

Le expliqué a mi editor por qué mi libro de fotografía digital sería diferente, y esto fue lo que le dije:

1. No es un libro de fotografía digital; es un libro de Photoshop. No incluiría debates sobre películas, *f-stops*, lentes o sobre cómo encuadrar una foto. Las personas que lean este libro tienen que saber tomar las fotografías porque, si no es así, este libro no será para ellos. (Nota: Los editores odian oír una lista de las personas para las que el libro no será apropiado. Lo que quieren oír es: "¡Es perfecto para todo el mundo! Desde la abuela hasta los fotógrafos de prensa de la Casa Blanca", pero, desgraciadamente, este libro simplemente no lo es.)

2. Me saltaría las secciones "Esto es una cámara digital" y "Qué impresora debería comprar", puesto que ambas aparecían en todos los otros libros que compré. En vez de empezar por esas secciones, empezaría el libro desde el momento en el que la fotografía llega a Photoshop procedente de la cámara.

3. Trabajaría como trabajan realmente los fotógrafos digitales, en el orden que ellos lo hacen, empezando por la organización y la clasificación de las fotografías a partir de la toma, enfrentándome a problemas comunes dentro de la fotografía digital, la corrección del color de las fotos, la selección de áreas de trabajo, el retoque de áreas fundamentales, la adición de efectos fotográficos especiales, la definición de las fotos, y, a continuación, la preparación de la fotografía para su posterior impresión.

4. No sería otro libro de Photoshop que se centre en explicar cada aspecto de todos los cuadros de diálogo. ¡No señor! Este libro haría algo distinto, les mostraría cómo hacerlo. Esto es lo que le haría diferente. Mostraría a los fotógrafos, paso por paso, cómo hacer todas esas cosas que me preguntan una y otra vez en los seminarios, a través de *e-mail* e incluso en nuestros foros; les enseñaría cómo hacerlo.

Por ejemplo, le conté a mi editor que casi en todos los libros de Photoshop que se encuentran publicados se incluye información sobre el filtro Máscara de enfoque. Todos hablan de para qué sirven las pestañas deslizantes de Cantidad, Radio y Umbral, y cómo afectan estos ajustes a los píxeles. Hacen todo eso. Pero, ¿sabe qué es lo que generalmente no hacen? ¡No proporcionan ningún ajuste real que se pueda utilizar! Normalmente, ni siquiera ofrecen un punto de partida. Algunos de ellos proporcionan rangos numéricos dentro de los cuales se debería trabajar, pero, básicamente, explican cómo funciona el filtro, y entonces le dejan solo para que desarrolle sus propios ajustes. Le dije que yo no haría eso. Les proporcionaría algunos ajustes fantásticos para el filtro Máscara de enfoque, los mismos ajustes que utilizan muchos profesionales, aunque sé que algunos expertos pomposos en Photoshop podrían no estar de acuerdo con ellos. Saldría y diría, "Eh, utilice este ajuste cuando se trata de definir personas. Utilice este otro ajuste para corregir fotografías ligeramente desenfocadas. Utilice este ajuste en paisajes, etc.". Yo les doy estos ajustes a mis alumnos en los seminarios, así que, ¿por qué no debería compartirlos en mi libro? Estuvo de acuerdo. También le dije que enfocar implica muchas más cosas que la utilización del filtro Máscara de enfoque, y que es mucho más importante para los fotógrafos que las tres o cuatro páginas que los demás libros le dedican. Yo pretendía hacer un capítulo completo en el que explicara todas las distintas técnicas de enfoque, paso a paso, proporcionando diferentes soluciones para distintos retos de enfoque.

Le hablé del Navegador de archivos, y de todo lo que implica, casi un programa individual en sí mismo y, sin embargo, nadie habla realmente de las cosas que los fotógrafos me dicen que necesitan saber, como cambiar automáticamente el nombre de sus fotografías de cámara digital por nombres que tengan sentido. Otros libros mencionan lo que se puede hacer en el Navegador de archivos; yo quiero ser el tipo que les muestre cómo hacerlo. Quiero dedicar todo un capítulo sobre el Navegador de archivos.

Mi editor estaba empezando a implicarse en la idea. Lo que no quería era lo mismo que yo no quería, otro libro de fotografía digital que vuelva a hacer lo que todos los libros sobre fotografía digital y Photoshop ya han hecho. Bien, aceptó la idea y, gracias a él, usted tiene en su mano la segunda versión del libro que tanto me emociona ser capaz de ofrecerle. Pero la forma en la que el libro se desarrolló a partir de aquí llevó más tiempo de lo que había planeado.

CÓMO SE DESARROLLÓ EL LIBRO

Cuando mi editor me dio la aprobación final (que fue más "de acuerdo, pero será mejor que esto sea bueno o los dos nos veremos saludando a la gente y preguntándoles si desean probar uno de nuestros platos especiales"), me senté con dos de los fotógrafos digitales más importantes de la industria, el fotógrafo de productos comerciales Jim DiVitale y el fotógrafo de moda Kevin Ames, para obtener su aportación en el libro. Estos dos tipos son sorprendentes; ambos dividen su tiempo entre su trabajo para algunas de las empresas más importantes del mundo y las clases a otros fotógrafos digitales para enseñarles cómo conseguir milagros en Photoshop, en acontecimientos como PhotoshopWorld, PPA/PEI's Digital Conference y muchos otros eventos por todo el mundo. Pasamos horas negociando qué técnicas deberían incluirse en el libro, y no puedo explicar lo útil y perspicaz que fue su contribución; este libro es mucho mejor de lo que habría sido gracias a su ayuda.

NUEVO Y MEJORADO (¡CON EL MISMO EXCELENTE SABOR!)

Cuando publicamos por primera vez el libro Photoshop para fotógrafos digitales, se convirtió en un enorme éxito de la noche a la mañana, y se convirtió no sólo en el libro de Photoshop, y de fotografía digital, más vendido, sino que pasó a ser uno de todos los libros de informática más vendidos en Amazon.com, y ha llegado a la posición 12 de TODOS los libros de Amazon.com. ¡Bastante raro!

En resumen, el concepto funcionó, y ésta es la razón por la que supe que tenía que hacer una versión especial del libro para los usuarios de Photoshop Elements, puesto que Elements fue diseñado desde el principio como una herramienta para la fotografía digital. Lo mejor de todo: aprendí mucho escribiendo aquel libro original, y he aprendido muchas técnicas nuevas desde que lo escribí; usted es la persona que se va a beneficiar de las dos cosas en esta nueva versión del libro exclusivo para los usuarios de Elements.

ESTA VERSIÓN TIENE UN ARMA SECRETA

Aunque Elements ofrece algunas estupendas características de fotografía digital que Photoshop CS ni siquiera ofrece, obviamente hay una gran cantidad de características que Photoshop CS tiene y que Photoshop Elements 3 todavía no tiene (cosas como las máscaras de capa, el mezclador de canales, etc.). Pero ésta es la buena noticia: de lo que más orgullo estoy en este libro de Elements es de que he sido capaz de encontrar rodeos, trampas y otras formas bastante ingeniosas de reproducir algunas de esas características de Photoshop desde Elements. En algunos casos, puede que lleve algunos pasos más

llegar al objetivo que utilizando Photoshop CS, pero el resultado parece bastante similar, y usted va a ser el único que sepa que el efecto se creó en Elements, y no en Photoshop CS. Esto le servirá de prueba para ver qué tal se le da guardar secretos.

ENTONCES, ¿QUÉ ES LO QUE NO ENCONTRARÁ EN ESTE LIBRO?

Hay algunas cosas que no he incluido intencionadamente en este libro, como por ejemplo, los signos de puntuación (es broma). No, en serio, he tratado de no incluir en este libro cosas que ya aparecen en todos los demás libros de Photoshop que hay por ahí. Por ejemplo, no va a encontrar un capítulo sobre la paleta Capas, o un capítulo sobre las herramientas de pintura, o un capítulo en el que se le muestre la apariencia de cada uno de los 102 filtros de Elements cuando se aplican a la misma fotografía. Tampoco he incluido un capítulo sobre la impresión en su impresora de chorro de tinta en color porque (a) todos los libros de Photoshop lo incluyen y (b) cada impresora utiliza un *software* del *driver* de impresión diferente, y, si le enseñara el flujo de trabajo de una impresora de chorro de tinta en color Epson, lo más seguro es que usted tenga una impresora HP o Canon (o viceversa) y entonces simplemente conseguiría enfadarle.

¿ES ESTE LIBRO PARA USTED?

No se lo puedo asegurar, así que hagamos este sencillo pero sorprendentemente preciso test que determinará sin duda alguna si este libro es o no para usted. Conteste a las siguientes preguntas:

1. ¿Tiene o tendrá pronto una cámara digital?

2. ¿Tiene o tendrá pronto Photoshop Elements?

3. ¿Tiene, o tendrá pronto el dinero que cuesta este libro?

Puntuación: Si contestó "sí" a la pregunta 3, entonces sí, este libro es para usted. Si respondió afirmativamente a las preguntas 1 ó 2, sin duda es también un buen indicador.

¿ESTE LIBRO ESTÁ DIRIGIDO A USUARIOS DE WINDOWS, A USUARIOS DE MAC O A AMBOS?

En realidad es sólo para usuarios de Windows, lo que es triste, puesto que la versión anterior de este libro era para Mac y para PC, pero esta vez simplemente no pudo ser. Ésta es la razón: cuando Adobe creó Elements 3, dejaron algunas características importantes (y menos importantes) fuera de la versión Mac. De hecho, todo el Organizador (que es una de las características más convincentes de Elements 3) no está en absoluto en la versión Mac. Cuando consideré cuánto se diferenciaban las dos versiones (en lo que respecta a las características, a la interfaz, etc.), me di cuenta de que tenía que tomar una decisión. Podía hacer un libro realmente confuso e inconexo que intentara de forma poco convincente cubrir las dos versiones, o podía hacer una versión directa que tratara sólo de la parte de PC, y fuera capaz de añadir más páginas y más contenido. El hecho de que la abrumadora mayoría de los usuarios existentes de Elements utilizaran PC hizo que me decisión fuera un poco más sencilla, pero todavía sigo decepcionado por no haber podido hacer las dos. Así que, ¿tiene este libro alguna utilidad para los usuarios de Mac? Pues sí. Si es usuario de Mac, sólo tiene que saltarse completamente el

capítulo 2 (el capítulo del Organizador), y cada vez que vea el método abreviado de teclado Alt, pulse la tecla Opción; cuando vea que el método abreviado incluye la tecla Control, simplemente pulse la tecla de Mac Comando; cuando le diga "pulse Retroceso", simplemente tendrá que pulsar la tecla Supr en Mac. Sabiendo esto, todavía puede encontrarse con alguna característica que usted no tenga, y a veces habrá elementos que se encuentren en un menú diferente, pero algunas cosas serán iguales.

¿CÓMO DEBERÍA UTILIZAR ESTE LIBRO?

Puede considerar este libro como uno de esos en los que puede dirigirse a cualquier parte, puesto que no lo escribí pensando en una lectura secuencial, ese tipo de libros que basan cada capítulo en el anterior. Por ejemplo, si acaba de comprar este libro y desea saber cómo blanquear los dientes de una persona para un retrato que está retocando, puede dirigirse directamente a la parte del libro en la que se explica esa técnica, y será capaz de seguirla y llevarla a cabo de forma inmediata. Esto se debe a que explico todo en detalle. No deje que esto le desconcierte si lleva utilizando Elements desde la versión 1; tuve que hacerlo así porque algunas de las personas que comprarán este libro son fotógrafos tradicionales de gran talento que, como se están pasando ahora al mundo digital, pueden no saber nada de Elements. No quería dejarlos fuera, o hacer que este libro les resultara muy complicado, así que explico en detalle cosas como "Diríjase al menú Mejorar, a la opción Ajustar Brillo/contraste y seleccione Niveles", en lugar de escribir directamente "Abra Niveles". Sin embargo, sí he colocado los capítulos en un orden que sigue el orden típico del proceso de corrección, edición y retoque; así que, quizá le resulte útil empezar en el capítulo 1 y continuar la lectura del libro de forma secuencial.

Lo importante es que, empiece donde empiece, se divierta, y, más importante todavía, que les hable a sus amigos de este libro, para que pueda recuperar la suma de 1,2 millones de dólares que me gasté en todos esos libros de fotografía digital. Además, a pesar de que el nombre oficial del *software* es Adobe Photoshop Elements 3.0, para hacer que las cosas sean más cortas y sencillas, normalmente me referiré a él simplemente como Elements 3 en el libro.

¡ESPERE, UNA COSA MÁS! PUEDE DESCARGAR LAS FOTOS UTILIZADAS EN ESTE LIBRO

Otra cosa que pretendía hacer era incluir bonitas imágenes fotográficas a lo largo del libro. Pude convencer a algunos de mis fotógrafos favoritos para que me prestaran parte de su obra con la intención de incluirla en este libro (puede conocerlos mejor en las páginas que les he dedicado en la parte final de este libro). También le pedí al que creo que es el proveedor de *stock* sin derechos de autor de mejor calidad, Brand X Pictures (www.brandxpictures.com), que me prestara algunas de sus maravillosas imágenes para el libro, y ellos gentilmente accedieron a hacerlo. No podía estar más contento con su variedad de imágenes y su fantástica fotografía que va más allá de las fotos de *stock* de hombres de negocios dándose la mano que impregnan el resto del mercado. Realmente están haciendo algo especial en el *stock* libre de derechos de autor y estoy en deuda con ellos por su generosidad.

Gracias a esos fotógrafos y a Brand X Pictures, la mayoría de las fotos utilizadas en este libro están a su disposición en el sitio Web del manual del libro en www.scottkelbybooks.com/elements3photos.html, desde donde puede descargarlas. Por supuesto, la idea es que usted utilice estas técnicas en sus propias fotografías, pero si quiere practicar con las ofrecidas aquí, no se lo diré a nadie. De acuerdo, ahora sí, pase la página y ¡a trabajar!

Fotógrafo: Scott Kelby

Pongámonos en marcha. Dominar el Explorador de archivos

1

> Capítulo 1. **Pongámonos en marcha. Dominar el Explorador de archivos**

En principio, podría pensar que el Explorador de archivos de Photoshop Elements no merece que se le dedique todo un capítulo, pero cuando considere todas las cosas que ha hecho por la comunidad (incluyendo proporcionar ayuda a otras aplicaciones de *software* menos afortunadas), se dará cuenta de que probablemente sí se lo merece. Especialmente cuando tenemos en cuenta el hecho de que el Explorador de archivos por sí mismo es probablemente más poderoso que muchos productos independientes, como el Whopper (el ordenador que aparece en la película *Juegos de Guerra* en la que aparece Matthew Broderick) o Microsoft Office 2000. Claro, el ordenador Whopper podía simular un primer ataque soviético pero, francamente, era bastante malo a la hora de organizar o clasificar fotografías (igual que Microsoft Office). De hecho, no estoy seguro de que ese ordenador pudiera organizar o clasificar fotografías en absoluto; probablemente ésta es la razón por la que ningún libro de Photoshop Elements publicado hasta la fecha ha dedicado un capítulo al ordenador Whopper. Por el contrario, podría pensar que, con todas las cosas estupendas que el Explorador de archivos hace, seguro que al menos uno de estos libros de Photoshop Elements le dedica un capítulo, ¿verdad? Bueno, pues yo no lo he encontrado. Así que mi intención es realmente ésa, profundizar en serio en el Explorador, descubrir su poder oculto y comprobar si de una vez por todas fue escrito en realidad por un hombre llamado Profesor Faulken (por cosas como ésta no deberían dejarme escribir las introducciones de los capítulos después de la una de la mañana).

GUARDAR SUS NEGATIVOS DIGITALES

Sé que está deseando pasar directamente a la parte de organización y edición de sus fotografías pero, antes de llegar a esa "parte divertida" hay un par de cosas realmente importantes que tenemos que hacer, antes incluso de abrir Photoshop Elements 3. Le llevará sólo un par de minutos, pero, si no las hace, se arrepentirá a lo largo del proceso.

Paso 1:

Conecte su lector de tarjetas de memoria (CompactFlash, Smartcard, etc.) al ordenador y verá cómo aparece la **Utilidad de descargas de fotografías de Adobe.** Por defecto, todas sus fotografías están marcadas para ser importadas a su ordenador (ésa es la razón por la que verá un recuadro marcado con un tick debajo de cada fotografía).

Si hay fotografías que no quiere importar, sólo tiene que eliminar el tick del recuadro que aparece debajo de las fotografías que no desee.

Si quiere elegir una ubicación (carpeta) de su disco duro en la que guardar esas fotografías, haga clic en el botón **Examinar**, seleccione el lugar en el que desea guardar las fotografías y, a continuación, haga clic en el botón **Obtener fotografías** que aparece en la esquina inferior derecha de la **Utilidad de descargas de fotografías de Adobe.**

Cuando haga clic en ese botón, aparecerá un cuadro de diálogo de progreso en el que se mostrará que las fotografías están siendo copiadas a su disco duro.

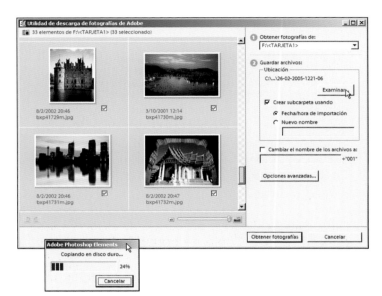

accidentalmente borrados o descartados, siempre tendrá estos negativos digitales.

Paso 3:

Paso 2:

Cuando las fotografías se hayan importado, se cargarán de forma automática en el Organizador de Photoshop Elements como colección independiente. Antes de empezar a clasificar y editar estas fotografías, tendrá que grabarlas en un CD. No abra las fotos, las ajuste y proceda a seleccionar sus favoritas para grabarlas entonces en un CD, grábelas ahora, inmediatamente. La razón por la que esto es tan importante es porque esa grabación contendrá sus negativos, sus negativos digitales, que no serán distintos de los negativos que obtendría de un laboratorio fotográfico después de revelar su película. Si graba un CD ahora, antes de empezar a editar las imágenes, estará creando un conjunto de negativos digitales que no podrán ser

¿Qué hacemos si no tenemos una grabadora de CD? La solución es sencilla, compre una. Es así de importante, la grabadora de CD es una parte fundamental de su organización a nivel digital. Afortunadamente, la grabación de CD es tan rápida, tan barata (puede comprar CD vírgenes por menos de 50 céntimos cada uno) y tan sencilla que no puede permitirse el lujo de saltarse este paso. Para copiar las fotografías que acaba de importar en un CD, vaya al menú **Archivo** del Organizador y seleccione la opción **Copia de seguridad**.

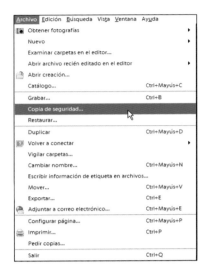

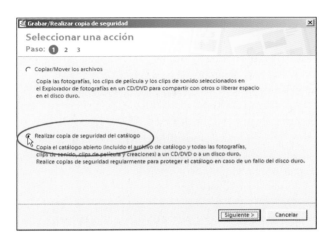

Paso 4:

Seleccionar la opción **Copia de seguridad** abrirá el cuadro de diálogo **Grabar/Realizar copia de seguridad**. Haga clic en la opción **Realizar copia de seguridad del catálogo** para copiar todas las imágenes de su catálogo actual (las que acabamos de importar) en un CD. Pulse el botón **Siguiente** para acceder al paso siguiente. (Puede que aparezca un cuadro de diálogo de advertencia en el que se le pregunta si desea "volver a conectar" sus imágenes. Este cuadro de diálogo simplemente verifica que los archivos se han importado de forma adecuada. Es usted quién tiene que decidir si desea **Continuar** o **Volver a conectar**, pero la segunda opción no causará ningún daño.)

Paso 5:

En la pantalla siguiente del cuadro de diálogo, haga clic en la opción **Copia de seguridad completa**, puesto que ésta es la primera vez que está copiando este conjunto de fotografías. Vuelva a hacer clic en el botón **Siguiente**.

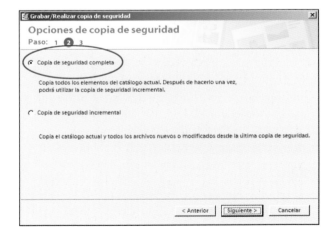

Paso 6:

En la sección **Ajustes de destino** del cuadro de diálogo, haga clic en su dispositivo de grabadora de CD que aparece en la lista situada en la parte superior del cuadro de diálogo. Cuando se le pida, inserte un CD virgen en su grabadora de CD, y póngale un nombre a su CD en el campo **Nombre**. A continuación, haga clic en el botón **Hecho** para empezar a llevar a cabo el proceso de copia de seguridad.

Paso 7:

Aparecerá una barra de estado mientras se graba su disco de copia de seguridad.

Paso 8:

Cuando haya terminado de grabarse, aparecerá otro cuadro de diálogo en el que se le pregunta si desea verificar que el disco se escribió de forma correcta. Como este disco contiene algo muy importante y es virtualmente irremplazable, le sugeriría que hiciera clic en el botón **Verificar**. De esta forma, estará seguro de que la copia de seguridad ha funcionado perfectamente.

Paso 9:

Cuando se haya terminado el proceso de verificación, aparecerá un cuadro de diálogo que puede resultar insultante, en el que se le recuerda que coja un rotulador y escriba el nombre de lo que hay en el disco de copia de seguridad en el propio disco. Por cierto, si es usted uno de esos tipos extra cuidadosos (esto es, paranoicos), puede llevar a cabo otra copia para guardarla como segunda copia de seguridad. No existe pérdida de calidad, así que puede grabar tantas copias como necesite para sentirse seguro (recuerde, sólo porque usted sea paranoico éso no significa que no estén ahí fuera esperando cogerle).

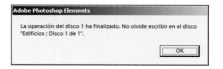

CREAR UNA HOJA DE CONTACTO PARA SU CD

De acuerdo, ya tenemos grabado el CD de negativos digitales y es el momento de ponerse a trabajar, pero antes de ir más allá, puede ahorrarse mucho tiempo y mucha frustración en el proceso si crea una hoja de contacto del tamaño de la funda del CD. De esa forma, cuando coja el CD, verá exactamente lo que hay en él antes incluso de insertarlo en el ordenador.

Afortunadamente, el proceso de creación de esta hoja de contacto está automatizado, y sólo tiene que tomar una serie de decisiones sobre el aspecto que querrá darle desde las que Photoshop Elements 3 procederá a trabajar. (Nota: Necesitará tener Adobe Acrobat para poder llevar a cabo esta técnica.)

Paso 1:

En primer lugar, abra las fotografías que quiere que aparezcan en su hoja de contacto en el **Editor** de Elements, vaya al menú **Archivo** y seleccione la opción **Imprimir varias fotografías** (o pulse el método abreviado de teclado **Alt-Control-P**). (Nota: Si ya está trabajando en el Organizador, puede crear una hoja de contacto desde la colección abierta desde el menú **Archivo** del Organizador, seleccionando la opción **Imprimir**.)

Paso 2:

Cuando seleccione la opción **Imprimir varias fotografías**, se abrirá en primer lugar el Organizador de Elements e, inmediatamente después, el cuadro de diálogo **Imprimir fotografías**. Existen tres categorías en la parte derecha del cuadro de diálogo. En la categoría **Seleccionar tipo de impresión**, seleccione la opción **Hoja de contactos** del menú desplegable.

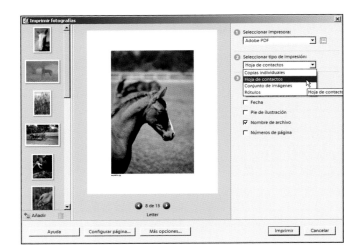

Paso 3:

Ahora que ya le hemos dicho a Elements que queremos imprimir una hoja de contactos (la ventana de previsualización le muestra el aspecto que tendrán las fotografías seleccionadas como una hoja de contacto de tamaño carta, que es el tamaño predeterminado), el siguiente paso será especificar el tamaño que necesita para la hoja de contacto (en este caso, uno que se adecue a la portada de una funda de CD). Para hacerlo, empiece por seleccionar la opción Adobe PDF en el menú desplegable Seleccionar impresora. A continuación, haga clic en el botón azul y blanco que aparece a la derecha del menú Seleccionar impresora, en la parte superior derecha del cuadro de diálogo.

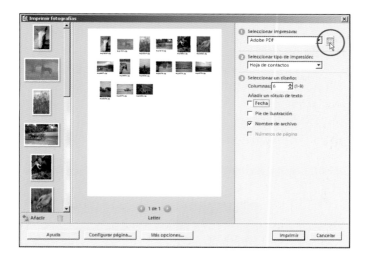

Paso 4:

Esta acción hará que aparezca un cuadro de diálogo con opciones para su impresora (puesto que estamos imprimiendo en un dispositivo Adobe PDF en lugar de imprimir el archivo en una impresora normal, verá las opciones existentes para un PDF). Como Adobe no

incluyó un tamaño estándar para fundas de CD, vamos a crearlo haciendo clic en el botón **Agregar página personal** que aparece en la parte superior derecha del cuadro de diálogo.

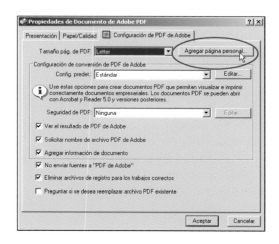

Paso 5:

Al hacer clic en el botón **Agregar página personal** aparecerá el cuadro de diálogo que aparece a continuación. En primer lugar, póngale nombre a su nuevo tamaño de papel (algo como Funda CD) en el campo Nombres de papel. A continuación, en la sección Tamaño de papel, introduzca 4.5 en Ancho y 4.5 en Alto, haga clic en la opción Pulgadas del área Unidad, y, a continuación, haga clic en el botón **Agregar o Modificar** para guardar su tamaño personalizado en la lista de opciones predeterminadas de Tamaño pág. de PDF.

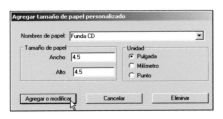

Paso 6:

Cuando haga clic en **Agregar o Modificar**, volverá al cuadro de diálogo **Propiedades de Documento de Adobe PDF**. Haga clic en el menú **Tamaño pág. de PDF**, y, cuando aparezca el menú desplegable, verá que su nuevo tamaño personalizado (**Funda CD**) aparece ahora en la lista. Haga clic sobre él para seleccionarlo como su nueva hoja de contacto.

Paso 7:

Cuando haga clic en **Aceptar**, aparecerá la previsualización de su hoja de contacto (en el centro del cuadro de diálogo) donde se muestran las fotografías en miniatura que aparecerán en su funda de CD.

(Nota: El nombre **Funda de CD** aparecerá ahora debajo de la previsualización.) Si tiene más de una página de fotografías abierta, tendrá más de una página de miniaturas (en lugar de poner página 1 de 1 pondría 1 de 2, 1 de 3, etc.). Para ver las distintas páginas, sólo tiene que hacer clic en la flecha que apunta hacia la derecha en la parte inferior de la previsualización.

Paso 8:

En la parte derecha del cuadro de diálogo, puede decidir si desea que Elements 3 imprima el nombre del archivo de cada miniatura en su hoja de contacto. Le recomiendo encarecidamente que active esta característica porque puede que un día vuelva a este CD en busca de una foto. La miniatura le permitirá ver si la fotografía que está buscando se encuentra en este CD (por lo que habrá estrechado un poco la búsqueda), pero si no introduce el nombre debajo de la imagen, tendrá que buscar de forma manual en cada fotografía del CD para localizar exactamente la que vio en la portada. Sin embargo, si localiza la fotografía en la funda y puede ver su nombre, sólo tendrá que proceder a abrir Elements 3 y abrir dicho archivo. Créame, es una de esas cosas que le evitará tirarse de los pelos. Ahora puede hacer clic en **Imprimir** y su hoja de contacto se creará en formato PDF y se abrirá en Elements. Sólo tiene que ir al menú **Archivo**, seleccionar **Imprimir** y proceder a imprimir su hoja de contacto en su impresora.

Paso 9 (o éso pensaba...):

Ésto es más un truco que un paso, pero algunos fotógrafos añaden una segunda hoja de contacto para hacer que sean aún más fácil localizar la imagen exacta que están buscando. Se basa en la premisa de que en todo rollo (digital o no) generalmente hay una o dos instantáneas fundamentales (dos "guardas" realmente buenas) que normalmente serán las que busque en este disco (después de todo, es bastante raro tomar 30 ó 40 instantáneas y que todas ellas sean fantásticas. Normalmente, hay un par de ellas que son realmente estupendas, unas 15 que están "bien" y el resto que no verán nunca la luz del día, por decirlo así). En consecuencia, lo que hacen es crear una hoja de contactos adicional que bien se convierte en la portada de la funda del CD (colocando la hoja de contactos original detrás en la funda) o al revés (la hoja de contactos normal es la que se ve en la parte exterior de la funda, y la hoja de contactos adicional se encuentra detrás). Esta hoja de contactos adicional incluye sólo una o

dos instantáneas, las realmente importantes de ese conjunto, junto con una descripción de las mismas, lo que hace que el proceso de encontrar la imagen correcta sea incluso más sencillo.

Paso 10:

Éste es el resultado final con una hoja de contactos de dos fotografías para la portada de la funda del CD, después de haber impreso una hoja de contactos normal con múltiples imágenes y haberla colocado detrás de esta segunda hoja en la funda del CD. Para crear esta hoja de contactos, abra una o dos imágenes en el Editor, y simplemente repita los pasos 1-8. Cuando llegue al paso 8, sólo tiene que pulsar la tecla **T** para cambiar a la herramienta Texto e introducir un texto descriptivo al lado de la miniatura o miniaturas de la hoja de contactos. A continuación, proceda a imprimir su nueva hoja de contactos.

Este CD contiene esta fotografía del caballo en la niebla. El nombre del archivo es bxp49391s.jpg

Esta otra, que utilicé para la publicidad de la granja, también está aquí. Se llama bxp41370s.jpg

ENFRENTARSE A LA PANTALLA DE BIENVENIDA

Lo sé, el título "enfrentarse a la pantalla de bienvenida" hace que la pantalla de bienvenida parezca algo molesto, pero realmente no lo es. Al menos, no en principio. De hecho, al principio, es una bienvenida, pero después de haberla visto unos pocos cientos de veces, existen cosas que le gustaría decidir antes. Y son...

La primera vez:

La pantalla de bienvenida que aparece cuando abre el programa está diseñada para ayudar a los usuarios que lo utilizan por primera vez a saber qué es lo que quieren. Si está leyendo este libro, sospecho que ya sabe lo que quiere, así que haga clic en el botón **Editar y mejorar fotografías** que encontrará más o menos en la parte superior, en el centro, de la pantalla de bienvenida; este botón le lleva directamente al Editor de Elements (que, si ha utilizado versiones previas de este programa, conocerá simplemente como Photoshop Elements).

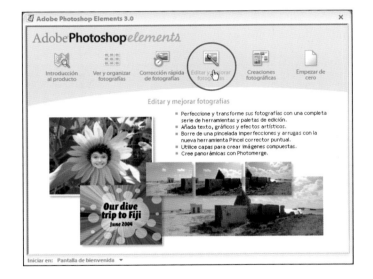

Futuras utilizaciones:

Puede utilizar esta pantalla de bienvenida para decidir qué ocurrirá cuando abra Elements 3 en el futuro. Por ejemplo, la opción por defecto es que esta pantalla de bienvenida aparezca cada vez que abra Elements. Puede que quiera que esto ocurra las primeras veces, pero una vez pasada la novedad, querrá dirigirse directamente al Editor cuando acceda a Elements. Para ello, sólo necesita cambiar una cosa: en la esquina inferior izquierda de la pantalla de bienvenida, donde pone **Iniciar en**, verá las palabras **Pantalla de bienvenida**. Haga clic sobre estas palabras y seleccione **Editor** en el menú emergente que aparezca. A partir de ahora, cuando abra Elements, irá directamente al Editor.

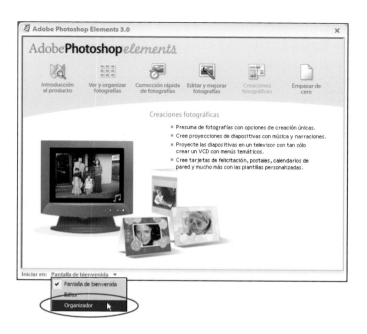

Empezar la organización:

Si prefiere saltarse la pantalla de bienvenida e ir directamente a la clasificación de imágenes en lugar de editarlas, puede ir al Organizador incrustado (que solía ser un producto independiente de Photoshop Album) seleccionando **Organizador** en el menú emergente **Iniciar en**.

Bienvenido de nuevo a la pantalla de bienvenida:

Bien, y ¿qué pasa si ha decidido empezar desde el Editor o desde el Organizador y, en algún momento en una fecha posterior decide que le gustaría volver a tener la pantalla de bienvenida? Es fácil; sólo tiene que dirigirse al menú **Ventana** (en el Editor o en el Organizador) y seleccionar la opción **Bienvenido** para que la pantalla vuelva a aparecer. Sin embargo, una vez que la cierre, no volverá a aparecer al inicio a menos que cambie la opción seleccionada en el menú emergente **Iniciar en:** que aparece en la esquina inferior izquierda a **Pantalla de bienvenida**.

Otras opciones:

Una última cosa, para ahorrarle tiempo. Si tiene la pantalla de bienvenida abierta, hay tres botones que le llevan al Editor, sólo que le dejan en partes diferentes. **Corrección rápida de fotografías** abre el Editor en el modo **Corrección rápida**; el botón **Editar y mejorar fotografías** abre el Editor normal de Elements 3; **Empezar de cero** también abre el Editor, pero tiene la consideración de abrir un cuadro de diálogo de documento **Nuevo**.

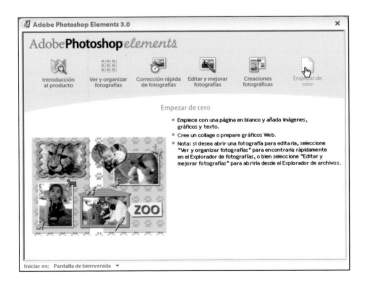

CÓMO HACER QUE ELEMENTS 3 TENGA EL ASPECTO DE ELEMENTS 2 Y ACTÚE COMO ÉL

Llegados a este punto, ya habrá observado que Elements 3 tiene una nueva interfaz (un nuevo cuadro de herramientas, una nueva forma de mostrar sus fotos, un nuevo esquema de paletas, en fin, todo es nuevo). Aunque pienso que la nueva interfaz es un enorme avance en la dirección correcta, los dos sabemos que hay gente a la que no le gusta el cambio (ni usted ni yo, por supuesto, otros, en su mayoría, "frikis").

De todas formas, si se encuentra con algunas de estas personas anti-modificaciones, puede enseñarles cómo cambiar la interfaz de Elements 3 para que tenga el mismo aspecto y el mismo comportamiento que versiones anteriores de Elements, utilizando la técnica que se explica a continuación.

Paso 1:

La diferencia más obvia entre las versiones es que la caja de herramientas flotante de Elements 2 ha sido reemplazada por una caja de herramientas de una sola fila que se encuentra pegada a la parte izquierda de su pantalla en Elements 3. Para hacer que recupere el aspecto de la vieja caja de herramientas flotante, sólo tiene que hacer clic en la diminuta etiqueta que aparece en la parte superior de la caja de herramientas y arrastrarla al área de trabajo. La vieja caja de herramientas flotante de dos filas ha vuelto.

Para volver de nuevo al aspecto de fila única, sólo tiene que arrastrar la parte superior de la caja de herramientas de nuevo a la esquina superior izquierda, donde estaba la fila única original.

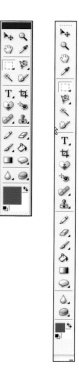

fotografía en la que está trabajando, algo que los profesionales prefieren cuando llevan a cabo corrección de color en imágenes, de forma que los colores del fondo no interfieran con la percepción del color. Pero, si aún así prefiere volver a ver esas viejas ventanas flotantes individuales para cada fotografía de Elements 2 (sin tener sus imágenes centradas con un área gris que las rodee), sólo tiene que dirigirse al menú **Ventana**, y seleccionar **Cascada** en **Imágenes**. *Voilá*, ahí tiene de nuevo las ventanas individuales. (Para volver a la nueva visualización, vaya a **Ventana>Imágenes>Modo de maximización**.)

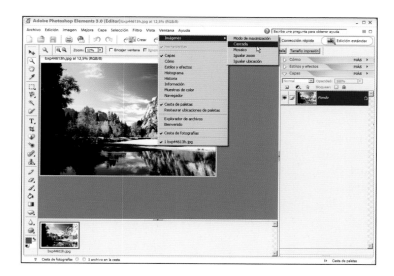

Paso 2:

Otra diferencia que notará, la siguiente en importancia, es que las fotografías predeterminadas ya no aparecen en sus ventanas separadas. Ahora aparecen centradas en la pantalla con un área en color gris que las rodea. Adobe denomina a esto **Modo de maximización**. Este modo es realmente fantástico por dos razones: (1) le proporciona el área de trabajo máxima posible centrando su fotografía en la pantalla; y (2) le coloca un color gris neutro alrededor de la

Paso 3:

Lo tercero que ha cambiado es la introducción de la **Cesta de paletas**, que aparece en la parte derecha de la pantalla, y que sustituye a las paletas flotantes de Elements 1 y 2. Si quiere volver a ver esas paletas (y, a la vez, deshacerse de la nueva **Cesta de paletas**), sólo tiene que hacer clic en una de las paletas "anidadas" en la cesta, arrastrarla hacia fuera, al área de trabajo (como hice en este ejemplo con la paleta **Capas**), y se convertirá de nuevo en una paleta flotante normal. Igual que en las versiones anteriores de Elements, puede anidar las paletas más utilizadas para colocarlas juntas arrastrando y soltando sus etiquetas en cualquier paleta flotante abierta.

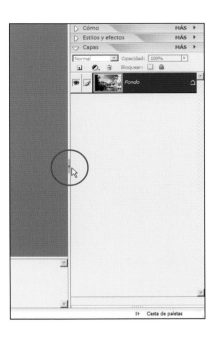

Paso 4:

Una vez que haya vaciado la **Cesta de paletas** (la haya quitado, anidado o haya cerrado todas las paletas que Adobe pone ahí por defecto), puede cerrar la **Cesta de paletas** haciendo clic en la pequeña pestaña que aparece en el centro, en la barra divisora vertical o haciendo clic en la flecha que aparece a la izquierda de las palabras **Cesta de paletas** en la esquina inferior derecha de su pantalla. (Para volver a la nueva disposición, haga clic en la flecha que aparece al lado de las palabras **Cesta de paletas** de nuevo para abrirla, y arrastre las etiquetas de las paletas para volver a anidarlas en la cesta.)

Paso 5:

Elements 3 también introduce la **Cesta de fotografías**. Aparece en la parte inferior de su pantalla y muestra una pequeña miniatura de cada uno de los documentos que tenga abiertos. Así que, aunque el modo de maximización muestra sólo una fotografía cada vez, puede utilizar la **Cesta de fotografías** para llevar la foto que quiera a la parte superior haciendo simplemente clic sobre una miniatura. Existen también dos pequeños botones de flecha en la esquina inferior izquierda de la **Cesta de fotografías** que funcionan como botones adelante y atrás. Haga clic en la flecha en dirección hacia la derecha para desplazarse a la siguiente fotografía de la Cesta, o haga clic en la flecha en dirección a la izquierda para desplazarse a la fotografía anterior. Para cerrar esta característica de forma que Elements 3 se parezca más a Elements 2, haga clic en la flecha en dirección hacia abajo que encontrará a la izquierda de las palabras **Cesta de fotografías** en la esquina inferior izquierda de su pantalla. (Para restaurar la **Cesta de fotografías**, vuelva a hacer clic en la flecha.)

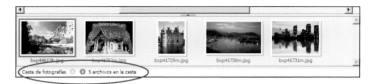

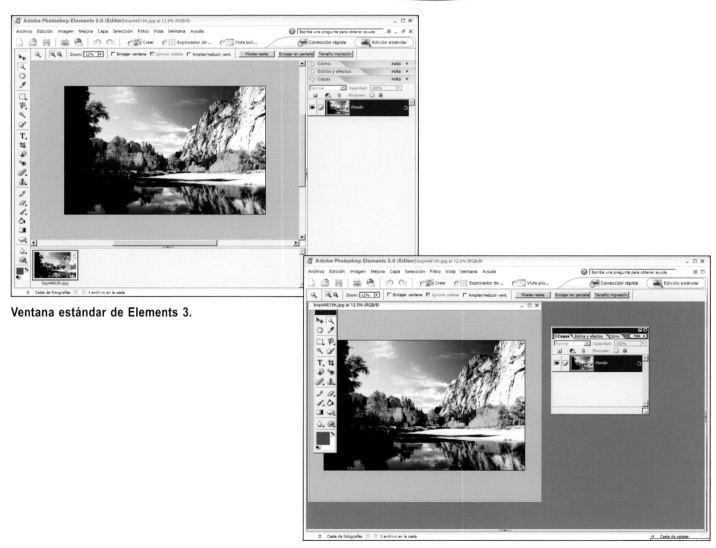

Ventana estándar de Elements 3.

Ventana de Elements 3 con el aspecto de la "vieja escuela".

ES MOMENTO DE TOMAR UNA DECISIÓN: ¿EXPLORADOR DE ARCHIVOS U ORGANIZADOR?

En Photoshop Elements 2 (y en la versión de Macintosh de Elements 3), el único método para importar y organizar fotografías era el Explorador de archivos. En Photoshop Elements 3, existe un nuevo y mejorado Explorador de archivos, pero hay algo aún mejor, el Organizador. Es una versión actualizada de lo que previamente era un producto independiente que Adobe vendía por separado como Photoshop Album 2. Como puede acceder a ambos desde Elements 3, ¿cuál deberíamos utilizar, el Explorador de archivos actualizado o el nuevo Organizador? Aquí tiene la forma de determinar cuál de los dos es el adecuado para usted.

El Organizador:

El Organizador lleva a cabo una tarea doble: funciona maravillosamente bien con las fotografías que acaba de tomar con su cámara digital, pero su fuerte es la catalogación de todas sus fotografías de cámara digital y mantenerlas a uno o dos clics de distancias en cualquier momento. Fue diseñado para crear una base de datos gigante (y sin embargo, muy rápida) de todas las fotografías que haya tomado en el transcurso de los años; destaca en el seguimiento y la organización de sus fotografías y, lo que quizá es más importante, está diseñado para ayudarle a encontrar las fotografías que usted busca de forma rápida.

Otra estupenda característica del Organizador es su capacidad de dar salida (compartir) sus fotografías en una amplia variedad de formatos, entre los que se incluyen visualizaciones de diapositivas de características completas, DVD, sitios Web, servicios de impresión *online* y correo electrónico basado en HTML. Entonces, ¿quién debería utilizar el Organizador?

(1) Cualquier persona que sea nueva en la utilización de Elements debería sin duda utilizar el Organizador porque es el futuro de la gestión fotográfica digital de Elements. (No es el Explorador de archivos, porque de ser así Adobe simplemente habría seguido mejorándolo. Pienso que el Explorador de archivos probablemente desaparecerá por completo en una versión futura de Elements.) (2) Personas que necesiten un acceso instantáneo a todas sus fotografías, sin tener que buscar en los CD de fotografías. (3) Cualquiera que desee hacer cosas distintas de simplemente imprimir las fotografías en una impresora doméstica (como visualizaciones de diapositivas, DVD, sitios Web, etc.) (4) Cualquier persona que utilice Photoshop Album 1 ó 2 y ya esté familiarizado con esta aplicación. (5) Todo aquel que quiera algo mejor, con más características, más poderoso que el Explorador de archivos. En resumen, mi recomendación a prácticamente todo el mundo es "utilice el Organizador".

El Explorador de archivos:

El Explorador de archivos se utiliza esencialmente para gestionar sus fotografías actuales. En otras palabras, su mejor funcionamiento se da a la hora de importar y organizar fotografías que acaba de tomar desde su cámara digital. Es fantástico para separar las buenas imágenes de las malas, antes de abrirlas en Elements 3 para su edición. Éste es su punto fuerte.

Aquí tenemos la parte mala: no es demasiado bueno trabajando con una gran colección de todas sus fotografías (como un catálogo de sus últimos dos años de fotografías). Es demasiado lento, demasiado torpe y, aunque no resulta inconcebible gestionar miles de fotografías utilizando el Explorador de archivos, ésta no es la función para la que realmente fue diseñado, así que resultará un poco laborioso y lento utilizarlo para esta tarea.

Entonces, ¿quién debería utilizar el Explorador de archivos?

(1) Aquellos que estén acostumbrados a utilizar el Explorador de archivos de Elements 2 y a los que no les apetezca aprender cómo utilizar el Organizador; (2) personas que piensen que pronto pasarán a utilizar el verdadero Photoshop CS, que utiliza un Explorador de archivos similar, y que quieran familiarizarse con él antes de subir de categoría; (3) cualquier persona que no le dé importancia a mantener toda su colección de fotografías accesibles desde el disco duro; y (4) usuarios de Mac, cuya versión de Elements carece de Organizador.

ACCEDER AL EXPLORADOR DE ARCHIVOS

El Explorador de archivos (que se ha visto ampliamente mejorado desde la versión 2), es ideal para trabajar con una carpeta llena de imágenes o con imágenes que acabe de guardar procedentes de su cámara. Piense en el Explorador de archivos como en una herramienta para trabajar con imágenes que acabe de tomar hoy, en lugar del nuevo **Explorador de fotografías**, que es la parte del Organizador que se utiliza para trabajar con catálogos de todas las fotografías que haya tomado a lo largo de años de trabajo.

Una forma:

Puede acceder al Explorador de archivos desde el menú **Archivo**, seleccionando la opción **Examinar carpetas**. Un método aún más rápido es utilizar el método abreviado de teclado **Mayús-Control-O**.

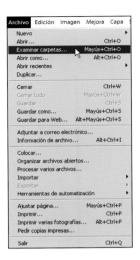

Otra forma:

También puede abrir el Explorador de archivos directamente desde el menú **Ventana**, seleccionando la opción **Explorador de archivos**.

NAVEGAR POR SUS FOTOGRAFÍAS UTILIZANDO EL EXPLORADOR DE ARCHIVOS

El Explorador de archivos está dividido en cuatro paletas principales: una para navegar por sus fotografías; otra que muestra las versiones en miniatura de sus fotografías (una vez localizadas); una tercera en la que aparece una previsualización de mayor tamaño de la miniatura que tenga seleccionada; y una última que le permite ver la información relativa a la fotografía que tenga seleccionada. Comenzaremos con la ventana de navegación (después de todo, si no puede encontrar sus fotografías, el resto del Explorador de archivos tendrá un aspecto bastante vacío, por decirlo así).

Acceder a sus fotografías:

La parte izquierda del Explorador de archivos es el área de paletas (aunque son paletas, no son "paletas flotantes" como la mayoría de las paletas de Elements, porque tienen que permanecer dentro del Explorador de archivos). La paleta que aparece en la parte superior izquierda (denominada **Carpetas**) está diseñada para proporcionarle un acceso directo a las fotografías de la tarjeta de memoria de su cámara digital, a las fotografías que se encuentren en su disco duro, en un CD de imágenes, en un entorno de red, o donde estén. La idea que se esconde detrás de este concepto es simple: le proporciona acceso a sus imágenes de cámara digital sin dejar Elements. Para navegar a las fotografías que se encuentran dentro de una carpeta desde la paleta, sólo tiene que hacer clic una vez en el icono de la carpeta.

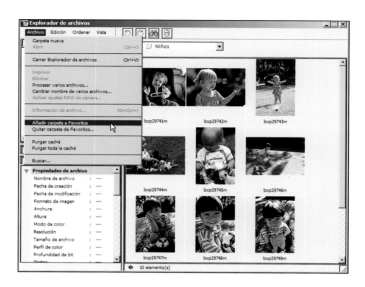

Acceder a sus carpetas favoritas:

Si accede a una carpeta determinada con bastante frecuencia, puede guardar dicha carpeta como "favorita". Sólo tiene que ir al mini menú del Explorador de archivos, en **Archivo**, y seleccionar la opción **Añadir carpeta a Favoritos**. La carpeta aparecerá ahora en el área **Carpetas favoritas** en el menú desplegable de navegación que se encuentra directamente encima de la ventana de la miniatura principal. Para eliminar una carpeta de la lista de carpetas favoritas, seleccione la carpeta en la paleta **Carpetas**, diríjase de nuevo al menú **Archivo**, y seleccione la opción **Quitar carpeta de Favoritos**.

Mover fotografías de una carpeta a otra:

Otra estupenda característica de navegación del Explorador de archivos es que puede utilizarlo para mover fotografías de una carpeta a otra. Esto se hace arrastrando la miniatura de la fotografía que quiera mover, y soltándola en cualquier carpeta que aparezca en la paleta **Carpeta** (cuando mueva la fotografía que esté arrastrando a una carpeta, aparecerá un reflejo en forma de rectángulo que le informa de que ha seleccionado dicha carpeta como destino). Esa fotografía se eliminará ahora de la carpeta actualmente seleccionada y se colocará en la carpeta a la que haya arrastrado la fotografía, y en la que la haya soltado.

TRUCO: Si mantiene presionada la tecla **Control** mientras arrastra, en lugar de mover la fotografía, lo que hará será colocar un duplicado de su fotografía en dicha carpeta, en vez de trasladar la original.

proporcionarle una previsualización más grande de las imágenes en miniatura en las que hace clic, en la ventana de miniaturas principal. Aunque la paleta **Previsualizar** da el aspecto de tener sólo una finalidad, la obvia, hay algunas pequeñas características escondidas que pueden hacer de ella una herramienta mucho más útil.

Puede acceder a previsualizaciones de mayor tamaño con sólo un par de clics:

El tamaño predeterminado para la miniatura de la paleta **Previsualizar** es bastante pequeño, pero puede hacer que sea mucho más grande haciendo doble clic, no en la etiqueta **Previsualizar**, sino en la pequeña etiqueta **Carpetas**. Esto hará que la paleta **Carpetas** se oculte para dejar sólo visible su nombre y, en consecuencia, el área de visualización de la paleta **Previsualizar** se expandirá de forma automática.

PREVISUALIZAR SUS IMÁGENES

La segunda paleta que aparece en la parte izquierda del Explorador de archivos está diseñada para

Previsualizaciones de retratos:

Si necesita que la previsualización sea aún más grande, haga doble clic en la etiqueta de **Metadatos** que aparece en la parte inferior izquierda del Explorador de archivos y se cerrará, permitiendo que la paleta **Previsualizar** se expanda más. Esto funciona particularmente bien cuando esté visualizando una fotografía que se tomara con orientación de retrato (más alta que ancha).

Previsualizaciones de paisajes:

Sin embargo, cuando tengan una fotografía con orientación horizontal, para conseguir una previsualización mucho mayor, también tendrá que arrastrar la paleta **Previsualizar**, en este caso a lo ancho, haciendo clic en la barra divisora que se encuentra entre la paleta **Previsualizar** y la ventana de la miniatura principal, y arrastrándola hacia la derecha para aumentar la anchura de la paleta **Previsualizar**. Nota: Para hacer

que cualquier paleta cerrada vuelva a ser visible, sólo tiene que hacer doble clic directamente en la etiqueta que contiene su nombre.

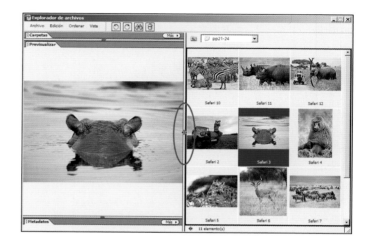

OBTENER INFORMACIÓN (DENOMINADA METADATOS) EN SUS FOTOGRAFÍAS

La tercera paleta que aparece en el área de paletas se denomina **Metadatos**. Le proporciona acceso a información que se encuentra incrustada en su fotografía y fue añadida por su cámara digital en el momento de la toma. (Si trabaja en Mac, existe una paleta denominada **Palabras clave** anidada con la paleta **Metadatos**, que le permite buscar imágenes determinadas asignándoles palabras clave). Comenzaremos viendo cómo acceder a la información de antecedentes que se incrusta en su fotografía utilizando la paleta **Metadatos**.

Información de antecedentes en su fotografía:

Cuanto tome una fotografía con una de las cámaras
digitales actuales, en el momento en el que se toma la
instantánea, la cámara añade automáticamente grandes
cantidades de información sobre lo que acaba de suceder; estas informaciones hacen referencia a la marca y
el modelo de la cámara, el momento en el que se tomó
la fotografía, el ajuste de exposición, el f-stop, el tiempo de exposición, etc.

A continuación, una vez que lleve la fotografía digital
a Elements, la aplicación incrustará entonces más
información en la fotografía (cosas como el nombre
del archivo, cuándo se editó por última vez, qué
formato de archivo se utilizó para guardarla, sus dimensiones físicas, el modo de color, etc.).

Toda esta información incrustada se muestra bajo el
título **Metadatos**, y ésa es la razón por la que aparece
en la paleta con el mismo nombre. En la parte superior
de la paleta, bajo el título **Propiedades de archivo**,
encontrará la información que Elements añade a
su archivo. El campo que aparece a continuación,
metadatos **IPTC**, incluye los datos extra que se añaden
al archivo (los usuarios de Adobe Photoshop CS pueden incrustar sus propios datos personales en los
archivos).

El siguiente campo, **Datos de cámara (Exif)**, muestra la información de antecedentes incrustada por su
cámara. Puede que nunca utilice esto, pero está bien
saberlo, por si se lo preguntan en un concurso.

CONFIGURAR LA FORMA EN LA QUE VERÁ SUS FOTOGRAFÍAS

Antes de empezar a clasificar sus fotos, resulta de
ayuda coger el truco a la forma en la que se visualizan
las imágenes en el **Explorador de archivos**. En
Elements 3, tiene bastante control sobre la forma en la
que esto se lleva a cabo, así que básicamente voy a
enseñarle cuáles son las opciones, y, a continuación,
cómo configurar el Explorador de archivos para que
muestre las fotografías de la forma que le resulte más
cómoda.

Trabajar en la ventana de miniaturas principal:

La ventana principal muestra las vistas en miniatura de
sus fotografías. Si hace clic en una miniatura dentro

de esta ventana, la fotografía aparece destacada, para informarle de que está seleccionada, y verá una previsualización de la fotografía en la paleta **Previsualizar**, a su izquierda. Si quiere abrir la imagen a tamaño completo en Elements, sólo tiene que hacer doble clic sobre la miniatura en la ventana principal. (Nota: También puede hacer doble clic en la miniatura en la paleta **Previsualizar** para abrir la foto.)

Puede seleccionar múltiples fotografías para que se abran al mismo tiempo haciendo clic en la primera fotografía que quiera abrir, manteniendo pulsada la tecla **Control**, y haciendo clic en el resto de las fotografías; una vez seleccionadas sólo tiene que hacer clic en una de las miniaturas. Además, puede seleccionar filas contiguas completas haciendo clic en la primera miniatura de la fila, manteniendo pulsada la tecla **Mayús**, haciendo clic en la última fotografía de la fila y, posteriormente, haciendo doble clic en cualquiera de las fotografías seleccionadas.

 TRUCO: Puede desplazarse de una miniatura a otra utilizando las teclas de dirección de su teclado.

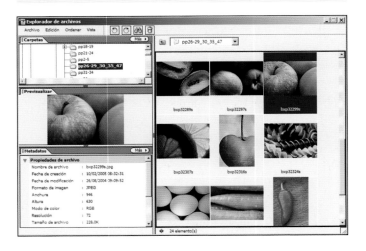

Ver las cosas a su manera:

La configuración predeterminada para el **Explorador de archivos** tiene el área de paletas a la izquierda, y la ventana de miniaturas principal a la derecha. Sin embargo, una vez que haya localizado la carpeta con la imagen con la que va a trabajar, puede que quiera hacer lo que muchos profesionales hacen en este punto y seleccionar la **Vista expandida** (que oculta el área de paleta, permitiéndole ver una cantidad significativamente mayor de miniaturas a la vez). Esto se consigue haciendo clic en el icono de la flecha de doble cabeza que se encuentra en la parte inferior del **Explorador de archivos**, inmediatamente a la derecha de la barra divisora que separa el área de paletas de la ventana principal de miniaturas. Si quiere volver de nuevo a la vista estándar, haga clic en el mismo icono de la flecha de nuevo.

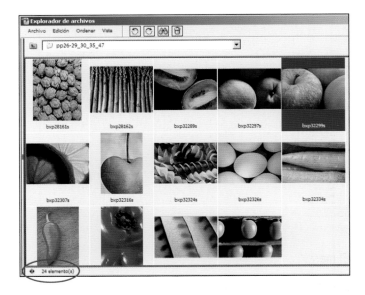

Cambiar el tamaño de visualización de sus miniaturas:

En Elements 3, hay cuatro tamaños de vista de miniaturas diferentes de entre las que puede elegir: pequeña, mediana, grande y personalizada. Puede seleccionar la forma que desee en el menú **Vista** del **Explorador de archivos**. Aquí tiene mi truco práctico para determinar cuál de los tamaños es el adecuado para usted: las miniaturas pequeñas son demasiado pequeñas; las hormigas las utilizan y se quejan. Las medianas son todavía demasiado pequeñas para ver qué es lo que pasa. Las miniaturas grandes deberían denominarse probablemente "Pequeñas" pero es la primera vista de miniatura que es lo suficientemente grande para poder discernir lo que hay en la fotografía, así que, en Elements 2, utilizaba casi exclusivamente este tamaño. Pero, en Elements 3 ha ocurrido algo maravilloso...

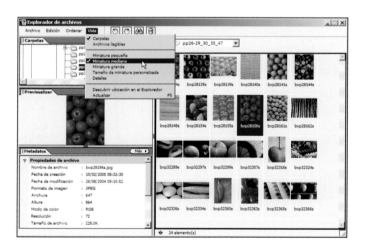

El maravilloso mundo de las vistas personalizadas:

En Elements 3, Adobe ha añadido la vista de sus sueños, una vista personalizada en la que puede decidir cómo de grandes quiere que sean sus miniaturas.

Para acceder a este modo de visualización, sólo tiene que dirigirse al menú **Vista** y seleccionar la opción **Tamaño de miniatura personalizada**. Sus miniaturas se ajustarán a un tamaño que quizá es incluso mayor que la previsualización de la imagen en la paleta **Previsualizar**. ¡Es estupendo! Y lo que aún es mejor, no tiene que usar siempre este tamaño, recuerde que se denomina **Tamaño de miniatura personalizada**, así que podrá cambiar según sus necesidades.

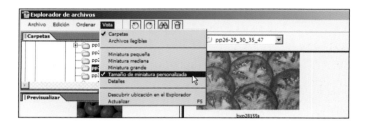

Personalizar el tamaño personalizado:

Para crear sus propias miniaturas con tamaño personalizado, diríjase al mini menú del **Explorador de archivos>Edición**, y seleccione la opción **Preferencias**. Se trata básicamente de un método abreviado de acceso al cuadro de diálogo principal **Preferencias** de Elements, así que también puede acceder a este cuadro de diálogo desde el menú **Edición** del Editor de Elements, en **Preferencias**, y seleccionando el **Explorador de archivos**. Se abrirá el mismo cuadro de diálogo, y se pueden llevar a cabo las mismas funciones, pero, como ya estamos en el Explorador de archivos, ¿por qué no utilizar el método abreviado?

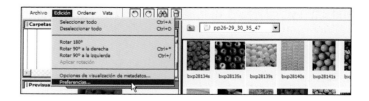

Cambiar el tamaño predeterminado:

Cuando aparezca el cuadro de diálogo **Preferencias**, verá un campo denominado **Tamaño de miniatura personalizada** cuya opción por defecto es un tamaño de 256 píxeles de anchura. Seleccione esa cantidad de 256 y escriba el tamaño que prefiera (yo cambié mi tamaño de visualización a 330 píxeles), y a continuación haga clic en **OK** para que este tamaño se configure como su nuevo tamaño de miniatura personalizada. (Nota: Para una vista de miniatura más impresionante, haga clic en el icono de **Vista expandida**, recuerde que es la flecha de doble cabeza que se encuentra en la parte inferior de la ventana del Explorador, para ocultar el área de paleta de la izquierda, de forma que pueda ver sus miniaturas de gran tamaño, unas junto a otras.)

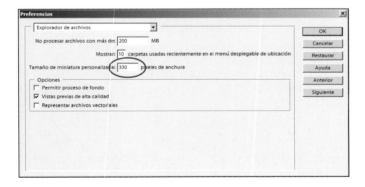

Obtener los detalles:

Existe otra forma de distribución de visualización para su ventana del Explorador de archivos denominada **Detalles**. Se trata de una opción de visualización particular muy popular entre los fotógrafos profesionales porque no sólo muestra la miniatura a un tamaño decente, sino que también muestra parte de la información de propiedades de archivo sobre la fotografía a la derecha de la miniatura. La vista de **Detalles** se encuentra en el menú **Vista**, y aparece justo debajo de **Tamaño de miniatura personalizada**.

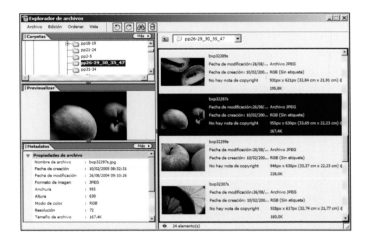

CAMBIAR EL NOMBRE A FOTOGRAFÍAS INDIVIDUALES

Si desea cambiar el nombre de una fotografía individual, el proceso es bastante sencillo. Ahora, hay una forma de cambiar el nombre a todas las fotografías de forma instantánea y a la vez por nombres que tengan sentido (al menos para usted) pero eso, amigos míos, lo veremos en el siguiente tutorial. Por ahora, veamos como cambiar el nombre de las imágenes en miniatura una por una (es una excelente técnica que debería utilizar si cobra por horas).

Paso 1:

Resulta difícil imaginar por qué a alguien no le gusta un nombre de archivo tan descriptivo como

DSC_0029.jpg, pero, si es usted uno de esos a los que les gustan los nombres que realmente describen lo que hay en la imagen, ésta es la forma de cambiarlo: cuando mueve el cursor por encima del nombre del archivo de una miniatura, observará que el cursor cambia de forma para convertirse en un cursor de texto (con forma de I); todo lo que tiene que hacer es hacer clic una vez con ese cursor en el texto, y aparecerá un campo de entrada de texto, en el que el nombre antiguo estará seleccionado.

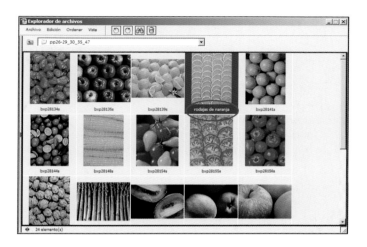

Paso 2:

Ahora sólo tiene que introducir un nuevo nombre, pulsar la tecla **Intro** y la miniatura tendrá su nuevo y mejorado nombre. Nota: Hay otra forma de cambiar el nombre de una fotografía desde dentro del Explorador de archivos; puede hacer clic con el botón derecho del ratón para acceder al menú contextual. En este menú, seleccione la opción **Cambiar nombre** y se seleccionará el campo de texto. ¿No es más complicado que simplemente hacer clic en el campo de nombre? Pues sí.

CAMBIAR EL NOMBRE DE SUS ARCHIVOS EN LOTE

El Explorador de archivos le permitirá cambiar el nombre de toda una carpeta (o disco) llenos de imágenes, de forma que los nombres de fotografías de su cámara digital ya no sean del tipo críptico, como por ejemplo **DSC01181.JPG, DSC01182.JPG, DSC01183.JPG**, sino nombres que usted elija de forma que sean más fáciles de reconocer, como **Foto Concierto 1, Foto Concierto 2, Foto Concierto 3**, etc., y lo mejor de todo es que el proceso completo está automatizado. (Por cierto, esto resulta especialmente de ayuda cuando esté trabajando desde el CD, puesto que puede hacer que Elements cree una carpeta duplicada de estas fotografías en su disco duro con los nombres nuevos.) Ésta es la forma de hacerlo:

Paso 1:

Puede mantener pulsada la tecla **Control** y hacer clic sólo en las imágenes a las que desee cambiar el nombre, pero la situación más probable es que desee cambiar el nombre de todas las fotografías que se muestran en su **Explorador de archivos**, así que vaya al menú **Edición** del Explorador de archivos y seleccione la opción **Seleccionar todo**.

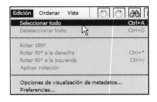

Paso 2:

Una vez que haya seleccionado todas las fotografías a las que quiere cambiar el nombre, diríjase al menú **Archivo** del **Explorador de archivos** y seleccione la opción **Cambiar nombre de varios archivos**.

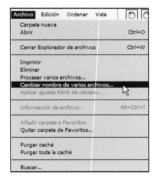

Paso 3:

Cuando aparezca el cuadro de diálogo **Cambiar nombre de lote**, lo primero que tiene que hacer es seleccionar el destino para las fotos a las que vamos a cambiar de nombre. Las opciones en la categoría **Carpeta de destino** están limitadas a renombrar las fotografías en la misma carpeta en la que se encuentran (si está trabajando a partir de un CD de originales guardados, ésta no es realmente una opción) o moverlas a una nueva carpeta (que es la opción que probablemente elegirá). Si selecciona la opción **Mover a una nueva carpeta**, tendrá que hacer clic en el botón **Examinar**, y, en el cuadro de diálogo que aparece, dirigirse a la carpeta a la que quiera que se muevan las fotos una vez se haya cambiado su nombre. Una limitación del cambio de nombre en lote es que cuando se han cambiado los nombres de sus originales, bien los mantiene en la misma carpeta o los mueve a una nueva. Me gustaría que hubiera una opción en la que Elements llevara a cabo copias (dejando los originales intactos) y cambiar el nombre sólo de las copias; pero, por el momento, esto no es posible.

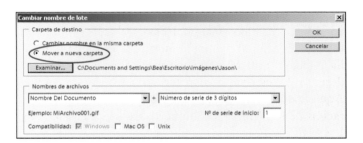

Paso 4:

En la sección **Nombres de archivos** del cuadro de diálogo, el primer menú emergente que aparece en la parte superior izquierda, es donde puede escribir el nombre que haya elegido. Sólo tiene que hacer clic con el cursor en este campo, y escribir el nombre.

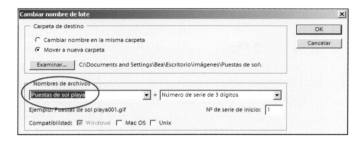

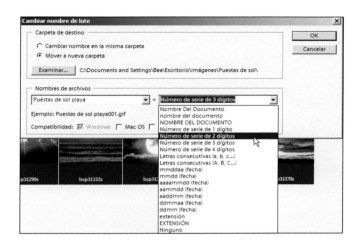

Paso 5:

El siguiente campo que aparece a la derecha es donde le dice a Elements el esquema numérico que le gustaría utilizar una vez que el nombre ha sido asignado. (Después de todo, no puede tener más de un archivo con el mismo nombre en la misma carpeta. Por esta razón, tiene que numerarlos utilizando números como en **Viaje 01**, **Viaje 02**, etc.) Para utilizar la característica incluida de numeración automática de Elements, haga clic en la flecha que aparece inmediatamente a la derecha del campo, y aparecerá un menú desplegable. Aquí es donde puede seleccionar cómo será la numeración de sus fotos, con números de serie de entre 1 y 4 dígitos, con letras o por fecha.

Por ejemplo, si selecciona la opción **Números de serie de 2 dígitos**, se añadirá automáticamente un número secuencial después del nombre, que empezará desde "01". También puede seleccionar el número de serie desde el que empezar introduciendo un número en el campo que aparece en la esquina inferior derecha del cuadro de diálogo.

TRUCO: Si le preocupa cometer un error cuando cambie el nombre de sus archivos, no lo haga, porque directamente debajo de la categoría Nombres de archivos hay un ejemplo del aspecto que tendrá el nombre de su archivo. Advertencia: No se deje engañar por el hecho de que siempre aparezca .gif como extensión del archivo, incluso cuando su archivo es un JPEG. Elements utiliza .gif para comunicarle que se añadirá una extensión. La extensión real que se añada se basará en el formato de archivo de los archivos a los que decida cambiar el nombre. Así, si sus archivos están en formato JPEG, Elements añadirá la extensión .jpg, no .gif como se muestra en el efecto. Esta advertencia está basada en comprobaciones y evaluaciones verdaderas del mundo real (de hecho, yo he sufrido esa situación).

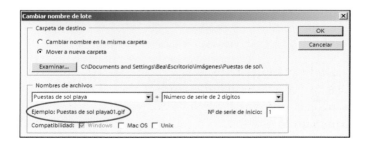

Paso 6:

Cuando haga clic en **OK**, Elements procederá a llevar a cabo su trabajo y, en algunos segundos, sus fotografías aparecerán (en una carpeta diferente, si escogió esa opción) luciendo sus nuevos y flamantes nombres. Ahora, cuando visualice esas imágenes en el **Explorador de archivos**, tendrán nombres significativos.

Vista desde el Explorador de archivos.

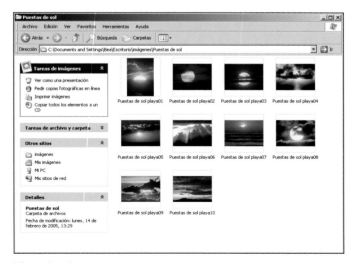

Vista desde su nueva carpeta.

ROTAR FOTOGRAFÍAS

Rotar imágenes dentro del **Explorador de archivos** es tan sencillo como hacer clic en un botón. Sin embargo, cuando se rotan fotografías dentro del Explorador de archivos, lo que se rota realmente es la miniatura. Esto resulta práctico, porque cuando esté organizando fotografías y tenga fotografías con orientación vertical (más altas que anchas) querrá poder verlas en esa posición vertical para poder emitir un juicio de clasificación, pero tiene una decisión independiente que tomar si lo que quiere rotar es la fotografía real, y no sólo la miniatura. Aquí tiene las instrucciones para hacer las dos cosas.

Rotar miniaturas:

Rotar una miniatura es algo realmente sencillo: sólo tiene que hacer clic en la fotografía que desee rotar, y, a continuación hacer clic en los iconos de rotación circular de la barra de opciones del Explorador de archivos. El icono izquierdo rota en sentido contrario al de las agujas del reloj; el icono de la derecha rota en sentido de las agujas del reloj. También puede utilizar el método abreviado **Control-[** (tecla del corchete izquierdo) para rotar en sentido contrario al de las agujas del reloj, y **Control-]** (tecla del corchete derecho) para rotar en sentido de las agujas del reloj. Cuando rote una miniatura, aparecerá un cuadro de diálogo de advertencia en el que se le informa de que no está rotando la imagen real; sólo tiene que hacer clic en **OK**. Aparecerá un pequeño icono de rotación en la esquina inferior derecha de la miniatura.

Rotar la propia fotografía:

Cuando rote una miniatura, la fotografía real no se rota hasta que realmente la abra en el Editor de Elements (observe la carpeta en la que tiene la imagen en su disco duro, y lo comprobará; la fotografía no está rotada). Sin embargo, puede aplicar la misma rotación a la fotografía dirigiéndose al menú **Edición** del Explorador de archivos y seleccionando la opción **Aplicar rotación** (o simplemente hacer clic con el botón derecho del ratón en la miniatura y eligiendo **Aplicar rotación**) cuando tenga la miniatura seleccionada. Aparecerá un cuadro de diálogo de advertencia en el que se le informa de que esta acción degradará un poco la imagen (ya lo sabemos, la rotación tiene esa consecuencia). Haga clic en **OK** para aplicar la rotación.

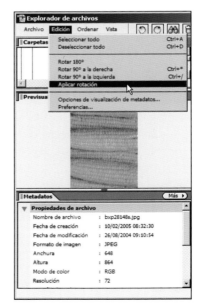

CLASIFICAR Y ORGANIZAR SUS FOTOGRAFÍAS

Ajá, por fin llegamos a la parte divertida, la clasificación y organización de sus fotografías. En Elements 2, no había realmente gran cosa en lo que se refiere a la clasificación; simplemente podía mirar las fotografías, y ahí se quedaba.

Afortunadamente, todo eso ha cambiado en Elements 3, y ahora el Explorador de archivos se parece más a su mesa de luz personal.

Y si mover sus fotografías de forma manual parece demasiado trabajo, el Explorador de archivos puede incluso llevar a cabo cierta clasificación por usted, de forma automática.

Arrastrar y soltar:

En Elements 3, si quiere que una determinada fotografía aparezca en un lugar particular en su ventana principal de miniaturas, sólo tiene que hacer clic en esa fotografía y arrastrarla allí. Por ejemplo, si quiere que una imagen aparezca en una fila diferente, sólo tiene que hacer clic en su miniatura y arrastrarla a esa fila. Aparecerá una barra vertical ancha de color negro que le informará sobre dónde aterrizará la miniatura arrastrada. Puede tratar su ventana principal de miniaturas como su propia mesa de luz personal, arrastrando fotografías en el orden exacto que usted elija. Además de esta forma manual de organizar foto por foto, puede hacer que Elements 3 lleve a cabo cierta organización básica por usted (como veremos en el siguiente paso).

Clasificación automática:

Tiene varias opciones cuando se trata de hacer que Elements clasifique sus fotografías, y puede llevar a cabo sus elecciones desde el menú **Ordenar** en el mini menú del Explorador de archivos. Sólo tiene que hacer clic en **Ordenar** y seleccionar cómo quiere que se organicen sus fotografías en la ventana de miniaturas. En la parte inferior del menú, puede decidir si quiere que sus fotografías aparezcan organizadas en **Orden ascendente** (que es la opción predeterminada del menú) o en orden descendente (al que accederá desactivando (es decir, quitando el tick) la opción **Orden ascendente**).

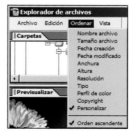

Cuándo y por qué necesita Actualizar

Digamos que se decide por una organización por nombre de archivo (lo que organizará sus nombres de archivo de forma automática) desde el menú **Organizar**, y que entonces cambia el nombre de una fotografía denominada "Hawai" por "Abrasivo volcán". Sería de esperar que como este nuevo nombre empieza por "a", saltara a la parte superior de la ventana de miniaturas, ¿verdad? Pues no. Eso sería demasiado sencillo. Una vez que haya organizado sus fotografías, se quedan exactamente en el mismo orden en el que están hasta que proceda a "actualizar" el Explorador de archivos. Esta "actualización" le dice básicamente al Explorador que se actualice. Puede llevar a cabo esta actualización haciendo clic en el botón **Más** que aparece a la derecha de la paleta **Carpetas** y seleccionando la opción **Actualizar** (que es la única opción que aparece en el menú), o puede pulsar la tecla **F5** de su teclado (lo que es más rápido y fácil). También puede volver a seleccionar la opción **Nombre archivo** en el menú **Ordenar** para llevar a cabo la actualización.

BUSCAR FOTOGRAFÍAS

Elements 3 le echa una mano cuando esté tratando de encontrar una determinada fotografía, incluyendo una función de búsqueda que le permite llevar a cabo su búsqueda utilizando una gran cantidad de criterios diferentes. Veamos cómo utilizarla para encontrar la fotografía que está buscando:

Paso 1:

Para acceder al cuadro de diálogo **Buscar**, haga clic en el icono de los prismáticos que encontrará en la barra de opciones del Explorador de archivos.

Paso 2:

Cuando aparezca el cuadro de diálogo **Buscar**, primero elija dónde quiere buscar (en una determinada carpeta, en su tarjeta de memoria, en todo el disco duro, etc.) seleccionando la carpeta en el menú desplegable **Buscar en**, o haga clic en el botón **Examinar** para encontrar una determinada carpeta.

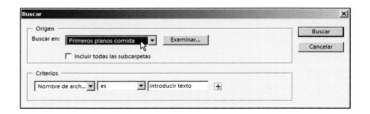

Paso 3:

En la sección **Criterios** del cuadro de diálogo **Buscar**, decida cómo quiere llevar a cabo la búsqueda. Incluso puede buscar por metadatos **EXIF**, de forma que si sabe que tomó un grupo de fotografías utilizando una determinada cámara, podría utilizar los metadatos **EXIF** como primer criterio en el menú desplegable. Configure el segundo menú desplegable seleccionando la opción **Contiene**, y en el tercer menú introduzca el modelo de su cámara; a continuación, haga clic en **Buscar**. Los resultados de su búsqueda (todas las fotografías que tomó con su modelo de cámara específico) aparecerán en la ventana principal de miniaturas.

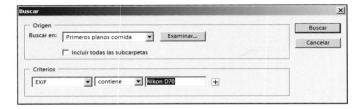

ELIMINAR ARCHIVOS DESDE EL EXPLORADOR DE ARCHIVOS

Si un archivo es tan malo que no se merece ni siquiera una clasificación, puede que quiera eliminarlo para reducir el tamaño del grupo (o ahorrar espacio de disco). Hay varias formas de eliminar archivos, todas ellas sencillas.

Eliminar fotografías:

Si grabó un CD cuando insertó por primera vez su tarjeta de memoria (y sé que lo hizo, porque ya se ha dado cuenta de lo importante que es almacenar de forma segura sus negativos digitales), puede eliminar de forma segura cualquier fotografía que no le guste. Puede hacer esto haciendo clic en la miniatura en cuestión y pulsando la tecla **Supr** (**Del**). Aparecerá un cuadro de diálogo en el que básicamente se le informa de que si sigue adelante con esta locura (haciendo clic en **Sí**), Elements eliminará este archivo de la carpeta en la que se encuentra y lo colocará en la Papelera de reciclaje hasta que decida variarla.

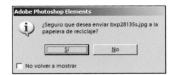

Otra forma de borrar un archivo es hacer clic en él y, a continuación, hacer clic en el icono de la papelera que encontrará en la barra de opciones del Explorador de archivos. O mejor aún, haga clic con el botón derecho del ratón en la miniatura y seleccione la opción **Eliminar** del menú contextual.

Y, por supuesto, existe una forma lenta (como siempre); puede dirigirse al menú **Archivo** del Explorador de archivos y seleccionar la opción **Eliminar**.

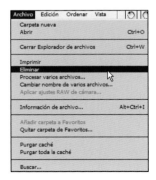

Fotógrafo: David Cuerdon

Caos organizado. Manipular fotografías usando el Organizador

2

> Capítulo 2. **Caos organizado. Manipular fotografías usando el Organizador**

Caos organizado es el nombre perfecto para este capítulo, porque no sólo es el título de una canción (del grupo Benediction), sino que es también aparentemente una directiva de *marketing* propuesta por un departamento supersecreto de Adobe que, por lo que deduzco, es el encargado de hacer que las cosas sencillas sean más complicadas. Por ejemplo, echemos un vistazo al Explorador de archivos (para organizar imágenes). Por supuesto, en Elements no hay ningún artículo de menú para el Explorador de archivos; en su lugar, nos ofrecen la opción **Examinar carpetas**. Al cambiar las palabras, se aseguran un sustancial bonus anual, y obtienen una comisión extra. Cuando introdujeron el Organizador (también para organizar imágenes), los miembros del departamento supersecreto consiguieron todos coches nuevos de empresa, porque tener dos herramientas completamente independientes que aparentemente hacen lo mismo es todo un punto. Pero donde realmente sacaron tajada fue en la adición del botón denominado **Explorador de fotografías**. Es el chanchullo perfecto, porque realmente no existe tal Explorador de fotografías. Cuando se hace clic en él, lo crea o no, aparece el **Organizador**. Esto merecería algunas *stock options* de premio.

IMPORTAR FOTOGRAFÍAS DESDE SU ESCÁNER

Como este libro está dirigido a fotógrafos digitales, supongo que la mayoría de sus fotografías procederán de una cámara digital (si es así, diríjase a la sección

Guardar sus negativos digitales que encontrará en el capítulo 1); pero, si lleva tiempo trabajando como fotógrafo, probablemente tendrá algunas impresiones tradicionales que le gustaría escanear, así que veamos cómo importar imágenes escaneadas al **Organizador**.

Paso 1:

Para escanear imágenes y hacer que aparezcan en su Organizador, haga clic en el botón **Explorar fotografías** en la barra de opciones del Editor de Elements para abrir el **Organizador**. A continuación, en el menú **Archivo** del Organizador, diríjase a la opción **Obtener fotografías** y seleccione **Desde escáner**. Por cierto, una vez que el Organizador está abierto, puede utilizar el método abreviado de teclado **Control-U** para importar fotografías de su escáner.

Paso 2:

Una vez que aparezca el cuadro de diálogo **Obtener fotografías de un escáner**, seleccione el escáner que utilice en el menú desplegable **Escáner**. Selecciona ne un ajuste de alta calidad (normalmente elijo la calidad más alta a menos que vaya a mandar la fotografía por *e-mail* a mi compañía de seguros, para llevar a cabo una reclamación; en ese caso, no me preocupa tanto). A continuación, haga clic en **OK** para obtener la fotografía escaneada. Lo ve, es algo bastante sencillo.

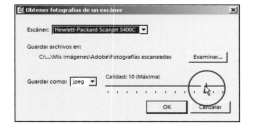

AUTOMATIZAR LA IMPORTACIÓN DE FOTOGRAFÍAS UTILIZANDO CARPETAS VIGILADAS

Esta nueva característica añadida en Elements 3 le ahorrará una ingente cantidad de tiempo, porque le permite seleccionar una carpeta que será "vigilada" por el Organizador. Cuando arrastre fotografías en esta carpeta, se añadirán automáticamente a su Organizador. Ésta es la forma de configurarla:

Paso 1:

Diríjase al menú **Archivo** en el Organizador y seleccione la opción **Vigilar carpetas**.

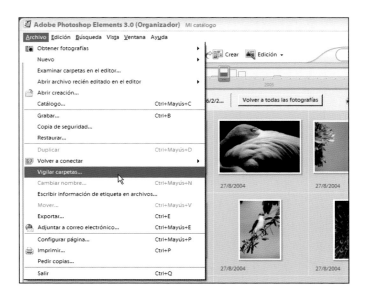

Paso 2:

Cuando aparezca el cuadro de diálogo **Vigilar carpetas**, asegúrese de que la opción **Vigilar si hay archivos nuevos en las carpetas vigiladas y subcarpetas** está activada. En la sección **Carpetas para vigilar**, haga clic en el botón **Añadir** y, a continuación, en el cuadro de diálogo que aparece, diríjase a las carpetas que quiera que el Organizador "vigile" para la adición de nuevas fotografías. Seleccione la carpeta que desee vigilar y haga clic en **Aceptar**. Vuelva a hacer clic en el botón **Añadir** y seleccione más carpetas para vigilar. Cuando haya seleccionado todas las carpetas, aparecerán en la sección **Carpetas para vigilar** del cuadro de diálogo **Vigilar carpetas**, donde se le ofrece la opción de que el Organizador le notifique cuando se encuentren nuevas fotografías en las carpetas vigiladas (lo que significa que puede decidir si quiere añadirlas o no) o puede optar por que se añadan de forma automática, que es realmente de lo que se trata esta característica. Pero, si es usted quisquilloso en lo que se refiere a lo que se añade y cuándo se añade (es decir, es un obseso del control), al menos tiene la opción.

CAMBIAR EL TAMAÑO DE SUS MINIATURAS DE FOTOGRAFÍAS

Las miniaturas de sus fotografías se muestran en el Explorador de fotografías del Organizador y, afortunadamente, tiene un enorme control sobre el tamaño en el que se muestran.

Paso 1:

El tamaño de sus miniaturas se controla mediante una pestaña deslizante que aparece en la esquina inferior derecha de la ventana del Explorador de fotografías. Arrastre la pestaña hacia la derecha para aumentar su tamaño, o hacia la izquierda si lo que quiere es hacerlas más pequeñas. Para saltar a la visualización más grande posible, sólo tiene que hacer clic en el botón **Vista de una fotografía** que aparece a la derecha de

la pestaña deslizante. Para pasar directamente al tamaño más pequeño, haga clic en el botón **Tamaño de miniatura pequeña** a la izquierda de la pestaña deslizante. Para aumentar el tamaño de uno en uno, mantenga pulsada la tecla **Control** y pulse el signo más (**+**). Para disminuir el tamaño en incrementos de uno en uno, pulse la tecla **Control** y el signo menos (**−**).

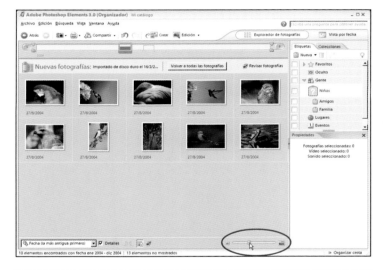

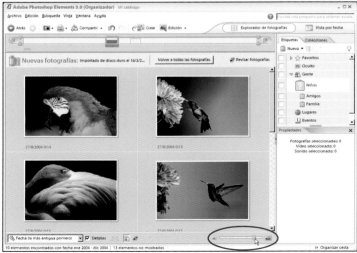

Paso 2:

Otro método abreviado de teclado para saltar a la visualización más grande es simplemente hacer doble clic en la miniatura. En esta visualización de gran tamaño, puede introducir un pie de ilustración directamente debajo de la fotografía haciendo clic en el localizador de texto (en el que pone **Haga clic aquí para añadir un pie de ilustración**) y escriba su pie de foto.

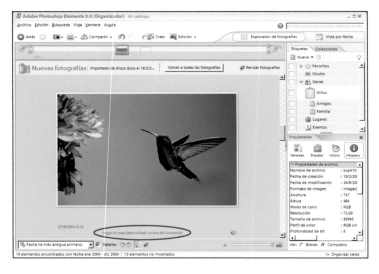

VER PREVISUALIZACIONES A PANTALLA COMPLETA

¿Qué le parece esto como forma de visualización? Elements 3 le permite ver una previsualización a pantalla completa de una determinada miniatura, todo ello sin salir del Organizador. Es como una proyección de diapositivas de sus miniaturas en la pantalla. Así es como funciona:

Paso 1:

Para ver una previsualización a pantalla completa de la fotografía que tenga seleccionada, haga clic en el botón **Revisar fotografías** (cuyo icono parece una pila de diminutas diapositivas) que se encuentra en la esquina izquierda de la ventana (o simplemente pulse **F11**).

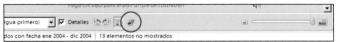

Paso 2:

Esta acción hará aparecer el cuadro de diálogo **Revisar fotografías** con varias opciones de presentación, que se parecen a las opciones que se ofrecen en una muestra de diapositivas. Básicamente, ésto es para lo que utilizará la característica **Revisar fotografías**, pero, si sólo selecciona una fotografía, lo que hará será mostrarla a pantalla completa. Así que, cuando aparezca este cuadro de diálogo, haga clic en **OK** y su fotografía aparecerá ocupando toda la pantalla. Si desea volver al **Explorador de fotografías**, pulse la tecla **Esc**. Por cierto, una vez que la fotografía aparece a pantalla completa, verá las miniaturas del resto de las fotografías en la parte derecha de la pantalla. Si quiere ver cualquiera de ellas a pantalla completa, sólo tiene que hacer clic en la que desee. Hay también una paleta flotante en la parte superior de la pantalla por si quiere ver una muestra de diapositivas de las fotografías que aparecen a la derecha; pulse el botón verde de reproducción para empezar, y haga clic en el botón **X** para detener la muestra y volver al **Explorador de fotografías**.

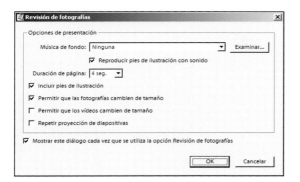

ORGANIZAR FOTOGRAFÍAS POR FECHA

Cuando se importan fotografías en el Organizador, el Organizador las ordena de forma automática por fechas. ¿Cómo sabe la fecha en la que fueron tomadas?

Su cámara digital incrusta la hora y la fecha en la fotografía en el momento en el que se toma la imagen (esta información se denomina datos EXIF). El Organizador lee esta información y procede a ordenar sus fotografías por fecha de forma automática, pero encontrar las fotografías por fecha requiere un poco más de trabajo por su parte.

Paso 1:

Por defecto, las fotografías más recientes son las que se muestran en primer lugar por lo que, básicamente, la última fotografía que tome será la primera que aparezca en el Organizador. Además, por defecto, la fecha exacta en la que se tomó la fotografía aparece directamente debajo de cada miniatura. (Nota: Si no desea que este detalle extra sobre cada una de las fotografías sea visible, sólo tiene que desactivar la

opción **Detalles** que aparece en la parte inferior izquierda de la ventana del Organizador.)

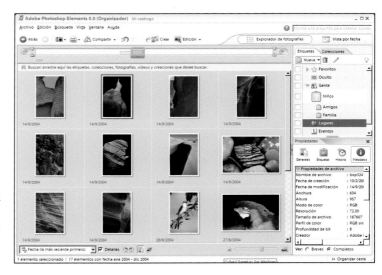

Paso 2:

Si prefiere ver las fotografías en orden inverso (las fotografías más antiguas primero) seleccione la opción **Fecha (la más antigua primero)** en el menú desplegable que aparece en la esquina inferior izquierda de la ventana. ¡Listo!

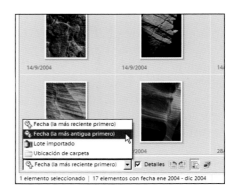

¿AÑADIR FOTOGRAFÍAS ESCANEADAS?
INTRODUZCA LA HORA Y LA FECHA ADECUADAS

Lo sé, lo sé, éste es un libro para fotógrafos digitales, pero usted sabe, y yo sé, que tiene un escáner. En algún momento va a proceder a escanear algunas fotografías (de forma que se conviertan en "imágenes digitales"), y, a continuación, querrá que esas imágenes se organicen de forma automática en su catálogo. Todas las fotografías escaneadas tendrán como fecha de "creación" el día en el que las escanee, a menos que añada su propia fecha.

De esta forma, puede configurar la fecha aproximada en la que fueron tomadas de forma que aparezcan en el catálogo con esta fecha, en lugar de la fecha en la que fueron importadas.

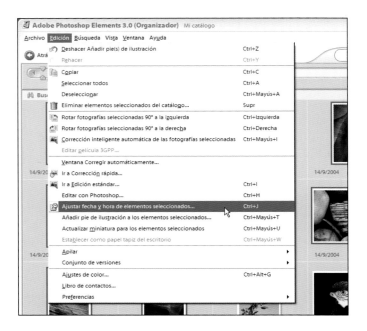

Paso 1:

En primer lugar, proceda a obtener las fotografías de su escáner (véase la sección Importar fotografías desde su escáner previamente explicada en este capítulo). Seleccione todas las fotografías en las que quiera configurar la fecha haciendo clic en cada imagen manteniendo pulsada la tecla **Control** (o haciendo clic manteniendo pulsada la tecla **Mayús** en la primera imagen y en la última si las imágenes son contiguas) en la ventana del Explorador de fotografías. A continuación, diríjase al menú **Edición** del Organizador y seleccione la opción **Ajustar fecha y hora de elementos seleccionados** (o pulse **Control-J**).

Paso 2:

Aparecerá un cuadro de diálogo en el que se le pregunta cómo desea manejar la fecha y la hora para estas fotografías. En este ejemplo, seleccione **Cambiar a una fecha y hora especificadas** y haga clic en **OK**.

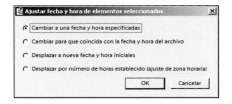

Paso 3:

Esta acción mostrará el cuadro de diálogo **Ajustar fecha y hora**, donde puede utilizar los menús desplegables para configurar la fecha y la hora que elija para sus fotografías. Ahora esas fotografías aparecerán ordenadas por la fecha que usted introdujo, en lugar de por la fecha en la que fueron importadas.

ENCONTRAR RÁPIDAMENTE FOTOGRAFÍAS POR SU MES Y AÑO

El método que el Organizador utiliza para ayudarle a encontrar las fotografías que busca es mediante el mes y el año. El Organizador supone que existe la posibilidad de que usted no sepa exactamente cuándo tomó un conjunto de fotografías, pero, digamos, por ejemplo, que está tratando de encontrar las fotografías de sus vacaciones del año pasado. Si sabe que eso fue en algún momento del último verano, incluso si no recuerda si fue en junio, julio o agosto, puede acercarse mucho, y de forma bastante rápida, utilizando la escala de tiempo de mes/año. Funciona de esta forma:

Paso 1:

Vamos a suponer que está tratando de encontrar las fotografías de las vacaciones del año pasado (como comentábamos previamente). ¿Ve esas pequeñas barras que aparecen en la línea de tiempo que parecen

pequeños gráficos de Microsoft Excel? Bien, cuanto más alta sea la barra, más fotografías aparecerán en ese mes. Así que haga clic en cualquier mes del 2004 y sólo las fotografías tomadas en ese mes aparecerán en la ventana. Cuando llegue a julio, sólo aparecerán las fotografías tomadas en julio de 2004. Eche un rápido vistazo para ver si alguna de esas fotografías son las de sus vacaciones. Si no está en julio, desplácese en la escala de tiempo a agosto, y sólo podrá ver esas fotografías.

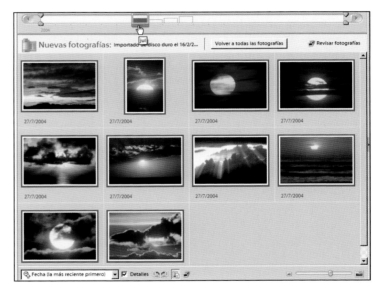

ETIQUETAR FOTOGRAFÍAS (LAS ETIQUETAS SON PALABRAS CLAVE)

Aunque encontrar sus fotografías por mes y año resulta bastante práctico, el verdadero poder del Organizador aparece cuando asigna etiquetas (palabras clave) a sus fotografías. Este simple paso hace que resulte muy rápido y sencillo encontrar las fotografías exactas. El primer paso es decidir si quiere utilizar las etiquetas prefabricadas que Adobe le ofrece, o si desea crear las suyas propias. En este ejemplo vamos a crear nuestras propias etiquetas personalizadas.

Paso 1:

Empiece haciendo clic en la pestaña **Etiquetas** que encontrará en la parte derecha del Organizador. Aparecerá el conjunto de etiquetas predeterminadas de Adobe en una lista vertical. (Por cierto, si no puede ver las pestañas **Etiquetas** y **Colecciones** en la parte derecha del Organizador, haga clic en las palabras **Organizar cesta** que aparecen en la esquina inferior derecha de la ventana.)

Paso 2:

Empezaremos creando nuestra propia categoría personalizada (en este caso, vamos a proceder a crear una categoría de todas las instantáneas de bodas tomadas para los clientes). Haga clic en el menú **Nueva** que aparece justo debajo de la pestaña **Etiquetas**, y, en el menú desplegable que aparece, seleccione la opción **Nueva categoría**. Aparecerá el cuadro de diálogo **Crear categoría**. Escriba **Bodas**. Ahora,

seleccione un icono en la lista de **Icono de la categoría** y haga clic en **OK**. (Las opciones de iconos son bastante malas, así que escogí el icono del corazón porque era el menos ofensivo para las bodas.)

Paso 3:

Para crear su propia etiqueta personalizada, vuelva a hacer clic en el menú desplegable **Nueva** y seleccione la opción **Nueva etiqueta**. Seleccione **Bodas** en el menú desplegable **Categoría** (si no está seleccionada) y, a continuación, en el campo **Nombre**, escriba **Boda Aguirre/Alonso**. Si quiere añadir notas adicionales sobre esta boda, puede hacerlo en el campo **Nota** (o puede elegir una fotografía como icono haciendo clic en el botón **Editar icono**). Ahora haga clic en **OK** para crear la etiqueta.

Paso 4:

A continuación, asignaremos esta etiqueta a todas las fotografías procedentes de la boda Aguirre/Alonso. En la ventana del Explorador de fotografías, busque las fotografías de esa boda. Empezaremos etiquetando una de las fotos, así que haga clic en la etiqueta Aguirre/Alonso que aparece en la parte inferior de su lista de **Etiquetas** y arrastre y suelte la etiqueta en una de las fotos. Si los detalles de sus fotografías están visibles (si no es así, active la opción **Detalles** que aparece en la esquina inferior izquierda de la ventana del Explorador) verá que aparece un pequeño icono debajo de la miniatura de la foto (en este caso, un corazón).

Paso 5:

Llegados a este punto, sólo hemos etiquetado una de las fotografías de la boda. Arrastre y suelte la misma etiqueta a cinco fotos más de la boda, de forma que tenga seis fotografías etiquetadas. Ahora, en la lista de **Etiquetas** que aparece en la parte derecha del Organizador, haga clic en el pequeño recuadro de la columna situada a la izquierda de su etiqueta Aguirre/Alonso (aparecerán unos prismáticos diminutos en ese recuadro) e, instantáneamente, sólo aparecerán la fotografías que tengan esa etiqueta en la ventana del Explorador de fotografías. Para volver a ver todas las fotos de nuevo, haga clic en el botón **Volver a todas las fotografías** situado en la parte superior izquierda de la ventana del Explorador.

ETIQUETAR MÚLTIPLES FOTOGRAFÍAS

De acuerdo, hemos aprendido cómo crear nuestra propia categoría personalizada (**Bodas**), a continuación una etiqueta personalizada para poder diferenciar una boda de otra (**Aguirre/Alonso**), pero lo hemos hecho arrastrando y soltando esa etiqueta de foto en foto (lo que llevará demasiado tiempo para una boda completa). Hay formas más rápidas de hacer esto que este método de una etiqueta cada vez, por ejemplo...

Paso 1:

Para etiquetar todas las fotografías de una boda al mismo tiempo, intente esto: en primer lugar, haga clic en cualquiera de las fotografías no etiquetadas de la boda. A continuación, mantenga pulsada la tecla **Control** y haga clic en otras fotografías de esa boda. A medida que vaya haciendo clic sobre ellas, se irán seleccionando (verá una fina línea azul alrededor de todas las fotografías seleccionadas). Si todas las fotografías que quiere seleccionar son contiguas, haga clic en la primera imagen de las de la serie de la boda, pulse y mantenga pulsada la tecla **Mayús**, y, a continuación, haga clic en la última imagen de la serie para seleccionarlas todas.

Paso 2:

Ahora arrastre y suelte su etiqueta **Aguirre/Alonso** a cualquiera de las fotografías seleccionadas, y todas las fotografías seleccionadas tendrán esa etiqueta. Si sólo quiere ver las fotografías de esa boda, puede hacer clic en la columna de la izquierda al lado de la etiqueta **Aguirre/Alonso** y sólo aparecerán las fotografías que tengan esa etiqueta. Por cierto, si decide que quiere eliminar una etiqueta de una fotografía, haga clic en la fotografía con el botón derecho del ratón y elija la opción **Eliminar etiqueta**. Si tiene más de una etiqueta aplicada, puede elegir qué etiqueta quiere eliminar.

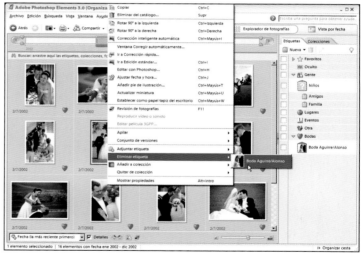

ASIGNAR MÚLTIPLES ETIQUETAS A UNA FOTOGRAFÍA

De acuerdo, ¿qué pasa si quiere asignar la etiqueta **Aguirre/Alonso** a una fotografía, pero también quiere asignar otras etiquetas (como por ejemplo una etiqueta denominada **Trabajo de cliente** o **Hacer impresiones**) también? Ésta es la forma de hacerlo:

Paso 1:

Para asignar varias fotografías, primero tendrá que crear las etiquetas que necesite, así que cree dos nuevas etiquetas haciendo clic en el menú desplegable **Nueva** que aparece debajo de la pestaña **Etiquetas**, denominándolas **Trabajo de cliente** y **Hacer impresiones**. Ahora tiene tres etiquetas que puede asignar. Para asignar las tres a la vez, sólo tiene que mantener pulsada la tecla **Control** y, a continuación, en la lista **Etiquetas**, hacer clic en cada una de las etiquetas que desee asignar (**Aguirre/Alonso**, **Trabajo de cliente** y **Hacer impresiones**).

Paso 2:

Ahora haga clic y arrastre estas etiquetas seleccionadas y, cuando arrastre, verá que está arrastrando los iconos de las tres etiquetas como un grupo. Suéltelas en una foto, y las tres etiquetas se aplicarán a la vez. Si quiere aplicar las etiquetas a más de una fotografía, primero mantenga pulsada la tecla **Control**, y haga clic en todas las fotografías a las que quiera aplicar las tres etiquetas. A continuación, diríjase a la lista **Etiquetas**, vuelva a mantener pulsada la tecla **Control**, y haga clic en todas las etiquetas que quiera aplicar. Arrastre esas etiquetas a cualquiera de las fotografías seleccionadas, y todas las etiquetas se aplicarán a la vez. Estupendo.

COMBINAR ETIQUETAS

Es fácil volverse loco con las etiquetas, y, si eso ocurre (y tiene docenas de etiquetas diferentes aplicadas a sus fotos), puede que quiera simplificarlo combinando algunas de las etiquetas. Por ejemplo, si tomó fotografías de los juegos olímpicos de 2004, y tiene etiquetas para los 100, los 200 y los 400 metros lisos, y media docena más de metros lisos, puede que desee combinar todas esas etiquetas individuales en una sola etiqueta. Veamos cómo hacerlo:

Paso 1:

Para combinar múltiples etiquetas en una sola etiqueta que resulte más práctica, empiece por mantener pulsada la tecla **Control** y hacer clic en todas las etiquetas que desea combinar en la lista **Etiquetas** que aparece en la parte derecha del Organizador. A continuación, haga clic con el botón derecho del ratón en cualquiera de las etiquetas seleccionadas y, en el menú contextual que aparece, seleccione la opción **Combinar etiquetas**.

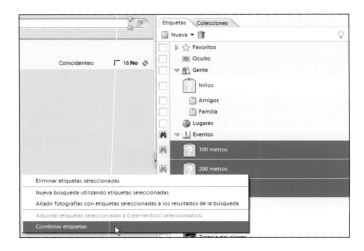

Paso 2:

A continuación, aparecerá un cuadro de diálogo que le pregunta cuál de las etiquetas seleccionadas será la etiqueta superviviente (es decir, la etiqueta que permanecerá una vez que el resto de las etiquetas se combinen con ella). Seleccione la etiqueta que desee mantener en la lista de etiquetas, y haga clic en **OK**. Las etiquetas se combinarán en esa etiqueta. Cada una

de las fotos que contuviera cualquiera de esas etiquetas seleccionadas tendrá ahora la etiqueta combinada.

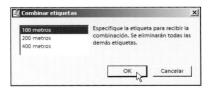

COMPARTIR SUS ETIQUETAS (O COLECCIONES) CON OTRAS PERSONAS

Digamos que fue a los juegos olímpicos con un grupo de fotógrafos, y que estos fotógrafos utilizan también Elements 3. Si ha creado un bonito conjunto de etiquetas para identificar imágenes, ahora puede exportar estas etiquetas y compartirlas con el resto de los fotógrafos que fueron a ese viaje. De esta forma, ellos pueden importarlas y empezar a asignar etiquetas a sus fotografías de los juegos olímpicos sin tener que crear sus propias etiquetas.

Paso 1:

Para exportar sus etiquetas y compartirlas con otras personas, empiece por ir a la pestaña **Etiquetas** (en la parte derecha del Organizador) y haga clic en el menú desplegable **Nueva**; seleccione la opción **Guardar etiquetas en archivo**.

Paso 2:

Cuando el cuadro de diálogo aparece, puede seleccionar la opción **Exportar todas las etiquetas** o, mejor aún, haga clic en la opción **Exportar etiquetas especificadas**, para poder seleccionar qué etiquetas quiere exportar en el menú desplegable. Seleccione las etiquetas que quiera exportar, y haga clic en **OK**. Aparecerá un cuadro de diálogo de guardar estándar de Windows, donde puede elegir dónde quiere que se guarde el archivo. Ponga nombre a su archivo, haga clic en **Guardar**, y ya puede mandar por correo electrónico sus etiquetas exportadas a un amigo.

Paso 3:

Cuando sus amigos reciban las etiquetas, dígales que pueden importarlas desde la pestaña **Etiquetas**, haciendo clic en el menú desplegable **Nueva** y seleccionando la opción **Desde archivo**. Sólo tienen que colocar el archivo en su disco duro y hacer clic en **Abrir**. Las nuevas etiquetas aparecerán en el apartado **Etiquetas**.

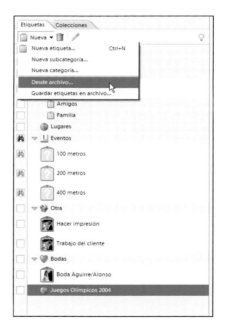

COLECCIONES: CÓMO PONER SUS FOTOGRAFÍAS EN ORDEN, UNA A UNA

Una vez que haya etiquetado todas sus fotografías de la boda Aguirre/Alonso, querrá crear una colección que contenga sólo las mejores fotografías (las que vaya a mostrar a sus clientes: la novia y el novio). Una de las ventajas de las colecciones es que una vez que las fotografías forman parte de una colección, puede colocarlas en el orden en el que quiera que aparezcan (esto no se puede hacer con las etiquetas). Esto es especialmente importante a la hora de crear sus propias muestras de diapositivas y álbumes.

Paso 1:

Para crear una colección, haga clic en la etiqueta **Colecciones** que encontrará en la parte superior derecha del Organizador (está justo a la derecha de la pestaña **Etiquetas** cuando tenga abierta la opción **Organizar cesta**). Para crear una nueva colección, haga clic en el menú desplegable **Nueva** y seleccione la opción **Nueva colección**. Cuando aparezca el cuadro de diálogo **Crear colección**, introduzca un nombre para su colección, y haga clic en **OK**.

Paso 2:

Ahora que ha creado su colección, puede (a) arrastrar el icono de **Colección** a las fotografías que quiera incluir o (b) hacer clic manteniendo pulsada la tecla **Control** en las fotografías para seleccionarlas y, a continuación, arrastrarlas y soltarlas en su icono de colección en la lista de colecciones. De cualquier forma, las fotografías se añadirán a su colección. Para

ver sólo las fotografías de su colección, haga clic en el recuadro que aparece en la columna de la izquierda de la colección, y aparecerán unos pequeños prismáticos. Ahora, para colocar las fotografías en el orden que desee, sólo tiene que hacer clic en cualquiera de las fotos y arrastrarlas a la posición que desee. El Organizador numerará las fotografías de forma automática para usted, así que es fácil ver lo que está ocurriendo a medida que arrastre sus fotografías para ponerlas en orden. Para volver a ver todas las fotos, haga clic en el botón **Volver a ver todas las fotografías** que aparece en la esquina superior izquierda de la ventana del Explorador.

ELEGIR SUS PROPIOS ICONOS PARA ETIQUETAS Y COLECCIONES

Por defecto, una etiqueta o colección utiliza la primera fotografía que añade a esa etiqueta o colección como icono. Desgraciadamente, estos iconos son tan pequeños que probablemente no pueda reconocer lo que el icono representa. Ésta es la razón por la que quizás querrá escoger sus propios iconos fotográficos.

Paso 1:

Es más sencillo seleccionar los iconos una vez que haya creado una etiqueta o colección, lo que significa que ya habrá etiquetado varias fotos o habrá añadido algunas fotografías a una colección. Una vez que haya hecho esto, haga clic en su etiqueta o colección, y, a continuación, haga clic en el icono del lápiz (que se encuentra justo debajo del nombre de la etiqueta). Esta acción hará aparecer el cuadro de diálogo **Editar etiqueta** o **Editar colección**. Haga clic en el botón **Editar icono** para acceder al cuadro de diálogo que aparece en la imagen mostrada a continuación.

Paso 2:

Verá la primera fotografía de su colección en la ventana de previsualización (ésta es la razón por la que es mejor editar el icono después de haber añadido las fotografías a la colección). Si no quiere utilizar la primera fotografía, haga clic en los botones en forma de flecha que aparecen debajo de la esquina inferior derecha de la ventana de previsualización para desplazarse a través de las fotos. Cuando encuentre la fotografía que quiere utilizar, haga clic en el pequeño borde de recorte (en la ventana de previsualización)

para aislar parte de la foto. Esto le proporciona un primer plano mejor de la fotografía que es más fácil de ver como icono. A continuación, haga clic en **OK** en el cuadro de diálogo y el área recortada se convertirá en su icono.

ELIMINAR ETIQUETAS (O COLECCIONES)

Si ha creado una etiqueta o una colección, y decide posteriormente que no quiere conservarla, puede proceder a borrarla mediante sólo tres clics.

Paso 1:

Para eliminar una etiqueta o colección, empiece por hacer clic en la etiqueta o colección que quiera eliminar en la lista de etiquetas o colecciones que encontrará en la parte derecha del Organizador.

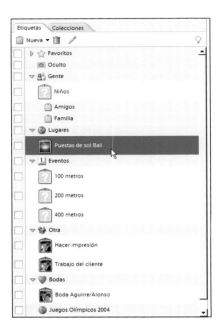

Paso 2:

Una vez que haya seleccionado la etiqueta o colección que quiera eliminar, sólo tiene que hacer clic en el icono de la papelera situado en la parte superior de la pestaña **Etiquetas** (o **Colecciones**), que se encuentra inmediatamente a la derecha del menú desplegable **Nueva**. Cuando elimine una etiqueta, cuando haga clic en el icono de la papelera, aparecerá un cuadro de diálogo de advertencia en el que se le informa de que, si elimina la etiqueta, la eliminará de todas su fotos. Si desea eliminar esa etiqueta, haga clic en **OK**. Si tiene una colección seleccionada cuando haga clic en el icono de la papelera, le preguntará si desea eliminar la colección. Haga clic en **OK** y desaparecerá. Sin embargo, esta acción no elimina estas fotografías de su biblioteca principal, simplemente elimina esa colección.

VER LOS METADATOS (INFORMACIÓN EXIF) DE SU FOTOGRAFÍA

Cuando tome una fotografía con una cámara digital, la propia cámara digital incrusta una gran cantidad de información sobre esa foto en ella. Contiene prácticamente todo, incluyendo la marca y el modelo de la cámara con la que tomó la fotografía, el momento exacto en el que se tomó la fotografía, cuál fue el ajuste f-stop, cuál fue la distancia focal de la lente, y si se utilizó o no el flas. Puede ver toda esta información (que se denomina datos de archivo de imagen intercambiables, EXIF, o metadatos) justo desde dentro del Organizador. Ésta es la forma de hacerlo:

Paso 1:

Para ver los datos EXIF de una foto, en primer lugar haga clic sobre la foto en el Explorador de fotografías y, a continuación, haga clic en el botón **Mostrar u ocultar propiedades** que encontrará en la parte inferior izquierda de la ventana del Explorador de fotografías para acceder a la paleta **Propiedades**.

Paso 2:

Cuando aparezca la paleta **Propiedades** en la parte inferior derecha de la ventana, haga clic en la opción **Metadatos** en la parte superior (el cuarto botón desde la izquierda). Ésto mostrará una versión abreviada de los datos EXIF de una fotografía (básicamente la marca, el modelo, ISO, la exposición, el f-stop, la distancia focal de las lentes y el estado del flas). Por supuesto, la cámara incrusta más información que ésta. Para ver todos los datos EXIF, seleccione la opción **Completos** en la sección **Ver** que encontrará en la parte inferior de la paleta, y obtendrá más información sobre ese archivo de la que probablemente nunca haya querido conocer. Una de las cosas que no se muestran en la sección **Breves** que probablemente querrá conocer es la fecha y la hora en la que se tomó la fotografía, y para acceder a ella tendrá que utilizar la opción **Completos**.

AÑADIR SU PROPIA INFORMACIÓN A LAS FOTOGRAFÍAS

Aunque la cámara digital incrusta de forma automática información en sus fotos, también puede añadir su propia información desde el Organizador. Ésto incluye cosas simples como un pie de foto (que aparece en la pantalla cuando se muestran sus fotografías en forma de diapositiva) o puede añadir notas a las fotografías para su uso personal; las dos cosas pueden ser utilizadas para ayudarle a buscar sus fotografías posteriormente.

Paso 1:

En primer lugar, haga clic en la fotografía a la que quiera añadir su propia información en la ventana del Explorador de fotografías y después haga clic en el botón **Mostrar u ocultar propiedades** que encontrará en la parte inferior izquierda del Organizador, o también puede utilizar el método abreviado de teclado **Alt-Intro**.

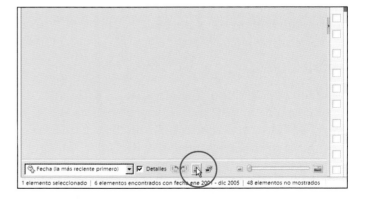

Paso 2:

Ésto hará aparecer la paleta **Propiedades**. En la parte superior derecha de la paleta hay cuatro botones para las cuatro secciones diferentes de las propiedades de su fotografía. La sección **General** es la seleccionada por defecto. En esta sección, el primer campo se utiliza para añadir un pie de ilustración (sí, ya lo sé, es bastante obvio), y el nombre del archivo de la foto aparece debajo. En el tercer campo, **Notas**, es donde puede añadir sus propias notas principales sobre las fotografías.

Paso 3:

Si quiere ver otra información sobre su fotografía (por ejemplo, qué etiquetas se han añadido a ella, la fecha en la que se importó la fotografía o cuándo se imprimió, mandó por correo o colocó en la Web por última vez, o la información incrustada en la fotografía por su cámara digital) sólo tiene que ir haciendo clic en los distintos botones que aparecen en la parte superior de la paleta.

ENCONTRAR FOTOGRAFÍAS

Encontrar un grupo determinado de fotografías resulta bastante sencillo utilizando el Organizador, especialmente si ha etiquetado sus imágenes, pero encontrar una fotografía individual lleva un poco más de trabajo. No es tan difícil; sólo tendrá que esforzarse un poco, porque, en esencia, lo que tiene que hacer es ir reduciendo el número de fotografías a un grupo pequeño (como el mes o el día en el que tomó las fotos). A continuación, desplácese por las fotos de ese grupo hasta que encuentre la fotografía que esté buscando. Suena complicado, pero realmente es bastante sencillo. Estos son los métodos de búsqueda más populares:

Desde la escala de tiempo:

La escala de tiempo, que es la barra horizontal que aparece en la parte superior del Explorador de fotografías, le muestra todas las fotografías que se encuentren en su catálogo. Los meses y los años están representados a lo largo de la línea del tiempo. Los años se encuentran visibles por debajo de la línea; las pequeñas barras de color azul claro que se encuentran encima de la escala de tiempo son los distintos meses. Si no hay barras visibles significa que no existen fotografías almacenadas en dicho mes.

Una corta barra de color azul significa que se tomaron pocas fotografías esos meses; una barra alta significa que hubo muchas fotografías. Si mantiene el cursor sobre una barra azul, aparecerá el mes que representa. Para ver las fotografías tomadas en ese mes, haga clic en la barra y sólo esas fotografías aparecerán en el Explorador de fotografías. Una vez que haya hecho clic en ese mes, puede hacer clic y arrastrar la barra del localizador hacia la derecha o hacia la izquierda para mostrar los distintos meses.

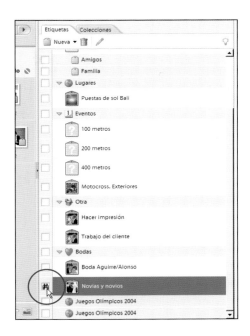

Utilizando etiquetas:

Si hay una determinada instantánea de la novia y el novio que está buscando, y ha etiquetado todas sus instantáneas de novias y novios con una etiqueta denominada **"Novias y novios"**, sólo tiene que hacer clic en la pestaña **Etiquetas** y en el recuadro vacío de la columna que se encuentra a la izquierda de esa etiqueta. Ahora verá sólo las instantáneas de novias y novios en la ventana del Explorador de fotografías.

Por intervalos de fechas:

Digamos que está buscando una determinada fotografía de las vacaciones del año pasado. Si puede recordar de forma aproximada cuándo fue de vacaciones, puede mostrar las fotografías tomadas en un determinado intervalo de fechas (por ejemplo, todas las fotografías tomadas entre el 1 de junio y el 30 de junio de 2004). Ésta es la forma de hacerlo: diríjase al menú **Búsqueda** y seleccione la opción **Establecer intervalo de fechas**. Esta acción hace aparecer un cuadro de diálogo en el que puede introducir la fecha inicial y la fecha final. Haga clic en **OK** y sólo las fotografías que se encuentren en un determinado marco de tiempo estarán visibles. Desplácese por esas imágenes y vea si puede encontrar la foto que busca.

Por pie de ilustración o nota:

Si ha añadido notas personales dentro de las etiquetas o ha añadido pies de imagen a fotografías determinadas, puede buscar en estos campos para ayudarle a estrechar su búsqueda. Diríjase al menú **Búsqueda** del Organizador y seleccione la opción **Por pie de ilustración o nota**. A continuación, en el cuadro de diálogo que aparece, introduzca la palabra que crea que aparece en el pie o la nota de la fotografía, y haga clic en **OK**. Ahora podrá ver sólo las fotografías que contienen esa palabra en el pie o la nota en la ventana del Explorador de fotografías.

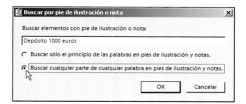

Por historia:

El Organizador sigue la pista del momento en el que importó cada fotografía, y el momento en el que la compartió por última vez (a través del correo electrónico, la impresión, una página Web, etc.); así que, si puede recordar cualquiera de esas fechas, está de suerte. Sólo tiene que ir al menú **Búsqueda** del Organizador, seleccionar la opción **Por historia**, y seleccionar el atributo con el que desea buscar en el submenú. Aparecerá un cuadro de diálogo con una

lista de nombres y fechas. Haga clic en una fecha o en un nombre, haga clic en **OK** y sólo las fotografías que encajen con ese criterio aparecerán en la ventana del Explorador de fotografías.

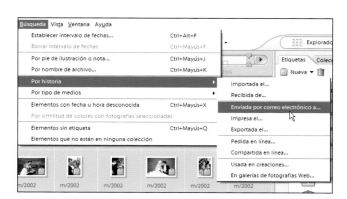

ENCONTRAR FOTOGRAFÍAS UTILIZANDO LA VISTA POR FECHA

De acuerdo, tengo que admitirlo, esta característica particular va a ser probablemente la característica del Organizador que menos utilice porque, parece tan, como decirlo, mala... (no se me ocurre otra palabra). Cuando la utilice, verá un enorme calendario y si se crearon fotografías en un día determinado en el mes que está actualmente visible, verá una pequeña versión de una de esas imágenes en dicha fecha. Personalmente, cuando me enfrento a esta visualización, me siento como si acabara de salir de una aplicación con aspecto profesional para entrar en una aplicación a nivel de usuario, así que la evito como la plaga, pero sólo por si le gusta (y es posible que le guste), funciona de esta forma:

Paso 1:

Para acceder a la Vista por fecha desde el Organizador, haga clic en el botón **Vista por fecha** que encontrará en la parte superior derecha de la ventana.

Paso 2:

Esta opción hace aparecer la ventana del calendario de la Vista por fecha con la visualización por meses como establecida por defecto (si no es ésta la visualización que se ve, haga clic en el botón **Mes** que aparece en la parte inferior central de la ventana). Si ve una fotografía en una fecha, significa que hay fotografías tomadas ese día (o que hay fotografías escaneadas o importadas ese día). Para ver una fotografía, haga clic en ella dentro del calendario y verá que aparece una versión más grande en la ventana, en la parte superior derecha de la ventana Vista por fecha. Para ver el resto de las fotografías que se realizaron ese día, pulse el botón **Elemento anterior en día seleccionado** o **Elemento siguiente en día seleccionado** que encontrará directamente debajo de esa ventana de previsualización. Cada vez que haga clic en este botón, la ventana mostrará un previsualización de la siguiente fotografía tomada ese día.

Paso 3:

Si encuentra la fotografía que está buscando (asumiendo que si está buscando en la **Vista por fecha** es porque está buscando una determinada fotografía), pulse el icono del pequeño cuadrado que se encuentra inmediatamente a la derecha del botón **Elemento siguiente en día seleccionado**. Esta acción le hará salir de la **Vista por fecha**, abrirá la ventana del Explorador de fotografías del Organizador, y le llevará exactamente al lugar en el que se encuentra la fotografía, destacándola. Ahora, si quiere editar esa fotografía en Photoshop Elements 3, sólo tiene que pulsar el botón **Edición estándar** en la barra de opciones del Organizador.

Paso 4:

Vuelva al Organizador y pulse de nuevo el botón **Vista por fecha** para volver a mostrar esta visualización. Quiero mostrarle un par de características distintas. Aunque la visualización por mes es la que aparece seleccionada por defecto, hay botones en la parte inferior de la **Vista por fecha** para visualizar todo el año (en la que los días que contienen fotografías aparecen como bloques de color sólido) o para visualizar un día individual (en la que todas las fotografías de

ese día aparecen en una ventana parecida a una muestra de diapositivas).

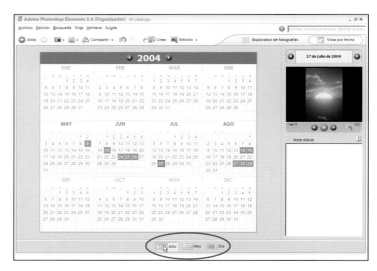

Paso 5:

Todavía en la **Vista por fecha**, puede añadir una nota diaria, que es una nota que no se aplica a la fotografía que aparece en la previsualización, sino que se aplica a todas las fotografías tomadas en ese día del calendario. Si cambia a la visualización por día (haciendo clic en el botón **Día** que aparece en la parte inferior de la **Vista por fecha**) aparecerán campos para añadir un **Pie de ilustración** y una **Nota diaria** para la fotografía que se esté mostrando en la parte derecha de la ventana. Ahora, cuando se encuentre en la visualización por día, no sólo verá el pie de la ilustración para fotografía, sino también una nota diaria para cada fotografía tomada en ese día del calendario.

VER UNA MUESTRA INSTANTÁNEA DE DIAPOSITIVAS

Si quiere ver una rápida muestra de diapositivas de una colección o de fotografías actualmente seleccionadas en el Organizador, sólo tendrá que llevar a cabo un proceso de dos clics. Posteriormente en este libro le mostraré cómo crear ricas proyecciones de diapositivas con un completo conjunto de características utilizando una característica completamente diferente de Elements 3, pero por ahora sólo veremos cómo crear una muestra de diapositivas rápida con un empleo mínimo de tiempo y esfuerzo.

Paso 1:

Abra el Organizador y asegúrese de que la ventana del Explorador de fotografías es la ventana activa haciendo clic en el botón **Explorador de fotografías** que encontrará en la parte superior derecha del Organizador. A continuación, haga clic manteniendo pulsada la tecla **Control** en cada una de las fotografías que quiera que aparezcan en su muestra de diapositivas (si las fotografías son contiguas, puede hacer clic en la primera fotografía, mantener pulsada la tecla **Mayús** y hacer clic en la última fotografía, y seleccionará todas las fotografías que se encuentren entre ellas). Una vez

que tenga seleccionada las fotos que quiera, haga clic en el botón **Revisar fotografías** (cuyo icono son pequeñas diapositivas) que encontrará en la parte inferior izquierda de la ventana del Organizador.

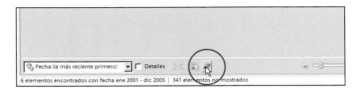

Paso 2:

Esto hará aparecer el cuadro de diálogo **Revisión de fotografías**, que contiene opciones de presentación para su muestra de diapositivas. Puede elegir la música que sonará durante la muestra de diapositivas en el menú desplegable **Música de fondo**. También puede elegir el tiempo que aparecerá cada una de las fotografías en la pantalla. Por defecto, esta opción asume que quiere incluir los pies de ilustración, pero puede desactivar esta opción haciendo clic en el recuadro de **Incluir pies de ilustración**, y puede hacer que su muestra de diapositivas se repita en bucle cuando llegue al final haciendo clic en el recuadro de **Repetir proyección de diapositivas**. A continuación, haga clic en **OK** para iniciar su muestra de diapositivas.

Paso 3:

Una vez que haga clic en **OK**, entrará en el modo
Revisión de fotografías, donde verá una barra de
control flotante de la proyección de fotografías en la
esquina superior izquierda de su pantalla. Su proyección de diapositivas no empezará realmente a avanzar
hasta que haga clic en el botón de reproducción de
color verde (o bien pulse el método abreviado de
teclado **F5**). Para detener el avance de la proyección de
diapositivas (o para pausarla) vuelva a hacer clic en el
botón de reproducción en la barra de control (para
reanudar la muestra de diapositivas, sólo tiene que
hacer clic en el botón de reproducción una vez más).

Paso 4:

Además de los botones estándar **Fotografía anterior**,
Reproducir, **Fotografía siguiente** y **Salir** que aparecen en la barra de control del modo de revisión de
fotografías, también verá otros controles en la parte
derecha. Estos controles extra son para comparar las
imágenes estáticas, y no se utilizan durante la proyección de diapositivas. Para ocultar estos controles, haga
clic en la flecha pequeña en dirección a la izquierda
situada en el extremo derecho de la barra de control y
se mostrarán sólo los controles de diapositivas.

Paso 5:

Para salir de la proyección de diapositivas y volver al
Explorador de fotografías, pulse la tecla **Esc** de su
teclado o haga clic en el botón **Salir** (**X**) en la barra de
control.

COMPARAR FOTOGRAFÍAS

Digamos que acaba de tomar instantáneas de una
moto, y ahora se encuentra mirando 14 primeros pla-
nos de una Harley-Davidson ganadora de un premio.
El Organizador tiene una característica estupenda que
le permite comparar dos imágenes en la pantalla (una
al lado de otra o una encima de la otra) para ayudarle a
reducir sus opciones en la búsqueda de la mejor fotografía posible.

Paso 1:

Abra el Organizador y asegúrese de que la ventana del
Explorador de diapositivas está activa haciendo clic en
el botón **Explorador de diapositivas** que aparece en
la parte superior derecha del Organizador. Para comparar (o revisar) fotografías, una al lado de otra, mantenga pulsada la tecla **Control** y haga clic en todas las
fotografías que quiera comparar. A continuación,
pulse el botón **Revisión de fotografías** que encontrará en la parte inferior izquierda de la ventana del
Explorador de fotografías (o simplemente pulse la

tecla **F11** de su teclado). Ésto hará aparecer el cuadro
de diálogo **Revisión de fotografías**, que presenta las
opciones para la proyección de diapositivas. Puede
ignorar estas opciones de diapositivas y simplemente
hacer clic en **OK** para entrar en el modo de revisión de
fotografías, que es en realidad un modo de pantalla
completa que puede utilizarse para comparar imágenes.

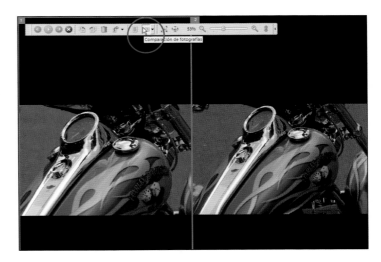

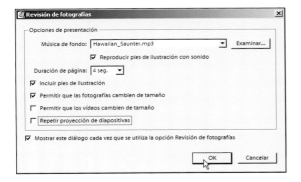

Paso 2:

La fotografía que seleccionó en primer lugar aparecerá
en modo pantalla completa, y podrá ver la barra de
control flotante en la parte superior izquierda de la
pantalla. Haga clic en el botón **Comparación de
fotografías** (el icono que muestra dos recuadros) que
pondrá la primera y la segunda fotografía que seleccionó una al lado de otra en la pantalla. La primera
fotografía (a la izquierda) tiene el número uno en su
esquina superior izquierda, y la segunda fotografía
(la que estamos comparando) está marcada como
número dos.

Paso 3:

Ahora puede proceder a comparar estas dos fotografías. Querrá que la que tenga un mejor aspecto permanezca en la pantalla, de forma que pueda compararla
con las otras fotografías seleccionadas, ¿verdad? Para
hacerlo, haga clic en la fotografía "mala" y aparecerá
una selección de color azul alrededor de ella, lo que
indica que es la que va a cambiar. En este ejemplo,
decidí que la primera fotografía tenía un mejor aspecto, así que hice clic en la fotografía número 2, la que
aparece en la parte derecha.

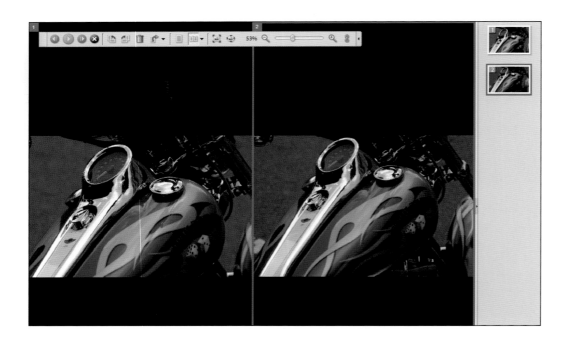

Paso 4:

A continuación, diríjase a la barra de control, haga clic en el botón **Fotografía siguiente**, y la segunda fotografía será sustituida por la fotografía siguiente en esa serie. Una vez más, revise cuál de las dos tiene un mejor aspecto, y a continuación haga clic en la fotografía que le parezca peor (de esa forma, puede reemplazarla por otra fotografía que quiera comparar). Haga clic en el botón **Fotografía siguiente** para comparar la siguiente fotografía (y así sucesivamente). Para volver atrás y revisar una fotografía previa, haga clic en el botón **Fotografía anterior** en la barra de control.

Paso 5:

Además de este modo en el que ve una fotografía al lado de otra, existe también una opción que le permite ver sus fotografías apiladas una encima de otra (opción que quizá le guste para comparar fotografías en orientación horizontal). Para cambiar a ese modo, haga clic en la flecha en dirección hacia abajo que aparece inmediatamente a la derecha del botón **Comparación de fotografías**, y, en el menú desplegable que aparece, seleccione la opción **Encima y debajo**. Proceda a llevar a cabo el mismo proceso en las imágenes, simplemente repita los pasos 3 y 4 hasta que encuentre la fotografía que más le guste. Cuando haya terminado, pulse la tecla **Esc** de su teclado o haga clic en el botón **Salir** (**X**) en la barra de control. La fotografía que haya seleccionado aparecerá destacada en la ventana del Explorador de fotografías.

COMPARAR FOTOGRAFÍAS UTILIZANDO EL *ZOOM* Y EL DESPLAZAMIENTO

Ésta no es exactamente una técnica del Organizador, pero hay también una nueva forma de comparar fotografías en el Editor de Elements. Ésta es una fantástica característica que Elements 3 toma prestada de Photoshop CS, la capacidad de ver múltiples imágenes a la vez (con el fin de compararlas) pero, lo que es más importante, verlas todas con el mismo aumento (incluso cuando se cambian los aumentos de *zoom*). Puede moverse para inspeccionar las imágenes y hacer que todas las imágenes se desplacen a la misma

ubicación y a idéntica velocidad. Se trata de una característica que realmente tiene que probar para apreciarla.

Paso 1:

Abra las distintas fotografías que desee comparar en el Editor. (En este ejemplo, compararemos cuatro fotografías, así que abriremos cuatro fotografías, que aparecerán en la **Cesta de fotografías**, en la parte inferior de la ventana de Elements.) El poder de esta característica será más evidente si abre cuatro imágenes similares, como cuatro retratos de la misma persona en la misma sesión, etc.)

Paso 2:

Diríjase al menú **Ventana** y, en **Imágenes** seleccione la opción **Mosaico**. Esto hará que cada una de las fotos se coloque en una ventana separada, y a continuación colocará las cuatro ventanas abiertas en su pantalla de forma que pueda verlas a la vez.

Paso 3:

Ahora que tiene las fotografías en mosaico, diríjase al menú **Ventana** y en **Imágenes**, seleccione **Igualar zoom**. A continuación, pulse y mantenga pulsada la tecla **Mayús**, pulse **Z** para cambiar a la herramienta Lupa (sí, de acuerdo, se denomina herramienta Zoom, pero parece una lupa), y haga clic y arrastre una selección alrededor de los ojos de la persona en las ventanas activas de la imagen. Observará que todas las fotografías adoptan el mismo *zoom*.

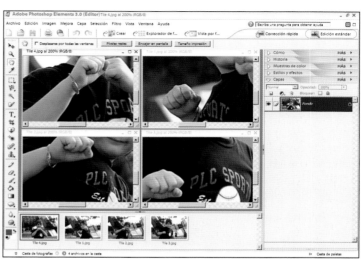

Paso 4:

A continuación, diríjase al menú **Ventana** y, en **Imágenes**, seleccione la opción **Igualar ubicación**. Pulse la tecla **H** para acceder a la herramienta Mano (se encuentra justo debajo de la herramienta Zoom en la caja de herramientas), pulse y mantenga pulsa la tecla **Mayús**, y, a continuación, haga clic dentro de la imagen y arrastre para desplazarse en la foto. Si no mantiene pulsada primero la tecla **Mayús**, simplemente se desplazará en la ventana que se encuentre más adelante, es decir, en la ventana activa. Al mantener pulsada la tecla **Mayús** primero, se desplazará por todas las ventanas a la vez y a la misma velocidad, lo que le permite comparar determinadas áreas de sus fotos a la vez.

REDUCIR EL ABARROTAMIENTO APILANDO LAS FOTOGRAFÍAS

Ésta es una de mis características favoritas de entre las nuevas añadidas en la versión 3, porque le permite reducir un enorme número de fotos y hacer que las cosas estén más organizadas cuando trabaje en el Explorador de fotografías. Se denomina "apilamiento" y le permite apilar las fotografías que sean similares, dejando sólo una foto que es la que representa una pila. Así, si tiene 120 instantáneas de una cena de ensayo, y ya ha clasificado las mejores en una colección, no tendrá que tener 120 instantáneas que abarroten su catálogo. En lugar de eso, puede tener sólo una fotografía representativa, y tener debajo de ella las otras 120.

Paso 1:

Con el Explorador de fotografías abierto en el Organizador, mantenga pulsada la tecla **Control** en su teclado y haga clic en todas las fotografías que quiera añadir a la pila (o, si las imágenes son contiguas, simplemente haga clic en la primera imagen, pulse y manteniendo pulsada la tecla **Mayús**, haga clic en la última imagen de la serie). Una vez que haya terminado de seleccionar las fotografías, vaya al menú **Edición** del Organizador, seleccione la opción **Apilar** y escoja **Apilar fotografías seleccionadas** en el submenú.

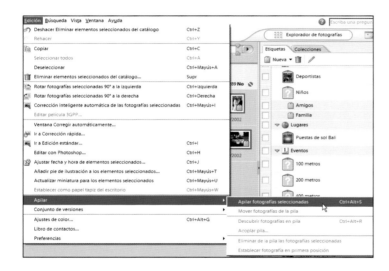

Paso 2:

No aparece ningún cuadro de diálogo, simplemente ocurre, sus 120 fotografías se encuentran ahora apiladas detrás de la primera fotografía que seleccionó (considérelo como si tuviera 120 capas, y como si cada capa fuera una fotografía, apiladas unas sobre otras). Sabrá que una miniatura contiene una pila porque aparecerá un icono de pila (una pequeña pila de papel

de color azul) en la esquina superior derecha de su fotografía.

Paso 3:

Una vez que sus fotografías están apiladas, puede visualizarlas en cualquier momento haciendo clic en la fotografía que contiene el icono de pila y dirigiéndose a continuación al menú **Edición>Apilar>Descubrir fotografías en pila**. Es como llevar a cabo un comando de búsqueda, puesto que todas las fotografías de su pila aparecerán en una ventana de búsqueda (denominada **Fotografías en pila**), de forma que pueda verlas sin desapilarlas. A continuación vuelva a la ventana del Explorador de fotografías haciendo clic en el botón **Volver a todas las fotografías** que encontrará en la esquina superior izquierda de la ventana.

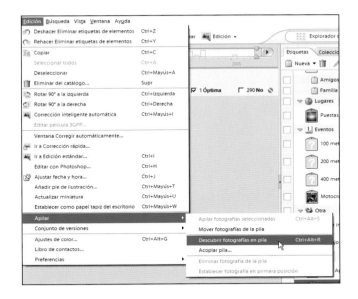

el icono de pila en la ventana del Explorador de fotografías, diríjase al menú **Edición>Apilar**, y seleccione la opción **Acoplar pila**. Es como acoplar capas, todo lo que se guarda es la primera fotografía. Sin embargo, cuando se lleva a cabo la acción **Acoplar**, tendrá la opción de eliminar o no las fotografías de su disco duro.

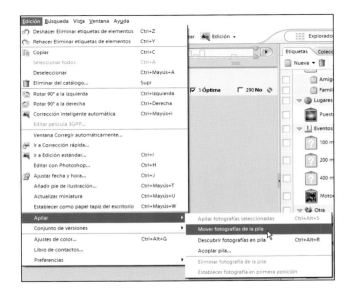

Paso 4:

Si desea desapilar las fotografías, seleccione la fotografía que tiene el icono de pila en la ventana del Explorador de fotografías, diríjase al menú **Edición>Apilar** y seleccione la opción **Mover fotografías de la pila**. Si decide que no quiere guardar ninguna de las fotografías de su pila, seleccione la fotografía que contiene

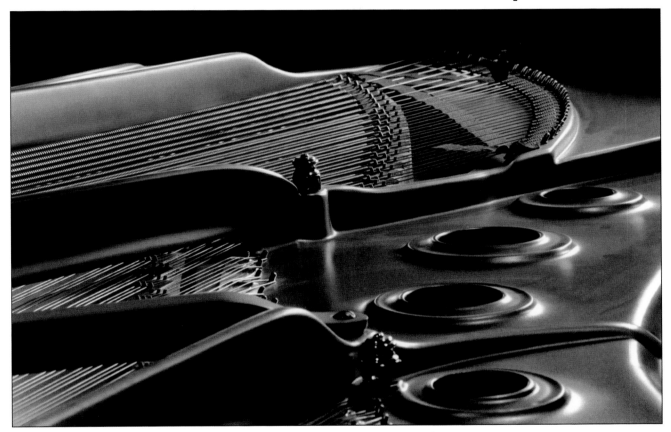

Fotógrafo: Jeannie Theriault

La flor y nata del recorte.
Recortar y cambiar el tamaño

3

> Capítulo 3. **La flor y nata del recorte. Recortar y cambiar el tamaño**

Si un capítulo sobre el recorte y el cambio de tamaño no suena emocionante, ¿qué es lo que le parece emocionante? Es triste, pero pasamos una gran parte de nuestras vidas haciendo esto, recortando y cambiando tamaños. ¿Por qué? Por nada, y quiero decir que nunca nada tiene el tamaño adecuado. Piense en ello.

Si todo tuviera el tamaño correcto, no tendríamos opción de "hacerlo súper". Iría a McDonald's, pediría un menú, y en lugar de escuchar "¿desea hacer súper su menú?", habría sólo una larga e incómoda pausa. Y francamente, ya estoy lo suficientemente incómodo en un Mcauto, con todos los recortes y cambios de tamaño que llevo a cabo constantemente. De todas formas, aunque dedicar un capítulo al recorte y el cambio de tamaño no es el tipo de cosa que vende libros (a pesar de que he oído que los libros sobre el recorte de círculos se venden bastante bien), las dos cosas son importantes y necesarias, especialmente si planea recortar o cambiar el tamaño de cosas en Elements.

De hecho, estará contento de aprender que hay más que el simple recorte y cambio de tamaño en este capítulo. He hecho este capítulo súper con otras técnicas fantásticas que, honestamente, son un poco demasiado buenas para terminar en un capítulo llamado "Recortar y cambiar de tamaño", pero es el único lugar en el que me encajaban.

Sin embargo no deje que las técnicas extra le desconcierten; si este capítulo le resulta excesivamente largo, vaya al final del capítulo, elimine algunas páginas, y habrá recortado de forma eficaz el tamaño del capítulo. (Y eliminando las páginas usted mismo habrá transformado lo que originalmente era un mero libro en una "experiencia interactiva", que de ese modo aumenta el valor del libro, haciéndole sentir como un comprador bastante inteligente.) Ve, casi le hace tener ganas de leerlo ahora, ¿verdad?

RECORTAR FOTOGRAFÍAS

Una vez que haya clasificado sus imágenes en el Organizador o en el Explorador de archivos, una de las primeras tareas de edición que llevará a cabo con toda probabilidad es el recorte de una fotografía. Existen varias formas de recortar una fotografía en Elements. Empezaremos con algunas opciones comunes y corrientes de carácter básico, y a continuación procederemos a analizar algunas formas de hacer que esta tarea sea más rápida y sencilla.

Paso 1:

Abra la imagen que quiera recortar y pulse la tecla **C** para acceder a la herramienta Recortar (siempre podría seleccionarla directamente desde la caja de herramientas, pero sólo le recomiendo que lo haga así si cobra por horas).

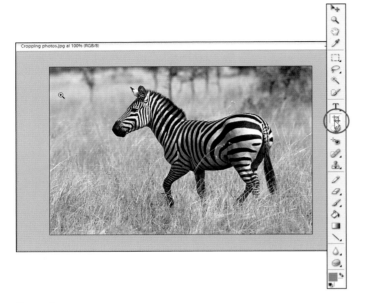

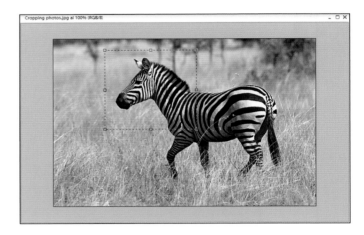

Paso 2:

Haga clic dentro de la fotografía y arrastre el borde de recorte. El área que va a recortarse aparecerá oscura (sombreada). No tiene que preocuparse de conseguir que el borde de recorte sea el adecuado cuando arrastre por primera vez, porque puede editarlo arrastrando los manejadores de control que aparecen en las esquinas y en el centro de cada lado.

Paso 3:

Mientras tenga el borde de recorte, podrá rotarlo como un solo elemento. Sólo tiene que mover el cursor fuera del borde, y cambiará para adoptar la forma de una flecha de doble cabeza. Sólo tiene que hacer clic y arrastrar, y el borde de recorte rotará en la dirección en la que arrastre. (Es una buena forma de ahorrar tiempo si tiene una imagen torcida, porque le permite recortar y rotar al mismo tiempo.)

Paso 4:

Una vez que tenga el borde de recorte donde quiera que esté, puede elegir uno de los siguientes métodos para proceder al recorte real de la imagen:

1. Pulse la tecla **Intro**.
2. Haga clic en cualquier herramienta en la caja de herramientas.
3. Haga clic en el icono del tic que aparece en la parte superior derecha de la barra de opciones.

 TRUCO: Cambiar de idea: Si ha arrastrado un borde de recorte y posteriormente decide que no quiere llevar a cabo el recorte, hay dos formas de cancelarlo:

1. Pulse la tecla **Esc** de su teclado y el recorte estará cancelado; la fotografía permanecerá intacta.

2. Mire en la barra de opciones, y verá el signo internacional de prohibición. Haga clic en el círculo que aparece con la línea diagonal que lo atraviesa para cancelar su recorte.

Antes

Después

RECORTE AUTOMÁTICO A TAMAÑO ESTÁNDAR

Si está llevando a cabo la impresión de fotografías para clientes, existen posibilidades de que las quieran en tamaños estándar, de forma que les resulte sencillo encontrar marcos para ellas. Si éste es el caso, aquí tiene la forma de recortar sus imágenes a un tamaño predeterminado (como 5×7", 8×10", etc.).

Paso 1:

Abra una imagen que quiera recortar para que se convierta en una perfecta fotografía de 7×5". Pulse la tecla **C** para acceder a la herramienta Recortar, diríjase a la barra de opciones y haga clic en la flecha que aparece a la derecha de las palabras **Opciones de ajustes preestablecidos**; aparecerá una lista con tamaños de recorte predeterminados. Haga clic en **Herramienta Recortar 7 pulg. por 5 pulg.**

Paso 2:

A continuación, haga clic y arrastre la herramienta Recortar sobre el área de la fotografía que quiere que tenga un tamaño de 7×5". Mientras arrastre, puede pulsar la barra espaciadora para ajustar la posición de su borde. Pulse la tecla **Intro**, y el área que se encuentre dentro del borde de recorte pasará a tener un tamaño de 7×5".

Paso 3:

Ahora, ¿qué hacemos si queremos una fotografía de 7×5", pero de 150 ppi o 72 ppi Acceda a la herramienta Recortar y, en la barra de opciones, introduzca la resolución que desee en el campo **Resolución**. Proceda a recortar.

Antes

Después

RECORTAR UTILIZANDO UN TAMAÑO PERSONALIZADO ESTÁNDAR

De acuerdo, ahora ya sabemos cómo recortar utilizando los tamaños predeterminados incluidos en

Elements, pero ¿cómo recortamos a un tamaño no estándar, un tamaño personalizado que sea usted quien lo determine? De la forma explicada a continuación.

Paso 1:

Abra la fotografía que quiera recortar. (En este caso, queremos recortar esta imagen con un tamaño de 6×4" con una resolución de 150 ppi.) Primero, pulse la tecla **C** para acceder a la herramienta Recortar. En la barra de opciones, verá los campos **Anchura** y **Altura**. Introduzca el tamaño que desee para la anchura, seguido de la unidad de medida que desee utilizar (por ejemplo, **en** para pulgadas, **px** para píxeles, **cm** para centímetros, **mm** para milímetros, etc.). A continuación, pulse la tecla **Tab** para acceder al campo **Altura** e introduzca la altura que desee utilizar, seguida también por la unidad de medida correspondiente.

TRUCO: Puede intercambiar las cifras en los campos Altura y Anchura haciendo clic en el icono de intercambio situado entre los dos campos en la barra de opciones.

Paso 2:

Una vez que haya introducido estas cifras en la barra de opciones, haga clic dentro de su fotografía con la herramienta Recortar y arrastre para crear un borde de recorte. Observará que, a medida que arrastre, el borde se verá limitado a un ratio de 6×4"; no importa lo grande que sea el área que seleccione dentro de la imagen, el área que se encuentra dentro de ese borde será del tamaño especificado. Cuando suelte el botón del ratón, no habrá bordes visibles a lo largo del borde, sólo los manejadores de esquina.

Paso 3:

Una vez que el borde de recorte esté en la pantalla, puede cambiar su tamaño utilizando los manejadores de esquina, o puede cambiar su posición moviendo el cursor dentro del borde. Su cursor cambiará a la flecha Mover, y puede hacer clic y arrastrar el borde a su lugar. También puede utilizar las teclas de flecha en su teclado para poder ejercer un control más preciso. Cuando tenga el aspecto adecuado, pulse la tecla **Intro** para finalizar su recorte. (Hice que las reglas estuvieran visibles (**Control-R**) para poder ver que la imagen mide exactamente 6×4".)

 **TRUCO:** Una vez que haya introducido una anchura y una altura en la barra de opciones, esas dimensiones permanecerán ahí. Para borrar estos campos, sólo tiene que seleccionar la herramienta Recortar y, en la barra de opciones, hacer clic en el botón **Borrar**. Esta acción vaciará los campos Altura y Anchura, y ahora podrá utilizar la herramienta Recortar para llevar a cabo un recorte de forma libre (puede arrastrar en cualquier dirección, ya no se verá limitado a un tamaño específico).

TRUCO MÁS GUAY: Si ya tiene una fotografía que tiene el tamaño y la resolución exactas que usted desea, puede utilizar sus dimensiones para recortar otra fotografía. En primer lugar, abra la fotografía a la que desee cambiar el tamaño, y, a continuación abra la fotografía de tamaño y resolución ideal. Acceda a la herramienta Recortar, y, en la barra de opciones, haga clic en el botón **Dimensiones**. Photoshop automáticamente introducirá las especificaciones de esa fotografía en lo relativo a la Anchura, la Altura y la Resolución; todo lo que tiene que hacer es cambiar a la imagen a la que desee cambiar el tamaño, hacer clic y arrastrar con la herramienta Recortar, pulsar **Intro** y esta imagen compartirá exactamente las mismas especificaciones que la otra imagen.

Antes

Después

RECORTAR CON FORMA

La versión 3.0 de Elements ha añadido una nueva y estupenda característica que le permite recortar su fotografía a un tamaño predeterminado. Técnicamente, esto podía hacerse en la versión 2.0, pero era un poco tedioso; tenía que dibujar la forma, y no le proporcionaba la sencillez y la flexibilidad que este nuevo método de forma decorativa le ofrece.

Paso 1:

En Elements, abra la fotografía que quiere recortar en una forma prediseñada, y pulse la letra **Q** para acceder a la herramienta Forma decorativa.

Paso 2:

A continuación, vaya a la barra de opciones y haga clic en la flecha en dirección abajo que aparece a la derecha de la palabra **Forma**. Esta acción hará aparecer el selector de forma personalizada, que contiene el conjunto de 30 formas que se ofrecen como predeterminadas. Para cargar más formas, haga clic en la flecha en dirección a la derecha que aparece en la parte superior del selector, y aparecerá una lista de conjuntos de formas incluidos. Haga clic en cualquiera de ellos para cargarlos, o cárguelos todos seleccionando la opción **Todas las formas de Elements** en el menú.

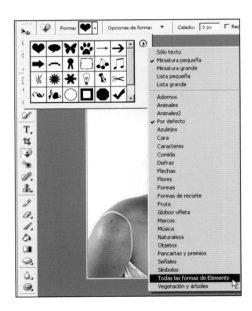

Paso 3:

Una vez que haya encontrado la forma personalizada que desee utilizar, sólo tiene que arrastrarla y soltarla en su imagen para obtener la forma que haya elegido.

Cuando suelte el botón del ratón, su fotografía se recortará para adecuarse a la forma.

Paso 4:

Verá un recuadro limitador alrededor de la forma, que puede utilizar para cambiar el tamaño, rotar o experimentar de la manera que quiera con su forma. Cuando cambie el tamaño de su forma, mantenga pulsada la tecla **Mayús** para mantener ese tamaño proporcional mientras arrastra el punto de esquina. Para rotar la forma, mueva el cursor fuera del recuadro limitador hasta que el cursor adopte la apariencia de una flecha de doble punta, y, a continuación, haga clic y arrastre. Mientras pueda ver el recuadro limitador, podrá editar la forma. Cuando crea que tiene el aspecto adecuado pulse **Intro** y las partes de su foto que se encuentren fuera de la forma se recortará de forma permanente.

Antes

> **TRUCO:** Si quiere que el área de su imagen se recorte de forma ajustada, de manera que tenga exactamente el tamaño de la forma que haya elegido, sólo tiene que activar el recuadro de Recortar (en la barra de opciones) antes de arrastrar su forma. A continuación, cuando pulse **Intro** para bloquear su forma, tamaño y ubicación finales, Elements procederá a recortar el área de la imagen de manera que coincida exactamente con la forma.

Después

RECORTE AUTOMÁTICO CON FOTOGRAFÍAS ESCANEADAS EN GRUPO

Muchos fotógrafos escanean fotografías utilizando una técnica denominada "escaneo en grupo". Es una forma de hacer referencia al escaneo de más de una imagen a la vez.

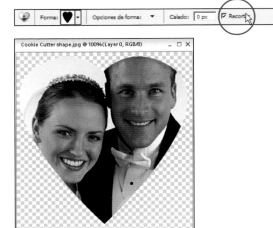

Escanear tres o cuatro fotografías al mismo tiempo con su escáner ahorra tiempo pero entonces tendrá que separar las fotografías en documentos individuales. Ésta es la forma en la que Elements 3 hace esto por usted automáticamente.

Paso 1:

Coloque las fotografías que desea escanear en grupo en la pantalla de su escáner plano, y escanee las imágenes en Elements utilizando el Organizador (aparecerán en un documento de Elements). Puede acceder a las imágenes escaneadas haciendo clic en el botón **Obtener fotografías** que encontrará en la barra de opciones del Organizador. Seleccione la opción **Desde un escáner** en el submenú y, en el cuadro de diálogo que aparece, seleccione dónde y a qué calidad quiere guardar su imagen escaneada.

Paso 2:

Diríjase al menú **Imagen** y seleccione la opción **Dividir fotografías escaneadas**. El programa encontrará inmediatamente los bordes de las fotografías escaneadas, los arregla si es necesario, y pone cada una de las fotografías en un documento individual. Una vez hecho esto, puede cerrar el documento original del escaneo en grupo y se quedará sólo con los documentos individuales.

RECORTAR SIN UTILIZAR
LA HERRAMIENTA RECORTAR

En ocasiones, es más rápido recortar su fotografía utilizando algunas herramientas y características de Elements en lugar de tener que acceder a la herramienta Recortar cada vez que necesite un recorte simple. Éste es el método que probablemente utilizo más para recortar imágenes de todas las clases (principalmente cuando no tengo intención de llevar a cabo un recorte perfecto de 5×7", 8×10", etc. Cuando simplemente lo hago a ojo).

Paso 1:

Empiece por abrir una fotografía que necesite recortar y pulse la tecla **M** para acceder a la herramienta Marco rectangular en la caja de herramientas. (Utilizo esta herramienta tanto que normalmente la tengo seleccionada; quizá ésta es la razón por la que utilizo continuamente este método.) Arrastre una selección alrededor del área que quiera conservar (dejando el resto de las áreas fuera de la selección que quiera recortar).

Paso 2:

Elija **Recortar** en el menú **Imagen**.

Paso 3:

Cuando seleccione **Recortar**, la imagen se recortará de forma inmediata. No hay manejadores de recorte, no hay cuadros de diálogo, simplemente se procede al recorte, rápido y sucio, y ésta es la razón por la que me gusta. Sólo tiene que utilizar la combinación de teclas **Control-D** para deseleccionar.

TRUCO: Un ejemplo de dónde utilizar el comando Recortar en el menú Imagen es cuando cree *collages*. Cuando arrastre fotografías desde otros documentos a su documento principal y las coloque dentro del *collage*, las partes de las imágenes que se extiendan más allá de los bordes del documento realmente siguen estando allí. Así que, para mantener un tamaño de imagen manejable, utilice el comando Todo en el menú Selección o pulse **Control-A**, y, a continuación, utilice Recortar en el menú Imagen. Esto elimina todos los datos de capa excesivos que se extiendan más allá de los bordes de imagen y hacen que su tamaño de archivo sea el adecuado. Para deseleccionar, pulse **Control-D**.

Antes

Después

UTILIZAR LA HERRAMIENTA RECORTAR PARA AÑADIR MÁS ÁREA DE LIENZO

Sé que el título para esta técnica no tiene demasiado sentido, "Utilizar la herramienta Recortar para añadir más área de lienzo". ¿Cómo puede realmente la herramienta Recortar (que está diseñada para recortar fotografías con el fin de reducir sus tamaños) hacer que el área de lienzo (espacio en blanco) que se encuentra alrededor de su fotografía sea más grande? Esto es lo que voy a enseñarle ahora.

Paso 1:

Abra la imagen a la que quiera añadir área de lienzo vacío adicional. Pulse la tecla **D** para configurar su color de fondo a su opción predeterminada, blanco.

Paso 2:

Si se encuentra en el modo de maximización, pulse **Control-signo menos** para alejarse un poco con

el *zoom*, (de forma que la imagen no ocupe toda la pantalla). Si no está en el modo de maximización, haga clic y arrastre la esquina inferior de la ventana del documento para poder ver el área de escritorio de color gris alrededor de la imagen. (Para acceder al modo de maximización, haga clic en el botón **Maximizar** que aparece en la parte superior derecha de la ventana de imagen, acción que cambiará automáticamente el modo de visualización a modo de maximización.)

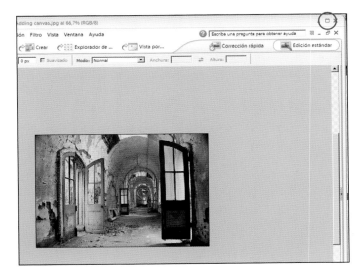

Paso 3:

Pulse la tecla **C** para acceder a la herramienta Recortar, y arrastre un borde de recorte de tamaño aleatorio (no importa lo grande o lo pequeño que lo haga en este punto).

Paso 4:

Ahora, haga clic sobre cualquiera de los puntos de esquina o laterales y arrástrelos fuera del área de imagen, en el área gris que se encuentra alrededor de ésta. El borde de recorte que se extiende fuera de la imagen es el área que será añadida como espacio de lienzo blanco, así que colóquelo donde quiera añadir el espacio de lienzo blanco.

Paso 5:

A continuación, sólo tiene que pulsar la tecla **Intro** para finalizar su recorte y, cuando lo haga, el área exterior de su imagen se convertirá en área de lienzo blanco.

ENDEREZAR FOTOGRAFÍAS TORCIDAS

Si sujeta con las manos su cámara digital durante la mayoría de sus instantáneas, en lugar de utilizar un trípode, puede estar seguro de que algunas de sus fotografías estarán un poco torcidas. Bueno, tengo buenas y malas noticias. Primero las buenas: Elements tiene una función incorporada para enderezar imágenes torcidas. Ahora las malas: no siempre funciona. Ésta es la razón por la que he incluido un pequeño rodeo bastante sencillo para cuando la opción de enderezamiento automático no funcione.

Enderezamiento automático

Paso 1 (y único):

Abra la fotografía que tiene que colocar derecha. Para utilizar el enderezamiento automático de Elements (que funciona bastante bien en muchos casos), simplemente tiene que dirigirse al menú **Imagen** y, a continuación, seleccionar la opción **Enderezar imagen** dentro del submenú **Rotar**. Si el programa puede encontrar un borde recto, enderezará su imagen (bueno, en la mayoría de los casos). Nota: Frecuentemente, cuando una imagen se encuentra rotada, verá el área de lienzo de color blanco alrededor de la imagen, así que, si desea enderezar y recortar la imagen al mismo tiempo, seleccione la opción (¿todavía tengo que decirlo?) **Rotar>Enderezar y recortar imagen** en el menú **Imagen**. Y eso es todo, no hay paso 2.

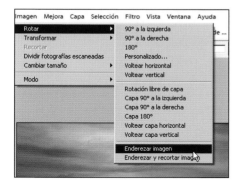

Enderezamiento manual

Paso 1:

Abra la fotografía que necesite enderezar. Diríjase al menú **Ventana** y seleccione la opción **Información** para acceder a la paleta **Info**.

Paso 2:

A continuación, seleccione la herramienta Línea en la barra de herramientas de Elements. (Está en el menú desplegable Forma personalizada, justo debajo de la herramienta Degradado. Puede pulsar **Mayús-U** para desplazarse en círculo por las herramientas de Forma personalizada hasta que llegue a la herramienta Línea.)

Paso 3:

Encuentre un borde recto en su fotografía que se supone que es horizontal (como el horizonte, una mesa, una ventana, etc., cualquier cosa que piense que debería ser horizontal). Haga clic y arrastre la herramienta Línea a lo largo de este borde recto de la foto, empezando desde la izquierda y extendiéndolo hacia la derecha, pero no suelte el botón del ratón (esto es importante).

Paso 4:

Mientras mantiene pulsado el botón del ratón, observe la parte derecha de la paleta **Info**, el área **A**, que representa el ángulo. Mire la cantidad y recuerde el número; ahora puede soltar el botón del ratón.

Paso 5:

Utilizar la herramienta Línea de esta forma crea una capa de forma, así que pulse **Control-Z** para deshacer esa capa (ya no la necesitamos). A continuación, diríjase al menú **Imagen** y, en **Rotar**, seleccione la opción **Personalizada** para acceder al cuadro de diálogo **Rotar lienzo**. ¿Recuerda el ángulo que se supone tenía que recordar? Coloque esa cantidad en el campo **Ángulo** de este cuadro de diálogo. También tendrá que seleccionar una de las opciones que se le presentan, **a la derecha** o **a la izquierda**, y a continuación,

haga clic en **OK**. ¡Fantástico!; su imagen se ha enderezado. Nota: Si la rotación deja espacio en blanco cerca de las esquinas de la imagen, puede recortar utilizando la herramienta Recortar (**C**). Haga clic y arrastre la herramienta evitando el espacio en blanco, y haga clic en **Intro** para finalizar el recorte.

UTILIZAR UNA CUADRÍCULA VISIBLE PARA ENDEREZAR FOTOGRAFÍAS

Aquí tiene otra popular técnica para enderezar fotografías que funciona bastante bien cuando tenga problemas para encontrar un borde recto en su imagen.

Paso 1:

Abra una fotografía que necesite enderezar. Diríjase al menú **Vista** y seleccione la opción **Cuadrícula**. Elements colocará una cuadrícula que no se imprimirá sobre toda la fotografía. Diríjase al menú **Ventana**, **Imágenes**, y seleccione el **Modo de maximización**. A continuación, asegúrese de alejarse lo suficiente con el *zoom* (pulse **Control-signo menos** varias veces) de forma que el área gris del lienzo que aparece alrededor de su foto sea visible.

Paso 2:

Pulse **Control-A** para seleccionar toda la foto, y, a continuación pulse **Control-T** para hacer que el rectángulo delimitador de Transformación libre aparezca sobre su fotografía. Mueva el cursor fuera del rectángulo delimitador y haga clic y arrastre hacia arriba o hacia abajo para rotar su imagen (utilizando la cuadrícula de la pantalla como guía para alinear su imagen). Si una de las líneas de la cuadrícula horizontal no está lo suficientemente cerca de una parte de su imagen que es horizontal, sólo tiene que mover su cursor dentro del recuadro delimitador y utilizar las teclas de dirección arriba y abajo para mover suavemente su imagen hacia arriba y hacia abajo hasta que esa parte alcance una línea de la cuadrícula.

TRUCO: Si quiere tener más control sobre la rotación (y esto resulta particularmente útil cuando esté tratando de alinear con una cuadrícula, en lugar de simplemente hacerlo a ojo), pruebe esto: cuando tenga la Transformación libre en su lugar, vaya a la barra de opciones y haga clic una vez dentro del recuadro Rotar. A continuación, utilice la tecla de flecha en dirección arriba o abajo en su teclado, lo que rotará su fotografía en incrementos de 1/10°, proporcionándole un máximo control.

Paso 3:

Cuando haya terminado de enderezar su fotografía, pulse **Intro** para llevar a cabo la transformación. A continuación, vuelva al menú **Vista** y seleccione la opción **Cuadrícula** para eliminarla. Una vez que haya eliminado la cuadrícula, observará que hay áreas de lienzo blanco visible en las esquinas de su imagen, así que tendrá que recortar la imagen para ocultarlas.

Paso 4:

Pulse la tecla **C** para acceder a la herramienta Recortar, y arrastre un borde de recorte que recortará su imagen de forma que no se vea ninguna esquina blanca. Cuando su borde de recorte esté en el lugar adecuado, pulse **Intro**.

CAMBIAR EL TAMAÑO DE FOTOGRAFÍAS DE CÁMARA DIGITAL

Si está más familiarizado con el cambio de tamaño de imágenes escaneadas, descubrirá que el cambio de tamaño de imágenes procedentes de cámaras digitales es un poco diferente, principalmente porque los escáneres crean imágenes de alta resolución (normalmente 300 ppi o más), pero el ajuste predeterminado para la mayoría de las cámaras digitales produce normalmente una imagen que es grande en dimensiones físicas, pero menor en ppi (normalmente 72 ppi). El truco está en disminuir el tamaño físico de su imagen de cámara digital (y aumentar su resolución) sin perder calidad en su foto. Veámoslo:

Paso 1:

Abra la imagen de cámara digital que quiera cambiar de tamaño. Pulse **Control-R** para hacer que aparezcan las reglas de Elements. Compruebe las reglas para ver las dimensiones aproximadas de su imagen. Como puede ver en las reglas del ejemplo que se muestra aquí, esta fotografía tiene unas dimensiones de aproximadamente 13×9".

Paso 2:

Diríjase al menú **Imagen**, en **Cambiar tamaño**, **Tamaño de imagen**, para que aparezca el cuadro de diálogo **Tamaño de imagen**. En la sección **Tamaño del documento**, el ajuste de **Resolución** es 72 píxeles/pulgada (ppi). Una resolución de 72 ppi se considera "baja resolución" y es ideal para fotografías que sólo van a verse en la pantalla (como gráficos Web, proyecciones de diapositivas, etc.). Esta resolución es demasiado baja para conseguir resultados de alta calidad de una impresora de color, impresoras láser de color o para utilizarlas en una prensa de impresión.

Paso 3:

Si planeamos llevar esta fotografía en cualquier dispositivo de impresión, resulta bastante claro que necesitará aumentar la resolución para conseguir buenos resultados. Ojalá pudiéramos simplemente escribir la resolución que queremos que tenga en el campo **Resolución** (como 200 ó 300 ppi), pero, desgraciadamente, este "remuestreo" hace que nuestra fotografía de baja resolución aparezca suavizada (borrosa) y pixelada. Ésta es la razón por la que necesitamos desactivar la opción **Remuestrear la imagen** (que está activada por defecto). Así, cuando introduzca el ajuste que necesite en el campo **Resolución**,

Elements ajusta de forma automática la **Anchura** y la **Altura** de la imagen en exactamente la misma proporción. A medida que disminuya la **Anchura** y la **Altura** (con la opción **Remuestrar la imagen** desactivada), su resolución aumenta. Lo mejor de todo, no hay en absoluto ninguna pérdida de calidad. ¡Bastante guay!

Paso 4:

En este caso he desactivado la opción **Remuestrear la imagen** y, a continuación, he escrito 150 en el campo **Resolución** (para imprimirla en una impresora de inyección de tinta en color, lo sé, quizá piensa que necesita mucha más resolución, pero normalmente no es así). Con una resolución de solamente 150 ppi, puedo, en realidad, imprimir una fotografía de seis pulgadas de ancho por casi cuatro pulgadas de alto.

Paso 5:

Aquí está el cuadro de diálogo para mi foto fuente, y esta vez he incrementado el ajuste de **Resolución** a 212 dpi (para su salida en una prensa de impresión. Una vez más, no necesita ni de lejos tanta resolución como piensa). Como puede ver, los campos de **Anchura** y **Altura** para mi imagen han cambiado.

Paso 6:

Cuando haga clic en **OK**, observará que la ventana de la imagen no cambia en absoluto, aparecerá exactamente al mismo tamaño en la pantalla. Pero ahora observe las reglas, comprobará que las dimensiones de la imagen han cambiado.

Cambiar el tamaño utilizando esta técnica hace tres grandes cosas: (1) Reduce las dimensiones físicas a un determinado tamaño (la fotografía se ajusta ahora en una hoja de 8×10"); (2) aumenta la resolución de forma suficiente como para poder imprimir la imagen en una prensa de impresión; y (3) no ha suavizado ni pixelado la imagen de ninguna forma, la calidad se mantiene, todo porque ha desactivado la opción **Remuestrear la imagen**. Nota: No desactive la opción **Remuestrear la imagen** para imágenes que

escanee en un escáner; parta de imágenes de alta resolución desde el principio. La desactivación de esta opción es sólo para las fotografías tomadas por cámaras digitales.

CAMBIAR EL TAMAÑO Y CÓMO ACCEDER A ESOS MANEJADORES DE TRANSFORMACIÓN LIBRE OCULTOS

¿Qué ocurre si arrastra una gran foto a una fotografía más pequeña en Elements? (Esto ocurre todo el tiempo, especialmente si está llevando a cabo un *collage* o combinando una o más fotografías.) Tiene que cambiar el tamaño de la fotografía utilizando la Transformación libre, ¿verdad? Verdad.

Pero aquí está la trampa; cuando se accede a la Transformación libre, al menos dos (o, lo que es más probable, los cuatro) manejadores que necesita para cambiar el tamaño de la imagen se encuentran inaccesibles. Verá el punto central, pero no los manejadores que necesitará para cambiar el tamaño de la imagen. Aquí tiene la forma de superar este obstáculo de forma rápida y fácil.

Paso 1:

Abra dos fotografías. Utilice la herramienta Mover (**V**) para arrastrar y soltar una fotografía encima de otra (si se encuentra en el modo de maximización, arrastre una imagen a la miniatura de la otra imagen en la **Cesta de fotografías**). Para cambiar el tamaño de una fotografía en una capa, pulse **Control-T** para acceder al comando Transformación libre. A continuación, mantenga pulsada la tecla **Mayús** (para restringir las proporciones), coja uno de los puntos de esquina de Transformación libre y (a) arrastre hacia el interior para encoger la fotografía o (b) arrastre hacia afuera para aumentar su tamaño (no más del 20 por ciento, para evitar que la fotografía tenga un aspecto suavizado y pixelado). Pero espere, hay un problema. El problema es que ni siquiera puede ver los manejadores de transformación libre en esta imagen.

Paso 2:

Para tener un acceso completo a todos los manejadores de Transformación libre, sólo tiene que pulsar **Control-0** (cero) y Elements alejará de forma instantánea la ventana del documento y rodeará su fotografía con un escritorio en color gris, haciendo que cada manejador esté a su alcance. Pruébelo una vez, y lo utilizará constantemente. Nota: Tiene que elegir primero Transformación libre para hacer que este truco funcione.

EL FANTÁSTICO TRUCO PARA CONVERTIR PEQUEÑAS FOTOGRAFÍAS EN IMPRESIONES TAMAÑO PÓSTER

En general, encoger las dimensiones de una fotografía no crea un problema de calidad; puede convertir una imagen de 8×10" en una de 4×5" con muy poca pérdida visible de calidad. El problema se da cuando aumenta el tamaño de una imagen (la imagen con frecuencia pasa a ser visiblemente borrosa, más suavizada, e incluso pixelada). Sin embargo, el gurú de la fotografía digital (y columnista de *Photoshop User*) Jim DiVitale, me enseñó un truco que asegura que puede aumentar imágenes de una cámara digital para convertirlas en imágenes de tamaño póster, con apenas pérdida de calidad perceptible a simple vista y, de verdad se lo digo, le hará convertirse en creyente.

Paso 1:

Abra la imagen de cámara digital que quiera aumentar a tamaño póster, incluso si su resolución está configurada a 72 ppi.

Paso 2:

Diríjase al menú **Imagen>Cambiar tamaño> Tamaño de imagen**. Cuando el cuadro de diálogo **Tamaño de imagen** aparece, asegúrese de que la opción **Remuestrear la imagen** está activada. Cambie la unidad de medida de los menús desplegables en el cuadro de diálogo de **Pulgadas** a **Porcentaje** y escriba 110 tanto en el campo **Anchura**

como en el campo **Altura**, lo que aumentará su imagen en un 10 por ciento. Lo crea o no, cuando aumenta la imagen en incrementos del 10 por ciento, por alguna razón dicha imagen no parece suavizarse ni desenfocarse. Es muy extraño, lo sé, pero, para creerlo, sólo tiene que probarlo.

Paso 3:

Para conseguir que esta imagen tenga un tamaño de póster nos van a hacer falta varias pasadas con esta técnica de "incrementos del 10 por ciento", así que asegúrese de tener una silla realmente cómoda antes de empezar.

Pero, si necesita hacer que sus impresiones sean grandes, y que mantengan tanta claridad y definición como sea posible, el esfuerzo extra merece la pena.

Observe la imagen final en la pantalla y haga que las reglas aparezcan pulsando **Control-R**. La pérdida de calidad es prácticamente insignificante, y la imagen tiene el tamaño de un póster estándar. Tuve que aumentar el tamaño en incrementos del 10 por ciento casi 12 veces para conseguir el tamaño buscado. Gracias a Jimmy D por compartir con nosotros esta sorprendente y sin embargo en apariencia sencilla técnica.

Fotógrafo: Dave Moser

El gran Fixx (arreglo). Problemas de imágenes de cámaras digitales

4

> Capítulo 4. El gran Fixx (arreglo). Problemas de imágenes de cámaras digitales

Veamos, ¿ha entendido la referencia al grupo de música The Fixx en el título? ¿Sí? Fantástico. Eso significa que tiene al menos treinta y tantos o cuarenta y pocos. (Personalmente estoy en los veintipocos, pero escucho viejas emisoras para mantenerme en contacto con los protagonistas del *baby-boom* y otras personas que probaron en una u otra ocasión el *break-dance*.) Bien, los Fixx tuvieron un gran éxito a principio de los 80 (más o menos cuando yo nací) llamado "Una cosa lleva a la otra", y éste es un título absolutamente apropiado para este capítulo porque una cosa (la utilización de una cámara digital) lleva a la otra (tener que enfrentarse a cuestiones tales como el ruido digital, el suavizado de color y otras sorpresas desagradables que aparecen cuando finalmente se ha desecho del hábito de la película y se ha pasado por completo al mundo digital). Admitámoslo, algunos de los problemas los provocamos nosotros mismos (como dejarnos puesta la tapa de la lente, u olvidarnos de llevar la cámara a la toma, el lugar en el que se desarrolla la toma, quién nos contrata o el día en el que se llevará a cabo, o meter nuestro flas en un envase de gelatina, ya sabe, las cosas normales). Pero hay otros problemas causados por el propio *hardware* (el esclavo no funciona cuando se sumerge en gelatina, hay Camembert en la lente, etc.). Sea cual sea el problema, e independientemente de quién tiene la culpa, los problemas van a suceder, y vamos tener que solucionarlos en Elements. Algunos de estos arreglos son sencillos, como la utilización del filtro "Eliminar Camembert" y cambiar posteriormente el modo de fusión a Fromage.

Otros le obligarán a pasarlo peor en algunos temas más importantes de Elements, pero no tema, todos los problemas a los que probablemente tenga que enfrentarse se tratarán aquí, en un formato con explicación paso a paso, que le hará limpiar la fría gelatina solidificada en su unidad de flas antes de que pueda decir "¿Cómo es posible que Scott tenga sólo veintitantos?".

COMPENSAR UNA UTILIZACIÓN EXCESIVA DEL FLAS, O UNA SOBREEXPOSICIÓN

¿No le parece odioso abrir una fotografía y darse cuenta de que (a) el flas no se ha disparado cuando debería; (b) estaba demasiado cerca del sujeto para utilizar el flas, y aparece completamente "apagado"; o (c) simplemente no le permiten usar un flas, y le quitan la unidad de flas por la fuerza, incluso si eso significa tener que arrancarlo del cuerpo de su cámara? Aquí tiene un arreglo rápido para conseguir que su fotografía salga del "cementerio del flas" manteniendo intactas su reputación y las partes de su cámara.

Paso 1:

Abra la fotografía que sufra de "flasafobia", lo que significa que todo el sujeto aparece como desteñido. Haga una copia de la foto arrastrando y soltando su capa **Fondo** al icono de Crear una capa nueva que aparece en la parte superior de la paleta **Capas**. Ésto creará una capa titulada **Fondo copia**.

Paso 2:

A continuación, cambie el modo de fusión de capa de **Fondo copia** de **Normal** a **Multiplicar**, en el menú desplegable que aparece en la parte superior de la paleta **Capas**. Este modo de fusión tiene un efecto "multiplicador" y devuelve muchos de los detalles originales que el flas "destruyó".

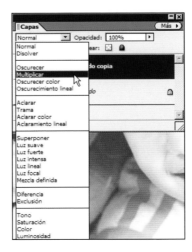

Paso 3:

Si la fotografía sigue presentando un aspecto desteñido, tendrá que crear varios duplicados de la copia **Fondo copia**. Sólo tiene que arrastrar y soltar esta capa al icono Crear una capa nueva que encontrará en la parte superior de la paleta **Capas**. Estas copias adicionales de la copia de la capa **Fondo** se encontrarán ya en modo **Multiplicar**.

Antes

Después

TRUCO: A propósito, a causa de las inmutables leyes de la vida, hay posibilidades de que la creación de una nueva capa con su modo de fusión configurado en Multiplicar no sea suficiente, pero la adición de otra capa (en modo Multiplicar) sería "demasiado". Si éste es el caso, solamente tiene que dirigirse a la paleta Capas y disminuir el ajuste de Opacidad que aparece en la capa superior al 50 por ciento o menos; de esta forma, puede "sintonizar" la cantidad correcta de flas.

ELIMINAR RUIDO DIGITAL (MÉTODO 1)

Si se encuentra trabajando en una situación de baja iluminación o está tomando fotografías con un ISO alto, existen posibilidades de que se dé cierta cantidad de "ruido digital". Generalmente no puede eliminar todo ese ruido pero, lo normal es que pueda reducirlo, y Elements 3 tiene una nueva característica para ayudarle a hacer justo eso. Sin embargo, recuerde que ésta es una de esas situaciones en las que "cuanto más barata sea la cámara digital, más ruido creará", así que, si está utilizando una cámara digital marca "la barata", usará esta técnica con mucha frecuencia.

Paso 1:

Abra la fotografía que tomó con una baja iluminación o utilizando un ajuste alto de ISO y que muestra en consecuencia ruido digital visible. Este ruido será más obvio cuando la imagen se visualice a un aumento del 100 por cien o superior. Nota: Si visualiza sus fotografías a tamaños inferiores, puede que no se dé cuenta del ruido hasta que lleve a cabo las impresiones.

Paso 2:

Diríjase al menú **Filtro**, y, dentro de la opción **Ruido**, seleccione **Reducir ruido**. Los ajustes establecidos por defecto no son realmente demasiado bajos pero, si tiene una gran cantidad de puntos o áreas irregulares de rojo, verde y azul, arrastre la pestaña deslizante de **Reducir ruido de color** hacia la derecha (pruebe con un 25 por ciento y vea cómo funciona).

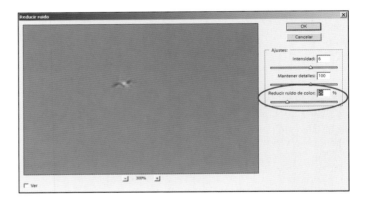

Paso 3:

Una de las cosas con las que tiene que tener cuidado cuando utilice este filtro, es que, a pesar de que puede reducir el ruido, también puede hacer que su imagen adquiera un aspecto un poco borroso, y cuanto más alto sea el ajuste **Intensidad** y más alta sea la cantidad utilizada en **Reducir ruido de color**, más borrosa aparecerá la fotografía. Si el ruido es realmente importante, puede que prefiera una imagen un poco borrosa a una fotografía con una cantidad increíble de ruido, así que tendrá que decidir qué cantidad de desenfoque es aceptable, pero para suavizar un poco el ruido, arrastre la pestaña **Mantener detalle** hacia la derecha.

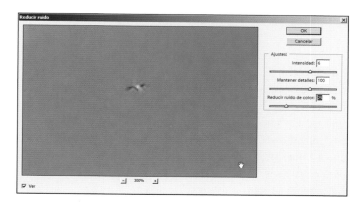

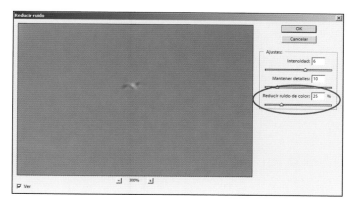

Antes

Después

TRUCO: Si desea ver el efecto del filtro Reducir ruido de forma instantánea, el antes y el después de su fotografía sin tener que hacer clic en el botón **OK**, haga clic con su cursor dentro de la ventana de previsualización de Reducir ruido. Cuando haga clic y mantenga pulsado el ratón dentro de la ventana, verá la versión anterior, sin la aplicación del filtro. Cuando suelte el ratón verá el aspecto que tendrá la fotografía si hace clic en el botón **OK**.

ELIMINAR RUIDO DIGITAL (MÉTODO 2)

Si la característica de reducción de ruido incluida en Elements 3 no le proporciona los resultados que está buscando, puede probar con este truco que aprendí de Jim DiVitale y Kevin Ames. Lleva a cabo un buen trabajo en lo que se refiere a la reducción de ruido, en particular esos pequeños y desagradables puntos de color rojo, verde y azul que aparecen en las fotografías digitales que se toman en situaciones de baja iluminación. Esta técnica no eliminará todo el ruido, pero eliminará los colores rojo, verde y azul del ruido de forma que aparezcan con mucha menos frecuencia en la foto.

Paso 1:

Abra la fotografía que tenga ruido digital visible. Haga una copia de la capa **Fondo** arrastrándola al icono Crear una capa nueva que aparece en la parte superior de la paleta **Capas**. Esto creará una capa llamada **Fondo copia**.

Paso 2:

Diríjase al menú **Filtro**, y, en **Desenfocar**, seleccione la opción **Desenfoque gaussiano**. Arrastre la pestaña deslizante de **Radio** completamente hacia la izquierda y, a continuación, comience a arrastrar hacia la derecha hasta que el ruido digital esté lo suficientemente desenfocado como para no poder verlo (por supuesto, el resto de la fotografía tendrá también un imponente aspecto desenfocado, pero no se preocupe por ello, simplemente desenfóquela hasta que el ruido desaparezca, incluso si la fotografía se hace muy borrosa). Haga clic en **OK** para aplicar el desenfoque.

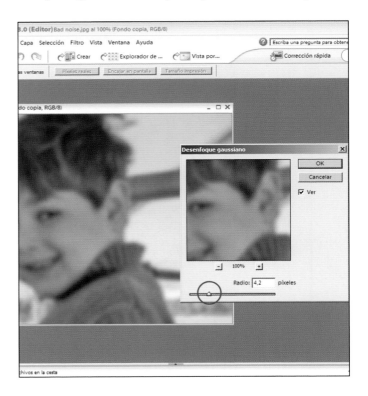

Paso 3:

Diríjase a la paleta **Capas** y cambie el modo de fusión de esta capa de **Normal** a **Color**.

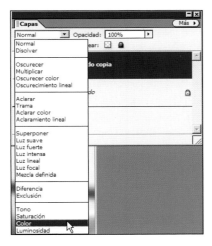

Paso 4:

Cambiar el modo de fusión a **Color** elimina el desenfoque visible pero, al mismo tiempo elimina los colores rojo, verde y azul del ruido, proporcionándole una fotografía con un aspecto mucho más limpio. Recuerde, esta técnica no elimina todo el ruido que su cámara introdujo. En lugar de eso, elimina el color del ruido, lo que hace que la cantidad global de ruido sea menos visible para el ojo.

Antes

Después

ACLARAR ÁREAS DE SOMBRA QUE SON DEMASIADO OSCURAS

Si tiene un problema con su fotografía, existe una buena posibilidad de que éste se dé en las áreas de sombra. Quizá tomó la fotografía con la fuente de luz detrás del sujeto, o la iluminación de la habitación puso parte del sujeto en las sombras o, bueno, simplemente lo ha echado todo a perder (esas cosas ocurren). Afortunadamente, puede aclarar sólo las sombras con el simple movimiento de una pestaña deslizante. Eso sí, tiene que saber dónde buscar.

Paso 1:

Abra una fotografía que necesite aclarar un poco las áreas de sombra para revelar los detalles que "se perdieron en las sombras".

Paso 2:

Diríjase al menú **Mejora** y, en **Ajustar iluminación**, seleccione **Sombras/iluminaciones**. Cuando aparece el cuadro de diálogo, asume que tiene un problema de sombras (tristemente muchas personas lo tienen, pero nunca lo admiten), así que automáticamente aclara las áreas de sombra de su documento en un 50 por ciento (verá que la pestaña deslizante de **Aclarar sombras** está configurada al 50 por ciento por defecto –un 0 por ciento no implicaría ningún aclarado de las sombras). Si desea aclarar aún más las áreas de sombra, arrastre la pestaña de **Aclarar sombras** hacia la derecha. Si le parece que las sombras se han aclarado de forma excesiva con el incremento predeterminado del 50 por ciento, arrastre la pestaña hacia la izquierda, a un ajuste que se encuentre por debajo de 50 por ciento. Cuando las sombras tengan el aspecto correcto, haga clic en **OK**. Habrá completado la reparación.

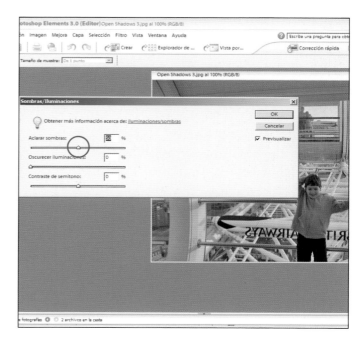

Antes

Después

ARREGLAR ÁREAS QUE TIENEN UN ASPECTO DEMASIADO BRILLANTE

Aunque la mayoría de los problemas de iluminación a los que tendrá que enfrentarse se encuentran en las áreas de sombra de su fotografía, le sorprendería saber cuántas veces hay áreas que son demasiado brillantes (quizá un área que está iluminada con una potente luz solar directa, o si expuso el primer plano pero el fondo está ahora sobreexpuesto). Afortunadamente, éste es también un arreglo sencillo.

Paso 1:

Abra la fotografía que contenga las iluminaciones que le gustaría reducir un poco. Nota: Si se trata de un área individual (como el sol reflejándose directamente en el pelo de su sujeto), querrá pulsar la tecla **L** para acceder a la herramienta Lazo y llevar a cabo una selección amplia de esa área. A continuación, diríjase al menú **Selección** y elija **Calar**. Para imágenes de baja resolución, de 72 ppi, introduzca 2 píxeles y haga clic en **OK**. Para las de alta resolución, de 300 ppi, pruebe con 8 píxeles.

Paso 2:

A continuación, diríjase al menú **Mejora** y, en **Ajustar iluminación**, seleccione la opción **Sombras/iluminaciones**. Cuando aparezca el cuadro de diálogo, arrastre la pestaña deslizante de **Aclarar sombras** al 0 por ciento y la de **Oscurecer iluminaciones** hacia la derecha; a medida que haga esto, las iluminaciones disminuirán, devolviendo los detalles y equilibrado el tono global de las iluminaciones seleccionadas con el resto de su foto. En ocasiones, cuando lleve a cabo ajustes en las iluminaciones (o sombras), puede perder parte del contraste en las áreas de semitonos (puede pasar a tener un aspecto turbio o apagado, o pueden convertirse en tonos sobresaturados). Si esto ocurre, arrastre la pestaña de **Contraste de semitono** (que aparece en la parte inferior del cuadro de diálogo) hacia la derecha para incrementar la cantidad de contraste de semitonos, o arrastre hacia la izquierda para reducirlo. A continuación, haga clic en **OK**. Nota: Tendrá que pulsar **Control-D** para deseleccionar cuando haya terminado.

Antes

Después

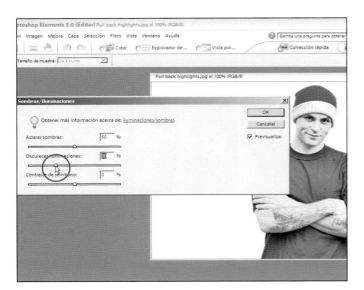

ARREGLAR FOTOGRAFÍAS EN LAS QUE HUBIERA PREFERIDO NO UTILIZAR EL FLAS

Existe una tendencia natural entre algunos fotógrafos a reaccionar a sus alrededores inmediatos, en lugar de a lo que ven a través de la lente.

Por ejemplo, en un concierto interior, con frecuencia hay cientos de luces que iluminan el escenario. Sin embargo, algunos fotógrafos piensan que falta una luz, de su flas, porque donde ellos están sentados, está oscuro.

Cuando miran posteriormente las fotografías, ven que el flas iluminó a todas las personas delante de ellos (lo que no muestra el aspecto que realmente tenía, la multitud se encuentra normalmente en la oscuridad), arruinando una fotografía que, de no ser por eso, hubiera sido fantástica.

Aquí tiene una forma rápida de arreglar esto para hacer que la fotografía tenga el mismo aspecto que si el flas no hubiera sido disparado en absoluto.

Paso 1:

Abra una fotografía en la que la utilización del flas haya arruinado parte de la imagen.

Paso 2:

Pulse la tecla **L**, para acceder a la herramienta Lazo, y lleve a cabo una selección amplia del área en la que el flas tuvo un efecto sobre la instantánea.

Paso 3:

En el paso siguiente, vamos a proceder a ajustar el rango tonal de esta área seleccionada, pero no queremos que este ajuste ofrezca un aspecto obvio. Necesitará suavizar los bordes de nuestra selección un poco de forma que nuestro ajuste se fusione de manera suave con el resto de la fotografía. Para hacer esto, diríjase al menú **Selección** y elija la opción **Calar**. Cuando aparezca el cuadro de diálogo **Calar selección**, introduzca 25 píxeles para suavizar el borde de la selección. (Por cierto, 25 píxeles es simplemente lo que creo que la selección podría necesitar. La regla general es que cuanto más alta sea la resolución de la imagen, más calado necesitará, así que no tenga miedo de utilizar más de 25 si su borde es visible cuando acabe.) Haga clic en **OK**.

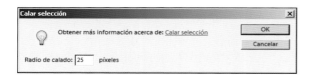

Paso 4:

Le será más sencillo crear un ajuste mejor si oculta el borde de selección (lo que se denomina "hormigas marchantes") de la vista. No queremos deseleccionar, queremos que nuestra selección permanezca intacta, pero no queremos ver el incómodo borde, así que pulse **Control-H** para ocultar el borde de la selección. A continuación, pulse **Control-L** para acceder al cuadro de diálogo **Niveles**. En la parte inferior de este cuadro de diálogo, arrastre la pestaña deslizante derecha de **Niveles de salida** hacia la izquierda, para oscurecer el área seleccionada. Como ha ocultado el borde de selección, debería ser muy sencillo hacer coincidir el área seleccionada con lo que aparece

a su alrededor cuando arrastre esta pestaña hacia la izquierda.

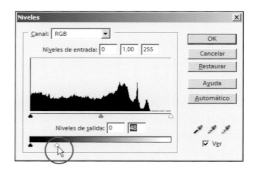

Paso 5:

Cuando la fotografía tenga un aspecto más o menos adecuado, haga clic en **OK** para aplicar su ajuste de **Niveles**. Después, pulse **Control-H** para hacer que su selección pueda ser visible de nuevo (esto hace equivocarse a mucha gente que, como ya no ven la selección, se olvidan de que está ahí, y, a partir de ese momento, nada reacciona como debería).

Paso 6:

Pulse **Control-D** para deseleccionar y ver su fotografía reparada, libre del flas.

Antes

Después

ARREGLAR FOTOGRAFÍAS SUBEXPUESTAS

Ésta es una corrección tonal para la gente a la que no le gusta llevar a cabo correcciones locales (más de 60 millones de americanos sufren de miedo paralizante al llevar a cabo correcciones tonales). Como esta técnica no requiere conocimiento alguno sobre las correcciones tonales (como la utilización de **Niveles**), es muy popular; y, a pesar de ser increíblemente sencilla de llevar a cabo, realiza un trabajo sinceramente sorprendente a la hora de arreglar fotografías subexpuestas.

Paso 1:

Abra una fotografía subexpuesta en la que podría haber utilizado un flas de relleno o un mejor ajuste de exposición.

Paso 2:

Cree una copia de la capa **Fondo** arrastrándola al icono Crear una capa nueva situado en la parte superior de la paleta **Capas**. Esto creará una capa titulada

Fondo copia. En la paleta **Capas**, cambie el modo de fusión de esta nueva capa de **Normal** a **Trama**, para aclarar toda la fotografía.

Paso 3:

Si la fotografía sigue sin mostrar una exposición adecuada, arrastre esta capa de **Trama** al icono Crear una capa nueva que aparece en la parte superior de la paleta **Capas** para duplicarla, y siga duplicándola hasta que la exposición tenga un aspecto correcto (quizá esto le cueste algunas capas, pero no sea tímido, siga creando capas hasta que el aspecto sea bueno).

Paso 4:

Existen bastante posibilidades de que, en algún momento, duplicará de nuevo la capa de **Trama** y la
imagen adquirirá un aspecto sobreexpuesto. Lo que
necesita es "media capa". Media cantidad de iluminación. Ésta es la forma de hacerlo: disminuya la **Opacidad** de su capa superior para dar con la cantidad
perfecta de luz, lo que le proporcionará algo entre una
intensidad completa de la capa (al 100 por cien) a una
capa inexistente (al 0 por ciento). Para la mitad de
intensidad, pruebe con 50 por ciento (creo que realmente esta aclaración no es necesaria). Una vez que la
imagen tenga el aspecto de estar adecuadamente ex-
puesta, haga clic en la flecha **Más** que aparece en la
parte superior derecha de la paleta **Capas** para acceder al menú emergente de la paleta, y seleccione la
opción **Acoplar imagen**.

Antes

Después

CUANDO SE OLVIDA DE UTILIZAR EL FLAS DE RELLENO

¿No sería fantástico que Elements tuviera un pincel Flas de relleno, de forma que cuando se le olvidara utilizar el flas de relleno pudiera simplemente pintarlo? Bueno, aunque técnicamente no se denomina así, puede utilizar un pincel para lograr el mismo efecto. Predigo que le va a gustar esta técnica. Eh, sólo es una predicción.

Paso 1:

Abra una fotografía en la que el sujeto de la imagen tenga un aspecto demasiado oscuro. Haga una copia de la capa **Fondo** arrastrándola al icono Crear una capa nueva que encontrará en la parte superior de la paleta **Capas**. Esta acción creará una capa denominada **Fondo copia**.

Paso 2:

Diríjase al menú **Mejora**, y, en **Ajustar iluminación**, seleccione **Niveles**. Arrastre la pestaña central de **Niveles de entrada** (la de color gris) hacia la izquierda, hasta que el sujeto tenga la exposición adecuada. (Nota: No se preocupe sobre el aspecto del fondo, probablemente aparecerá con un aspecto completamente "apagado", pero ya arreglaremos esto más tarde; por ahora, céntrese sólo en hacer que el sujeto tenga un buen aspecto.) Si la pestaña de semitonos no destaca el sujeto de forma suficiente, puede que tenga que aumentar también las iluminaciones, así que arrastre la pestaña deslizante que se encuentra en el extremo derecho de **Niveles de entrada** hacia la izquierda, para aumentar las iluminaciones. Cuando su sujeto muestre la exposición correcta, haga clic en **OK**.

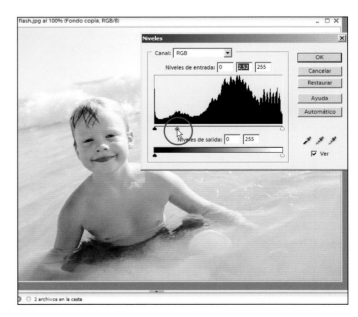

Paso 3:

Mantenga pulsada la tecla **Control** y haga clic en el icono Crear una capa nueva situado en la parte superior de la paleta **Capas**. Esta acción creará una capa en blanco por debajo de su capa duplicada. En la paleta **Capas**, haga clic en la capa de la parte superior (su duplicado de la capa **Fondo**), y, a continuación, pulse **Control-G** para agrupar esta capa de foto con la capa en blanco que aparece por debajo de ella. Esto eliminará el brillo de la foto del paso 2.

Paso 4:

En la paleta **Capas**, haga clic en la capa en blanco que aparece debajo de la capa agrupada superior. Pulse **B** para acceder a la herramienta Pincel y haga clic en el icono de pinceles preestablecidos en la barra de opciones para abrir el Selector de pinceles, donde elegiremos un pincel de borde suave. Pulse **D** para

configurar el negro como color frontal, y, a continuación, empiece a pintar (en esta capa en blanco) sobre las áreas de la imagen que necesitan un flas de relleno con su recién creado pincel "Flas de relleno". Las áreas sobre las que pinte aparecerán más claras, porque está "pintando" en la versión más clara de su imagen en esta capa.

Paso 5:

Siga pintando hasta que la imagen tenga el aspecto de haber sido tomada con un flas de relleno. Si el efecto tiene un aspecto demasiado intenso, sólo tiene que disminuir la opacidad de la capa sobre la que está pintando arrastrando la pestaña de **Opacidad** hacia la izquierda en la paleta **Capas**.

Antes

Después

ELIMINACIÓN INSTANTÁNEA DE OJOS ROJOS

Cuando veo una cámara digital con el flas montado directamente encima de la lente pienso, "Eh, aquí tenemos una máquina de ojos rojos automatizada". En situaciones de estudio, no tiene que enfrentarse a esto tanto, porque su flas probablemente no se montará sobre la lente; se utiliza flas indirecto, tiene el flas montado de forma independiente, cuenta con luz estroboscópica en el estudio o está utilizando una docena de técnicas diferentes. Elements ofrece desde hace tiempo la eliminación instantánea de ojos rojos, pero el método que se ofrece en la versión 3.0 proporciona resultados significativamente mejores.

Paso 1:

Abra una fotografía en la que el sujeto tenga los ojos rojos. Pulse **Z** para acceder a la herramienta Zoom (la que parece una lupa en la barra de herramientas) y arrastre una selección alrededor de los ojos (de forma que se acerque a ellos con el *zoom*).

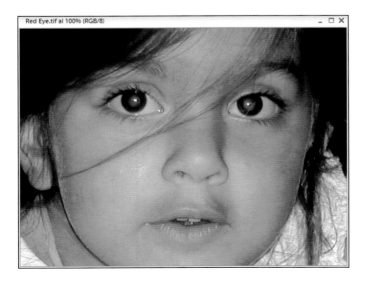

Paso 2:

A continuación, pulse la tecla **Y** para acceder a la herramienta Pincel de ojos rojos (su icono en la barra de herramientas es un ojo con un pequeño cursor en forma de cruz en la esquina izquierda). Existen dos formas distintas de utilizar esta herramienta: haciendo clic y haciendo clic y arrastrando. Empezaremos por la más precisa, hacer clic. Seleccione la herramienta Pincel de ojos rojos y haga clic una vez directamente en el área roja de la pupila. Esta acción aislará el color rojo de la pupila y lo sustituirá por un color neutro. Ahora tendrá un ojo de color gris, lo que no ofrece un aspecto muy espectacular, pero es muchísimo mejor que un ojo rojo.

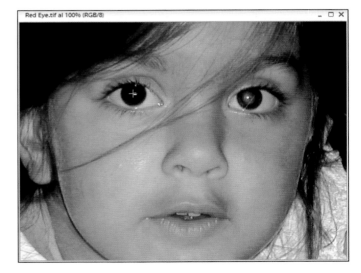

Paso 3:

Si el color gris que sustituye al rojo tiene un aspecto demasiado "gris", puede ajustar la oscuridad del color de sustitución desde la barra de opciones, aumentando la **Cantidad de oscurecimiento**.

Paso 4:

Para obtener mejores resultados, puede que tenga que ajustar la configuración de **Tamaño de pupila**, de forma que el área sobre la que la herramienta tiene efecto se adecue al tamaño de la pupila. Puede hacerlo en la barra de opciones, cuando la herramienta Pincel de ojos rojos esté seleccionada. A continuación, veamos otra forma de utilizar esta herramienta (para arreglos de ojos rojos realmente rápidos).

Paso 5:

Si tiene una gran cantidad de fotografías que arreglar, puede que opte por esta opción de reparación de ojos rojos, que resulta más rápida (sólo tiene que hacer clic y arrastrar la herramienta Pincel de ojos rojos sobre el área del ojo, colocando una selección cuadrada alrededor de todo el ojo). La herramienta determinará dónde se encuentra el ojo rojo dentro del área seleccionada, y lo eliminará. Utilice este método "arrastrar" en un ojo cada vez, para obtener mejores resultados.

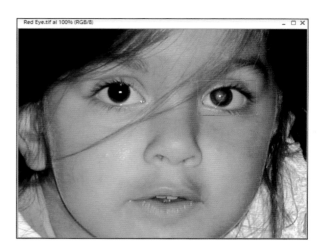

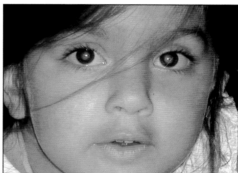

Antes

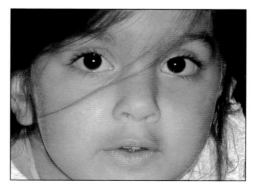

Después

ELIMINAR LOS OJOS ROJOS Y VOLVER A COLOREAR EL OJO

Esta técnica es un poco más complicada (no es que sea más complicada, simplemente incluye algunos pasos más) pero el resultado es más profesional. Una vez que elimine el ojo rojo y lo sustituya por un "ojo gris" más agradable (como en el truco anterior de eliminación instantánea de ojos rojos), devolveremos a ese ojo su color original.

Paso 1:

Abra una fotografía en la que el sujeto tenga los ojos rojos.

Paso 2:

Acérquese a uno de los ojos utilizando la herramienta Zoom (la lupa, a la que se accede pulsando la tecla **Z**). Utilice la técnica explicada en las páginas anteriores,

que elimina el ojo rojo y lo sustituye por un "ojo gris". Nota: Puede que no quiera hacer esto tarde por la noche, si está solo en casa, porque ver un enorme y terrorífico ojo en su pantalla realmente puede ponerle los pelos de punta.

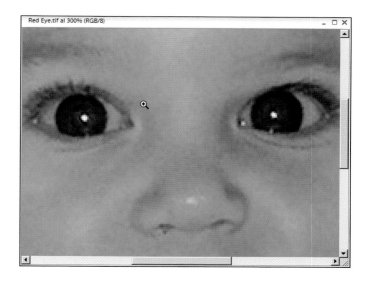

Paso 3:

Pulse la tecla **L** para acceder a la herramienta Lazo, y dibuje una selección muy amplia alrededor de todo el ojo. La palabra clave aquí es la amplitud; manténgase lejos del propio iris, y no intente llevar a cabo una selección precisa. Seleccionar los párpados y las pestañas no representa un problema. Una vez que tenga el ojo seleccionado, mantenga pulsada la tecla **Mayús** y, a continuación, utilice la herramienta Lazo para seleccionar el otro ojo de la misma forma (lo que le proporciona la selección de los dos ojos).

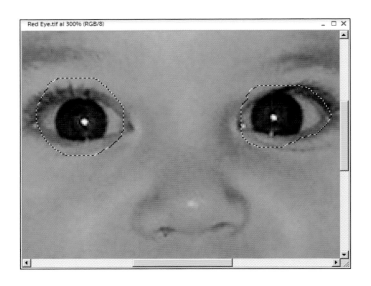

Paso 4:

Cuando tenga selecciones amplias alrededor de los dos ojos, pulse **Control-J** para copiarlas y pegarlas en una nueva capa en la paleta **Capas**. Esta acción lleva a cabo dos cosas: (1) pega los ojos copiados en esta capa en la misma posición en la que están en la capa **Fondo** y (2) automáticamente lleva a cabo la deselección por usted. Ahora tiene sólo un par de ojos en esta capa.

Paso 5:

Con la capa de los ojos seleccionada, diríjase al menú **Mejora**, y, en **Ajustar color**, seleccione la opción **Ajustar Tono/saturación**. En el cuadro de diálogo, haga clic en la opción **Colorear** (que aparece en la esquina inferior derecha). Puede elegir el color que quiera para los ojos, moviendo la pestaña **Tono**. No se preocupe si el color es excesivamente intenso en este punto, puede ajustarlo totalmente más tarde así que, si quiere obtener unos ojos azules, seleccione un azul profundo y ajustará el tono exacto con posterioridad. Haga clic en **OK** para aplicar el color a los iris y al área que se encuentra alrededor de ellos también. (No se preocupe por que las áreas que aparecen alrededor del iris estén también en azul. Arreglaremos eso en el siguiente paso.)

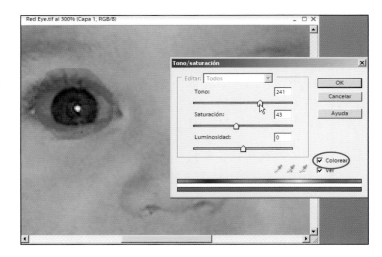

Paso 6:

Pulse la tecla **E** para acceder a la herramienta Borrar. Luego pulse **D** para asegurarse de que el color de fondo es el blanco. Seleccione un pincel pequeño, de bordes duros (en el selector de pinceles de la barra de opciones) y simplemente proceda a borrar las áreas extras alrededor del iris. Esto suena mucho más complicado de lo que es (de hecho, es muy sencillo) sólo tiene que borrarlo todo, excepto el iris coloreado. No olvide borrar las partes blancas de los ojos de la persona. Recuerde, los ojos están en su propia área, así que no puede dañar por accidente cualquier otra parte de la foto.

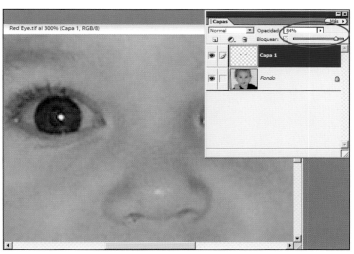

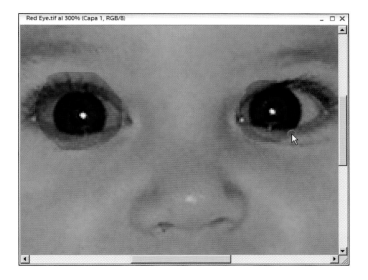

Paso 7:

Si el color de los ojos tiene un aspecto demasiado intenso (y hay posibilidades de que lo tengan), puede disminuir la intensidad del color simplemente disminuyendo la opacidad de esta capa (utilizando la pestaña deslizante de **Opacidad** en la esquina superior derecha de la paleta **Capas**) hasta que los ojos tengan un aspecto natural.

Paso 8:

Para terminar la corrección y la recoloración de los ojos rojos, pulse **Control-E** para fusionar la capa de los ojos coloreados con la capa **Fondo**, completando de esta forma la reparación.

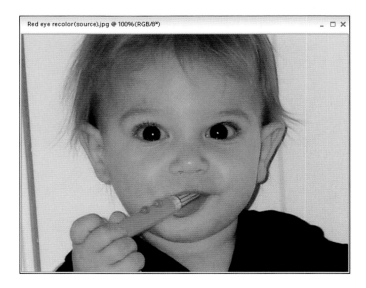

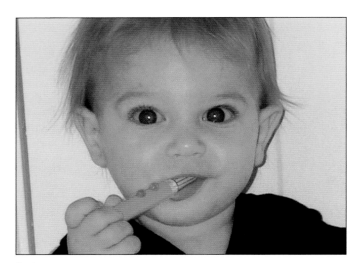

Antes

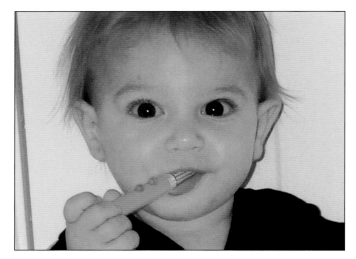

Después

REPARAR EL *KEYSTONING* (EFECTO TRAPECIO)

El *keystoning* se da con frecuencia en fotografías que contienen objetos altos, como edificios, en las que los objetos parecen caerse alejándose del espectador (dando la impresión de que las partes superiores de estos objetos altos son más estrechas que sus bases). Veamos cómo utilizar la función de transformación libre de Elements y un simple filtro para arreglar el problema de forma rápida.

Paso 1:

Abra una imagen que tenga un problema de *keystoning*, donde un objeto alto parezca inclinarse alejándose del espectador.

Paso 2:

Asegúrese de estar en el modo de maximización, desde el menú **Ventana, Imágenes>Modo de maximización.** Haga clic en la muestra de color frontal (que aparece en la parte inferior de la caja de herramientas) para acceder al Selector de color. En el campo **R** (rojo) introduzca el valor **74**, para **G** (verde) introduzca **132**, y en el campo **B** (azul) introduzca **255**; a continuación, haga clic en **OK** para configurar su color frontal en un azul claro.

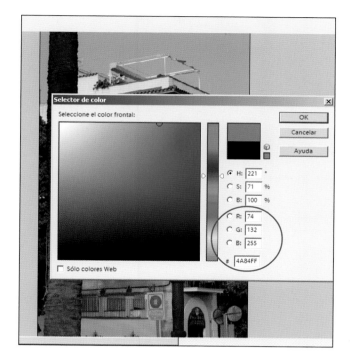

Paso 3:

Acceda a la herramienta Línea (pulse **Mayús-U** para desplazarse alrededor de las herramientas Forma hasta llegar a la herramienta Línea). Diríjase a la barra de

opciones y configure el campo **Grosor** en 2 píxeles. A continuación, mantenga pulsada la tecla **Mayús** y dibuje una línea vertical, de color azul y de 2 píxeles de grosor desde la parte superior de su imagen hasta la esquina situada en la base de su objeto de gran altura. Esto añadirá una capa **Forma** en su paleta **Capas**. (Nota: Si la línea no está colocada donde quiere tenerla, puede arrastrarla con la herramienta Mover, **V.** Si esta capa está bloqueada, haga clic en el icono de bloqueo que aparece cerca de la parte superior central de la paleta **Capas** para desbloquearla.) Esta línea de color azul actuará como guía visual. A continuación, en la paleta **Capas**, vuelva a hacer clic en la capa **Fondo.** Pulse **Control-A** para colocar una selección alrededor de toda la foto y, a continuación, pulse **Control-Mayús-J** para cortar su imagen de la capa **Fondo** y colocarla en su propia capa separada.

Paso 4:

Con la capa de su imagen activa, pulse **Control-T** para acceder al recuadro delimitador de transformación libre.

Paso 5:

Diríjase a la barra de opciones y verá una cuadrícula que representa el recuadro delimitador que se encuentra alrededor de la foto. Haga clic en el recuadro de la parte inferior, en el centro, de forma que cualquier transformación que aplique hará que la parte inferior central se encuentre bloqueada en su lugar.

Paso 6:

Mantenga pulsada las teclas **Mayús-Alt-Control** y arrastre el punto de esquina superior izquierdo y/o el derecho del recuadro delimitador de la imagen hacia afuera, hasta que la esquina superior del objeto se alinee con su guía.

Paso 7:

Llevar a cabo esta corrección puede hacer que, en ocasiones, su objeto tenga un aspecto un poco rechoncho (mi término técnico oficial), así que suelte las teclas **Mayús-Alt-Control**, arrastre el punto superior central, y arrastre la foto hacia arriba para arreglar esa rechonchez (otro término técnico).

Paso 8:

Cuando su objeto tenga el aspecto adecuado, pulse **Intro** para llevar a cabo la transformación. Ahora, puede dirigirse a la paleta **Capas**, haga clic en la capa de forma de la línea de color azul y arrástrela al icono de la papelera que aparece en la parte superior de la paleta **Capas** para eliminarla. A continuación, haga clic en la capa de su imagen y pulse **Control-E** para fusionar su capa de imagen con la capa **Fondo**. Hay una cosa más que probablemente tendrá que hacer para completar este trabajo de reparación.

Paso 9:

Si una vez llevado a cabo este ajuste el objeto tiene un aspecto "redondo" y "abotargado" puede reparar ese problema dirigiéndose al menú **Filtro**, y seleccionando la opción **Distorsionar>Encoger**. Arrastre la pestaña deslizante de **Cantidad** al 0 por ciento y, a continuación, arrástrela lentamente hacia la derecha (lo que aumenta la imagen encogida), mientras observa la previsualización en el cuadro de diálogo, hasta que vea que esa "redondez" desaparece. Cuando tenga el aspecto correcto, haga clic en **OK** para completar esta reparación de *keystoning*.

Antes

Después

ABRIR Y PROCESAR IMÁGENES RAW

El formato RAW es prácticamente el mejor aspecto de la fotografía digital. Éstas son las dos razones de ello: (1) calidad inigualable y (2) usted se convierte en el laboratorio de procesamiento creando sus propios originales personalizados a partir de su negativo digital (el propio archivo RAW, que permanece intacto). Considérelo de esta forma: con la película tradicional, usted llevaba la película al laboratorio, y alguien procesaba sus impresiones a partir del negativo. Bien, con RAW, usted es la persona que procesa la fotografía, teniendo control sobre el equilibrio de blanco, la exposición, y más cosas, todo ello antes de que el archivo se abra en Elements 3.

Paso 1:

Si tiene una cámara digital capaz de tomar fotografías en formato RAW, puede abrir esos archivos RAW para llevar a cabo el procesamiento desde el menú **Archivo** de Elements, seleccionando la opción **Abrir**. Diríjase a su archivo, haga clic en el botón **Abrir**, y su archivo se abrirá en la ventana de procesamiento Raw de cámara (sabrá que está allí porque los datos EXIF básico, entre los que se incluyen la marca y el modelo de la cámara que tomó la foto, aparecerán en la barra de título de la ventana). (Nota: Puede importar fotografías Raw en el Organizador una vez que la cámara esté conectada a su ordenador desde **Archivo**, **Obtener fotografías**, y navegando a sus archivos. Con los archivos abiertos en la ventana **Explorador de fotografías**, haga clic en una fotografía RAW catalogada y, a continuación, haga clic en el botón **Edición estándar** que aparece en la esquina superior derecha de la ventana del Organizador, y su fotografía se abrirá en la ventana de procesamiento Raw de cámara.)

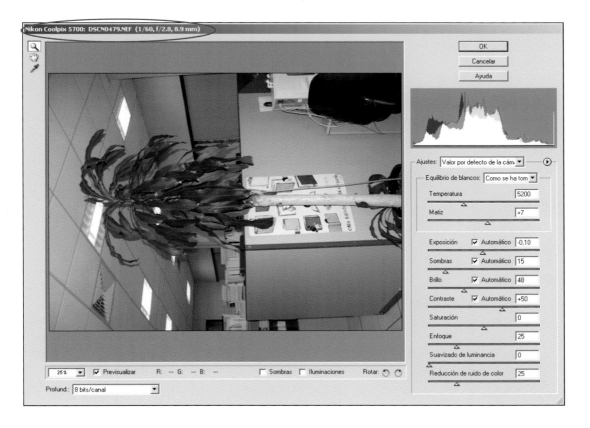

Paso 2:

Su fotografía Raw se muestra en la ventana de previsualización de gran tamaño que aparece a la izquierda del cuadro de diálogo.

Sólo hay tres herramientas: la herramienta Zoom (para
acercarse o alejarse en la previsualización), la herramienta Mano (para desplazarse cuando se haya acerca-
do) y la herramienta Equilibrio de blancos (que es un
cuentagotas utilizado para tomar muestras de color o
leer tonos).

Haga clic en la herramienta Zoom una o dos veces en
la foto hasta que su imagen llene toda el área de la
previsualización.

Paso 3:

Aunque existen varios ajustes distintos en la ventana
de procesamiento de Raw, la mayoría de los usuarios
sólo utilizan unos pocos. El más popular es el **Equilibrio de blancos**. Puede arrastrar la pestaña deslizante de temperatura usted mismo o simplemente escoger
uno de los ajustes predeterminados en el menú desplegable de equilibrio de blanco para corregir distintas
situaciones de iluminación.

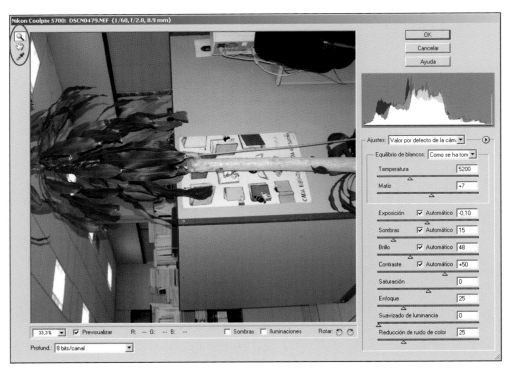

Paso 4:

El siguiente ajuste más utilizado (y popular) es el ajuste de **Exposición**, que le permite ajustar la exposición hasta 2 f-stop completos. Existen opciones automáticas para la exposición, las sombras, el brillo y el contraste para ayudarle si no se siente cómodo llevando a cabo las decisiones por usted mismo. Hay también pestañas deslizantes para controlar la saturación, el enfoque, el suavizado de luminosidad y una pestaña deslizante que le ayuda a reducir el ruido digital de fotografías tomadas en situaciones de baja iluminación o tomadas con ajustes ISO altos.

Paso 5:

Tendrá que decidir qué profundidad de bits quiere que tenga su foto: ¿16 bits (para la calidad más alta de la imagen), o será una imagen normal de 8 bits? (Tendrá que aprender más sobre qué modo escoger en el tutorial que aparece a continuación.) Seleccione su ajuste en el menú desplegable de **Profundidad** en la esquina inferior izquierda del cuadro de diálogo. Haga clic en **OK** y su nuevo original estará procesado, pero su archivo RAW original (su negativo digital) permanecerá intacto, de forma que pueda volver y crear

tantos originales personalizados como quiera. Éste es el poder de RAW.

TRABAJAR CON IMÁGENES DE 16 BITS

Muchos fotógrafos digitales quieren trabajar en una profundidad de 16 bits siempre que les sea posible, porque mantiene más calidad tonal que la de 8 bits. Aunque Elements 3 ahora soporta la apertura de imágenes RAW y trabajar en una profundidad de 16 bits, lo que puede hacer es muy limitado. De hecho, básicamente se encuentra limitado a ajustes tonales, porque características tales como las capas, la mayoría de los filtros, y una enorme cantidad de otras características estupendas no están disponibles cuando se trabaja en 16 bits; tiene que convertir la imagen a 8 bits para lograr que vuelva el NET completo de características de Elements. ¿Una profundidad de 16 bits es realmente preferible? Es una cuestión que se debate constantemente entre los fotógrafos.

Paso 1:

Tendrá que empezar abriendo una imagen con un formato alto de bits (como RAW) para poder crear una imagen real de 16 bits (vaya a **Archivo>Abrir**, y diríjase a su archivo RAW). Abrir una imagen JPEG normal de 8 bits y convertirla entonces a una profundidad de 16 bits no añadirá la calidad que no tuviera en primer término. Tendrá que empezar con una imagen RAW y, a continuación, decidir si quiere continuar trabajando en 16 bits o procesar el archivo como una imagen normal de 8 bits. Seleccione su ajuste en el menú de profundidad en la esquina inferior izquierda de la ventana de procesamiento Raw de cámara.

Paso 2:

Si elige procesar la imagen como una imagen de 16 bits, haga clic en **OK** en la ventana de procesamiento de Raw de cámara, eche un rápido vistazo en el menú **Filtro** de Elements, y verá que hay pocos filtros disponibles. Casi todas las opciones de Elements se

comportan de la misma forma, pero casi todo aparece en gris, es decir, que no se puede acceder a prácticamente ninguna opción. Sin embargo, una vez que haya llevado a cabo los ajustes tonales en modo de 16 bits, puede convertirlo al modo de 8 bits desde el menú **Imagen>Modo>Convertir en 8 bits/canal**.

Fotógrafo: Carol Freeman

Color Me Badd. Corrección de color para fotógrafos

5

> Capítulo 5. *Color Me Badd*. Corrección de color para fotógrafos

El título de este capítulo, "Corrección de color para fotógrafos", invita a la pregunta, ¿en qué se diferencia la corrección de color para fotógrafos de la corrección de color para el resto de las personas? De hecho es un poco diferente, porque los fotógrafos suelen trabajar en RGB o en blanco y negro. Y, en realidad, los fotógrafos digitales trabajan principalmente en RGB porque, aunque podemos apañárnoslas para construir una nave espacial reutilizable y hacer que satélites GPS estén en órbita en el espacio para que los golfistas de la tierra sepan lo lejos que está su carrito de golf del campo, por alguna razón, crear una impresora de inyección de tinta en color que imprima una imagen decente en blanco y negro está aparentemente fuera de nuestro alcance todavía. No me deje empezar. De todas formas, este capítulo no trata sobre el blanco y negro, y, ahora que lo pienso, siento haberlo mencionado en primer lugar. Así que, olvide que lo he mencionado y hablemos de la corrección de color. ¿Por qué necesitamos la corrección del color? Sinceramente, es una cuestión tecnológica. Incluso con las cámaras de película tradicionales, cada fotografía necesita cierto grado de cambio de color (bien sea durante el procesamiento o posteriormente en Elements) porque si no lo necesitara, tendríamos algo así como veinte páginas en este libro que estarían en blanco y eso haría que mi editor se volviera loco (y verlo dar saltos en estas circunstancias, deje que le diga, no es agradable). Así que, por la seguridad de un recuento de páginas nítido, alegrémonos de no vivir en un mundo perfecto en el que todas las fotografías resulten perfectas y en el que las cámaras de 6 megapíxeles cuesten solamente 200 euros y vengan con tarjetas de memoria gratuitas de 1GB.

ANTES DE PROCEDER A NINGUNA CORRECCIÓN, ¡HAGA ESTO PRIMERO!

Antes de corregir una sola foto, tiene que considerar un par de ajustes que pueden tener un efecto en los resultados que obtenga. Es importante observar que los cambios que lleve a cabo permanecerán como ajustes preestablecidos hasta que vuelva a modificarlos, y que (particularmente con los ajuste de color) puede cambiarlos de vez en cuando según sus proyectos individuales.

Paso 1:

En el menú **Edición**, seleccione la opción **Ajustes de color** (o pulse **Mayús-Control-K**).

Paso 2:

En el cuadro de diálogo **Ajustes de color**, elija una de las tres opciones que se ofrecen: **Sin gestión de color**, **Gestión de color limitada** o **Gestión de color completa**. En gran medida, su elección dependerá de su salida final; pero, para fotógrafos, recomiendo la utilización de la opción **Gestión de color completa**, porque reproduce una gama muy amplia de colores y es ideal si sus fotografías van a ser impresas. Nota: Desgraciadamente, la gestión del color se escapa al alcance de este libro. De hecho, se han dedicado libros enteros al tema. Así que, de momento, cambie sus **Ajustes de color** a **Gestión de color completa**, y sigamos adelante.

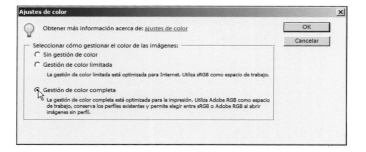

Paso 3:

Ahora vamos a pasar a un área completamente diferente. Pulse la tecla **I** para acceder a la herramienta Cuentagotas. En la barra de opciones, el ajuste **Tamaño de muestra** para esta herramienta es adecuado para utilizar el Cuentagotas con el fin de robar un color de una foto y convertirlo en su color frontal. Sin embargo, esta muestra en puntos no funcionará bien cuando trate de leer valores en un área determinada (como los tonos carne), porque le proporciona la lectura de sólo un píxel individual, en lugar de una lectura media del área alrededor del lugar donde coloque su cursor.

Paso 4:

Por ejemplo, los tonos carne están compuestos en realidad por docenas de píxeles coloreados diferentes (sólo acérquese con el *zoom* y verá lo que quiero decir); y, si está corrigiendo el color, querrá obtener una lectura que sea representativa del área que se encuentra debajo de su Cuentagotas, no sólo de un píxel dentro de esa área, lo que dañaría sus tomas de decisiones en lo relativo a la corrección del color. Ésta es la razón por la que necesita ir a la barra de opciones, y, en el menú emergente **Tamaño de muestra**, seleccionar la opción **Promedio de 3×3**. Esta opción cambia el Cuentagotas para que le proporcione una lectura que sea el promedio de 3 píxeles en horizontal y 3 en vertical en el área de la que tome la muestra. Una vez que haya completado los cambios explicados en estas dos páginas, es seguro seguir adelante con el resto del capítulo, y proceder a corregir sus fotografías.

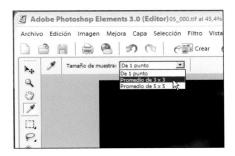

CORRECCIÓN RÁPIDA DE FOTOGRAFÍAS

Si tiene una fotografía con problemas serios (mal color, mala iluminación, todo mal, etc.) y no tiene experiencia con la corrección de color o con la reparación de otras pesadillas relacionadas con el color y la iluminación, le encantará la característica **Corrección rápida** de Elements 3. Éste es el lugar al que dirigirse si no tiene experiencia en la corrección del color o en el arreglo de problemas relacionados con el tono saturado, pero puede ver que hay algo incorrecto en su foto y desea arreglarlo rápidamente con la mínima cantidad de esfuerzo. Finalmente dejará atrás esta etapa de corrección rápida y querrá utilizar los **Niveles** y la **Máscara de enfoque**, y todas esas características estupendas, pero, si es usted nuevo en Elements, la **Corrección rápida** puede llevar a cabo un trabajo decente por usted.

Paso 1:

Abra la fotografía que necesita una corrección del color (en este ejemplo, nuestra fotografía necesita corrección del color, más contraste y algo de enfoque). A continuación, haga clic en el botón **Corrección rápida** que se encuentra en la parte superior derecha

de la barra de opciones para acceder al modo de corrección rápida.

Paso 2:

El cuadro de diálogo de **Corrección rápida** muestra versiones de antes y después de la fotografía que está a punto de corregir (la versión anterior a la izquierda, la posterior a la derecha). Si no puede ver esta organización, diríjase al menú emergente **Vista** que aparece en la parte inferior izquierda de la ventana **Corrección rápida** y seleccione **Antes y después** (**Vertical** y **Horizontal**). A la derecha de su previsualización de las dos fotografías, aparece un grupo de paletas anidadas que hace referencia a los arreglos de tono e iluminación que puede llevar a cabo en su fotografía. Empiece por la paleta Corrección general (**Correc. gen.**) que aparece en la parte superior.

La estrella de esta paleta es la corrección inteligente (**Corrección intel.**) Haga clic en el botón **Automático** y la corrección inteligente analizará la fotografía de forma automática e intentará equilibrar el tono global (ajustando las sombras y las iluminaciones) y arreglando cualquier tono de saturación de color obvio. En la mayoría de los casos, esta característica lleva a cabo una tarea sorprendentemente buena. Hay una pestaña deslizante de **Cantidad** debajo de la corrección inteligente que puede utilizar para aumentar (o disminuir) el efecto de esta característica.

TRUCO: Por cierto, también puede acceder al comando **Automático** de corrección inteligente sin acceder al modo Corrección rápida, desde el menú Mejora, seleccionando la opción Corrección inteligente automática (o simplemente pulsando el método abreviado de teclado **Alt-Control-M**). Sin embargo, existen dos ventajas en la aplicación de la corrección inteligente en el modo Corrección rápida:

(1) Puede acceder a la pestaña Cantidad, a la que no puede acceder si utiliza el menú o el método abreviado de teclado; y (2) puede obtener una previsualización de dos versiones, una junto a otra, del antes y del después, de forma que puede ver los resultados antes de hacer clic en **OK**. Así que, si resulta que necesita correcciones adicionales (o la corrección inteligente no funcionó tan bien como cabría esperar), ya está en el lugar adecuado.

Paso 3:

Si aplica la corrección inteligente y no está satisfecho con los resultados, no intente apilar más "arreglos" encima de éste; en lugar de eso, haga clic en el botón **Restaurar** que aparece en la esquina superior derecha de la previsualización **Después** para devolver a la fotografía el aspecto que tenía cuando accedió por primera vez al modo de corrección rápida. Si el color de su fotografía es correcto, pero tiene un aspecto un poco apagado y necesita más contraste, pruebe el botón **Automático** en la categoría **Niveles**, que encontrará en la paleta **Iluminación** (la segunda paleta hacia abajo). Generalmente me mantengo alejado del contraste automático, puesto que creo que la opción **Niveles automáticos** lleva a cabo un trabajo mejor.

Paso 4:

Además del contraste automático, esta paleta cuenta con otra herramienta realmente poderosa, la pestaña deslizante de aclarar sombras. Arrástrela un poco hacia la derecha, y observe cómo aclara las áreas oscuras de sombra de la fotografía que acaba de corregir. Sigamos ahora con más corrección automática.

Paso 5:

La siguiente paleta hacia abajo, la paleta **Color**, tiene un botón **Automático** que (sorprendentemente) trata de eliminar tonos de color saturados y mejorar el contraste de la misma forma que lo hacen **Corrección inteligente** y **Niveles**, pero va un paso más allá incluyendo corrección de medios tonos que pueden ayudar a reducir los tonos de color saturados en las áreas de medios tonos de su fotografía. Pulse el botón **Restaurar** para eliminar cualquier corrección que haya llevado a cabo hasta este punto y, a continuación, pruebe el botón **Automático** en la paleta **Color**. Observe si los grises de la foto no tienen un aspecto más gris y menos rojo. Las pestañas deslizantes de la paleta principalmente crean efectos de color especiales (mueva la pestaña deslizante de **Tono** y verá a lo que me refiero). Puede ignorar estas pestañas la mayor parte del tiempo, a menos que quiera pasar al lado "friki" con sus fotos.

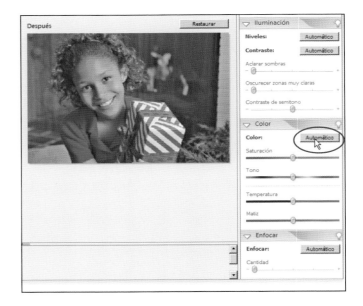

Paso 6:

Una vez llevada a cabo la corrección de color de su fotografía (utilizando los botones **Automático** y ocasionalmente la pestaña deslizante), el paso final es el enfoque de la fotografía (por cierto, para mantener la mejor calidad, éste debería ser el paso final, lo último que lleve a cabo en su proceso de corrección). Sólo tiene que pulsar el botón **Automático** en la carpeta **Enfocar** y observar los resultados. Si la fotografía no está lo suficientemente enfocada, arrastre la pestaña deslizante **Cantidad** hacia la derecha y aumente el enfoque, pero tenga cuidado, un enfoque excesivo puede arruinar su fotografía haciéndola demasiado obvia, y puede causar cambios de color y "halos" alrededor de los objetos.

Paso 7:

Hay otras cosas que puede hacer mientras esté en este modo (piense en esto como en una tienda de una sola parada para el arreglo rápido de imágenes). En la paleta de corrección general, hay iconos en los que puede hacer clic para rotar su fotografía (esta fotografía no necesita rotación pero, oye, nunca se sabe). Además, hay algunas herramientas en el extremo izquierdo del cuadro de diálogo. Ya sabe lo que las herramientas Zoom y Mano hacen (le acercan con el *zoom*, y le permiten moverse una vez aplicado el *zoom*), pero también puede recortar su fotografía utilizando la herramienta Recortar dentro de la previsualización **Después** (sólo funciona en esta previsualización), así que, adelante, proceda a recortar un poco su fotografía. Si su fotografía tiene ojos rojos, puede eliminarlos usando el cuadro de diálogo de la herramienta Pincel de ojos rojos.

Paso 8:

De acuerdo, hemos corregido el color, hemos arreglado el contraste, hemos enfocado la imagen y la hemos recortado para reducir su tamaño. Entonces, ¿cómo salimos del modo **Corrección rápida** para volver a

Elements 3 normal? Diríjase a la esquina superior derecha de la barra de opciones y haga clic en el botón **Edición estándar**. Éste es básicamente el botón **OK**, y aplicará todos los cambios a su fotografía y le devolverá al modo de edición normal.

Antes

Después

OBTENER UNA LECTURA VISUAL (HISTOGRAMA) DE SUS CORRECCIONES

En versiones anteriores de Elements, había dos formas de ver un histograma. (Un histograma es un gráfico que muestra el rango tonal de su fotografía.) Podía visualizarlo cuando utilizara **Niveles**, o podía abrir un cuadro de diálogo que mostrara un histograma. Pero sólo podía verlo en este cuadro de diálogo (no se actualizaba en directo, a medida que llevaba a cabo los ajustes tonales). En Elements 3, Adobe hizo del histograma una paleta flotante, de forma que puede tenerlo abierto a medida que aplique ajustes en el modo **Edición estándar**. Además, le muestra las lecturas del antes y el después antes de hacer clic en el botón **OK** de un cuadro de diálogo de ajustes tonales, como el cuadro de diálogo de **Ajustar corrección inteligente**.

Paso 1:

Abra la fotografía que necesite un ajuste tonal. Luego, diríjase al menú **Ventana** y seleccione **Histograma** para abrir la paleta **Histograma**. (Por cierto, esta paleta está sólo disponible en el modo de edición estándar de Elements 3, no en el modo de corrección rápida.)

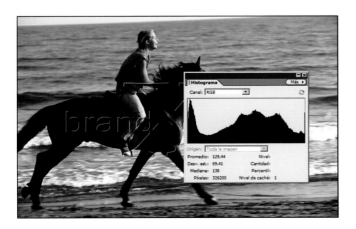

Paso 2:

Diríjase al menú **Mejora** y seleccione la opción **Corrección de color automática**. Eche un vistazo a la paleta flotante **Histograma** y verá cómo el comando **Corrección de color automática** afecta al histograma de la fotografía. Nota: Si ve un pequeño símbolo en la esquina superior derecha del gráfico que tiene forma de un pequeño signo amarillo con una exclamación dentro, se trata de una advertencia de que el histograma que está viendo no es un nuevo histograma, es un histograma previo tomado del caché de memoria. Para ver un histograma, haga clic directamente en ese símbolo de advertencia y se generará una nueva lectura basada en su ajuste actual.

CORREGIR EL COLOR DE IMÁGENES PROCEDENTES DE CÁMARAS DIGITALES

Desde que apareció la tecnología digital, hay todavía una cosa que las cámaras digitales no hacen, proporcionarle el color perfecto todas las veces.

De hecho, si nos proporcionaran el color perfecto un 50 por ciento de las veces sería increíble pero, desgraciadamente, cada cámara digital (y cada escáner que captura fotografías tradicionales) oculta cierto tono saturado de color en su imagen. Por lo general, se trata de un tono rojo pero, dependiendo de la cámara, podría ser azul. De una forma u otra puede estar bastante seguro, hay un tono saturado. (Piénselo de esta forma, si no lo hubiera, el término "corrección del color" no se utilizaría.) Ésta es la forma de conseguir un color adecuado:

Paso 1:

Abra la fotografía de cámara digital a la que quiera corregir el color. (La fotografía que se muestra aquí no tiene un aspecto demasiado malo, pero, a medida que llevemos a cabo el proceso de corrección del color, verá que, como la mayoría de las fotografías, realmente necesitaba una corrección.)

Paso 2:

Diríjase al menú **Mejora** y, en la opción **Ajustar iluminación**, seleccione la opción **Niveles**. El cuadro de diálogo que aparece puede tener un aspecto un poco intimidador al principio, pero la técnica que va a aprender aquí no requiere un conocimiento previo de **Niveles**, y es tan sencilla que se pondrá a corregir fotografías utilizando **Niveles** de forma inmediata.

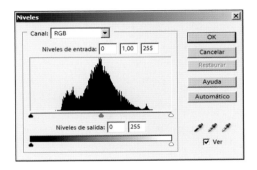

Paso 3:

En primer lugar, necesitamos configurar algunas preferencias en el cuadro de diálogo **Niveles** de forma que consigamos los resultados que perseguimos cuando empecemos la corrección. Lo primero que haremos será configurar un color de destino para nuestras áreas de sombras. Para configurar esta preferencia, en el cuadro de diálogo **Niveles**, haga doble clic en la herramienta Cuentagotas de color negro (se encuentra en la parte inferior derecha del cuadro de diálogo, el primer cuentagotas empezando desde la izquierda). Aparecerá un **Selector de color** que le pedirá que **"Seleccione el color para las sombras de destino"**. Aquí es donde introduciremos los valores que, cuando se apliquen, ayudarán a eliminar los tonos de color que su cámara introdujo en las áreas de sombra de su fotografía.

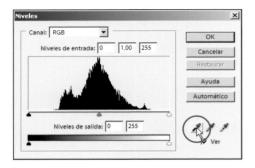

Paso 4:

Vamos a introducir valores en los campos **R**, **G** y **B** (rojo, verde y azul) en este cuadro de diálogo.

En **R**, introduzca 10.

En **G**, introduzca 10.

En **B**, introduzca 10.

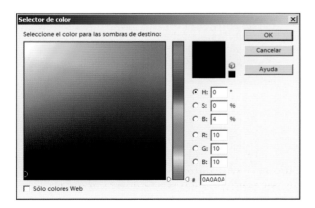

 TRUCO: Para desplazarse de un campo a otro, sólo tiene que pulsar la tecla **Tab**.

A continuación, haga clic en **OK**. Como estas cifras están equitativamente equilibradas (neutras), le ayudan a garantizar que sus áreas de sombra no tendrán demasiada cantidad de un color (que es exactamente lo que causa un tono de color saturado, demasiada cantidad de un color).

Paso 5:

A continuación, configuraremos una preferencia para hacer que nuestras áreas de iluminación sean neutras. Haga doble clic en el Cuentagotas de iluminaciones (el tercero de los Cuentagotas que encontrará en el cuadro de diálogo **Niveles**). Aparecerá el **Selector de color** pidiéndole que "**Seleccione el color para las iluminaciones de destino**". Haga clic en el campo **R**, e introduzca estos valores:

En **R**, introduzca 240.

En **G**, introduzca 240.

En **B**, introduzca 240.

A continuación, haga clic en **OK** para configurar esos valores como sus iluminaciones de destino.

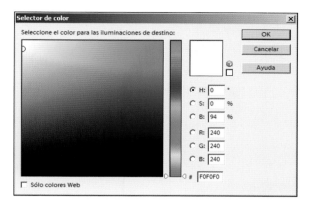

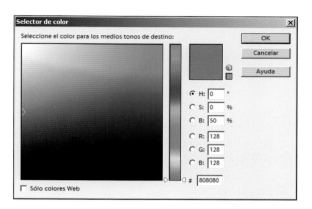

Paso 6:

Finalmente, configure la preferencia de medios tonos. Ya sabe cómo: haga doble clic en el Cuentagotas de medios tonos (el cuentagotas que se encuentra en el medio de los tres) de forma que pueda acceder al Selector de color; **"Seleccione el color para los medios tonos de destino."** Introduzca los valores que aparecen a continuación en los campos **R**, **G** y **B** (si no son los valores configurados por defecto):

En **R**, introduzca 128.

En **G**, introduzca 128.

En **B**, introduzca 128.

A continuación, haga clic en **OK** para configurar esos valores como medios tonos de destino.

Paso 7:

De acuerdo, ha introducido sus preferencias (los colores de destino) en el cuadro de diálogo **Niveles**, así que siga adelante y haga clic en **OK**. Aparecerá un cuadro de diálogo en el que se le pregunta si **"Desea guardar los nuevos colores destino como colores por defecto"**. Haga clic en **Sí**, y, a partir de este momento, no tendrá que escribir estos valores cada vez que corrija una fotografía, porque ya están allí, son ahora sus ajustes predeterminados.

Paso 8:

Vamos a utilizar estas herramientas Cuentagotas que se encuentran en el cuadro de diálogo **Niveles** para llevar a cabo la mayor parte de nuestro trabajo de corrección. Su tarea es determinar dónde están las áreas de sombras, medios tonos e iluminaciones, y hacer clic con el Cuentagotas adecuado en el lugar adecuado (aprenderemos a hacer esto en un momento). Así que recuerde su tarea, encontrar las áreas de sombras, medios tonos e iluminaciones, y hacer clic con el Cuentagotas correcto en el lugar correcto. Suena sencillo, ¿verdad? Lo es.

Empezaremos configurando primero las sombras, así que tendrá que encontrar un área de la foto que se suponga que es negra. Si no puede encontrar nada que se suponga que es de color negro, entonces, pasa a ser un poco más complicado; en ausencia de algo negro, tiene que determinar qué área de la imagen es la más oscura. Si no está seguro de cuál es esta área, puede utilizar el siguiente truco para hacer que Elements le diga su posición exacta.

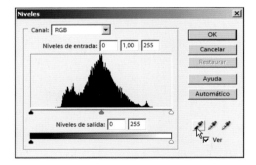

Paso 9:

Diríjase a la parte superior de la paleta **Capas** y haga clic en el icono del círculo mitad negro, mitad blanco para acceder al menú emergente Crear capa de ajuste. Cuando aparezca el menú, seleccione la opción **Umbral** (lo que hará que aparezca un cuadro de diálogo con una pestaña deslizante debajo).

Paso 10:

Cuando el cuadro de diálogo **Umbral** aparezca, arrastre la pestaña deslizante de **Nivel de umbral** que aparece debajo del histograma completamente hacia la izquierda. Su fotografía se volverá completamente blanca. Arrastre lentamente la pestaña deslizante de **Umbral** hacia la derecha y, a medida que lo haga, empezará a ver reaparecer parte de su fotografía. La primera área que aparece es la parte más oscura de su imagen. En realidad, es Elements diciéndole dónde está exactamente la parte más oscura de la imagen.

Ahora que sabe dónde está su área de sombra, recuerde mentalmente su ubicación. Veamos cómo encontrar el área blanca en su imagen.

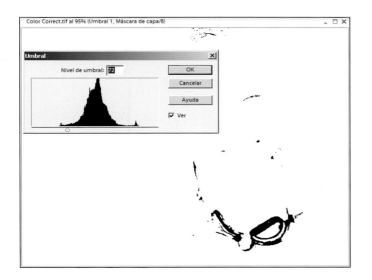

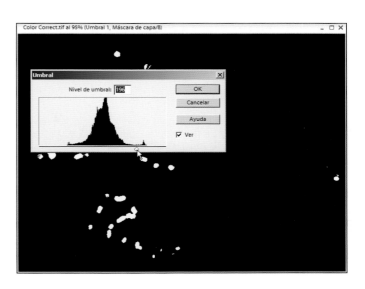

Paso 11:

Si no puede encontrar un área en su imagen que sabe que supuestamente es blanca, puede utilizar la misma técnica para encontrar las áreas de iluminaciones que la utilizada para encontrar las áreas de sombra. Con el cuadro de diálogo **Umbral** todavía abierto, arrastre la pestaña completamente hacia la derecha. Su fotografía se volverá negra. Lentamente, vuelva a arrastrar su pestaña deslizante de **Umbral** hacia la izquierda, y, a medida que lo haga, empezará a ver reaparecer parte de su fotografía. La primera área que aparece es la parte más clara de su imagen. Recuerde mentalmente la ubicación de esta área también (sí, tiene que recordar dos cosas, pero, tiene que admitirlo, es más fácil que recordar dos número pin). Hemos terminado con el **Umbral**, así que simplemente haga clic en **Cancelar**, porque realmente no necesitamos más la capa de ajuste.

Paso 12:

Pulse **Control-L** para acceder al cuadro de diálogo **Niveles**. En primer lugar, seleccione el Cuentagotas de sombras (el que está medio lleno de color negro) en la parte inferior derecha del cuadro de diálogo **Niveles**. Mueva el cursor fuera del cuadro de diálogo en la foto, y haga clic una vez en el área que Elements le mostró como la parte más oscura de la imagen. Cuando haga clic aquí, verá corregidas las áreas de sombra. (Básicamente, lo que ha hecho es reasignar las áreas de sombra a su nuevo color de sombra negro, el que introdujimos previamente como preferencia en el Paso 4.) Si hace clic en ese lugar y su fotografía adquiere un aspecto horrible, puede que haya hecho clic en el lugar incorrecto, o que lo que pensaba que era el punto de sombra realmente no lo era. Deshaga este ajuste de su punto de sombra haciendo clic en el botón **Restaurar** del cuadro de diálogo e inténtelo de nuevo. Si no funciona, no se esfuerce; simplemente siga haciendo clic en las áreas que parecen ser las partes más oscuras de la fotografía hasta que su aspecto sea el adecuado.

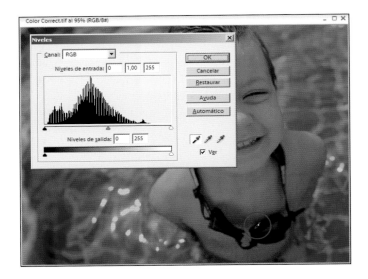

Paso 13:

Todavía en el cuadro de diálogo **Niveles**, cambie al Cuentagotas de iluminaciones (el que está relleno de blanco).

Mueva el cursor sobre la fotografía y haga clic una vez en la parte más clara (la que memorizó previamente) para asignarla como su iluminación.

Verá cómo los colores de sus iluminaciones se corrigen.

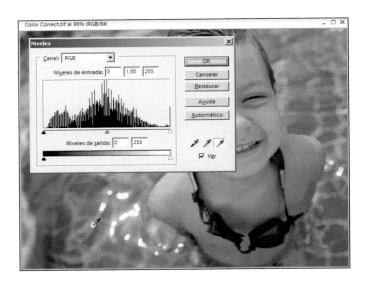

Paso 14:

Ahora que las sombras y las iluminaciones están configuradas, necesitará configurar los medios tonos en la fotografía. Puede que parezca que no necesita este ajuste, porque la fotografía tiene un aspecto bastante correcto, pero hay posibilidades de que haya un color saturado en las áreas de medios tonos. Puede que no reconozca este color saturado hasta que lo haya corregido y ya no esté, así que merece la pena intentarlo y ver el efecto (que con frecuencia será sorprendentemente automático).

Por desgracia, no hay un truco de capa de ajuste de **Umbral** que funcione bien para encontrar las áreas de medios tonos, por lo que tendremos que utilizar el viejo pero buen truco de la predicción. Lo ideal sería que hubiera algo en la foto que fuera gris, pero no todas las fotografías tienen un área "gris", así que busque un área neutra (una que obviamente no sea ni una sombra ni una iluminación). Haga clic con el Cuentagotas del centro (gris) en dicha área.

Si el resultado no es correcto, haga clic en el botón **Restaurar** y repita los pasos 12-14.

Paso 15:

Hay un ajuste importante más que debe hacer antes de hacer clic en **OK** en el cuadro de diálogo **Niveles**, y aplicar su corrección. Debajo del histograma (esa cosa con forma de cadena montañosa), haga clic en la pestaña deslizante central (la pestaña deslizante de medios tonos, ésa es la razón por la que es gris) y arrástrela un poco hacia la izquierda para hacer que los medios tonos de la imagen sean más brillantes. Éste es un ajuste visual, así que es usted el que determina la cantidad del ajuste, pero debería ser sutil, sólo lo suficiente para hacer que los medios tonos sean un poco más brillantes, y destacar sus detalles. Cuando le parezca que llega al aspecto adecuado, haga clic en **OK** para aplicar la corrección a las iluminaciones, los medios tonos y las sombras, eliminando cualquier saturación del color y haciendo que el contraste global sea más brillante.

Antes

Después

CORRECCIÓN DE COLOR INSTANTÁNEO, ARRASTRANDO Y SOLTANDO

Éste es un truco fantástico que le ahorrará tiempo a la hora de corregir un grupo entero de fotografías que tienen una iluminación similar.

Es ideal para instantáneas en las que las condiciones de iluminación están controladas, pero funciona igual de bien para instantáneas exteriores, o realmente para cualquier situación en la que la iluminación para su grupo de instantáneas sea bastante consistente. Una vez que lo pruebe, lo utilizará una y otra y otra vez.

Paso 1:

En primer lugar, veamos un truco dentro del truco: si está abriendo un conjunto de fotografías, no tiene que abrirlas de una en una. Sólo tiene que dirigirse al menú **Archivo** y seleccionar la opción **Abrir**. En el cuadro de diálogo **Abrir**, haga clic en la primera fotografía que quiera abrir y, a continuación, mantenga pulsada la tecla **Control** y haga clic en el resto de las fotografías que quiera abrir. Entonces, cuando haga clic en el botón **Abrir**, Elements abrirá todas las fotografías seleccionadas. (Si todas las fotografías son consecutivas, mantenga pulsada la tecla **Mayús** y haga clic en la primera y en la última fotografía de la lista para seleccionarlas todas.) Ahora que ya sabe el truco, siga adelante y abra al menos tres o cuatro fotografías, para empezar.

Paso 2:

En la parte superior de la paleta **Capas**, haga clic en el menú desplegable Crear nueva capa de ajuste y seleccione **Niveles**. Nota: Una capa de ajuste es una capa especial que contiene el ajuste tonal que usted elija (como **Niveles**, **Brillo/contraste**, etc.). Existen varias ventajas de tener esta corrección aplicada como una capa, como verá pronto, pero la ventaja principal es que puede editar o eliminar este ajuste tonal en cualquier momento mientras esté trabajando, y además puede guardar este ajuste con su archivo como una capa.

Paso 3:

Cuando elija esta capa de ajuste, observará que aparece el cuadro de diálogo normal de **Niveles**, como siempre. Siga adelante y lleve a cabo sus correcciones tal como hizo en el tutorial anterior (configurando las iluminaciones, los medios tonos, las sombras, etc., con las herramientas Cuentagotas), y cuando su corrección tenga el aspecto correcto, haga clic en **OK**. En la capa **Capas**, verá que se crea una nueva capa de ajuste de **Niveles**.

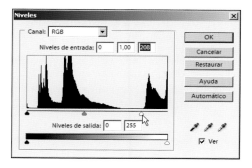

Paso 4:

Como ha aplicado esta corrección como una capa de ajuste, puede tratar esta capa de ajuste como otra capa cualquiera, ¿verdad? ¡Verdad! En consecuencia, diríjase a la paleta **Capas** y simplemente haga clic en la miniatura de la capa de ajuste **Niveles** y arrastre y suelte esta capa en una de sus otras fotografías abiertas. Esa foto tendrá la misma corrección instantáneamente aplicada. Esta técnica funciona porque estamos corrigiendo fotografías que comparten condiciones de iluminación similares. ¿Necesita corregir 12 fotografías abiertas? Sólo tiene que arrastrar y soltar la capa 12 veces (haciendo que ésta sea la corrección más rápida de la ciudad).

Paso 5:

Bueno, ¿y qué hacemos si las correcciones arrastradas no tienen un buen aspecto? Ésta es la belleza de las capas de ajuste. Sólo tiene que hacer doble clic directamente en la miniatura de capa para esa fotografía, y volverá a aparecer el cuadro de diálogo **Niveles** con los últimos ajustes aplicados. Entonces puede proceder a ajustar esta fotografía de forma individual, independientemente del resto. Pruebe este truco de "arrastrar y soltar" una vez, y lo utilizará una y otra vez para ahorrarse tiempo a la hora de corregir un rollo digital que tenga condiciones de iluminación similares.

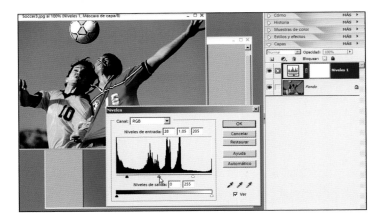

DAR SENSACIÓN DE CALOR O FRÍO A UNA FOTO

Cuando necesitamos ajustar nuestra cámara a una situación determinada de iluminación (digamos que la imagen tiene un aspecto demasiado azul o demasiado cálido a causa de la iluminación), utilizaríamos filtros de color que se colocarían en el extremo de nuestras lentes. A continuación, procederemos a dar un aspecto "cálido" o "frío" a una fotografía de forma digital utilizando la capa de ajuste **Filtro de fotografía** de Elements 3. Veamos cómo:

Paso 1:

Abra la fotografía a la que necesita dar un aspecto más cálido (o más frío). En el ejemplo que se muestra aquí,

la fotografía es demasiado fría, y tiene un tono azulado, así que lo que haremos será darle un aspecto más cálido para hacerla más natural. Diríjase a la paleta **Capas** y seleccione la opción **Filtro de fotografía** en el menú desplegable de Crear capa de ajuste, en la parte superior de la paleta (su icono es un círculo mitad negro, mitad blanco).

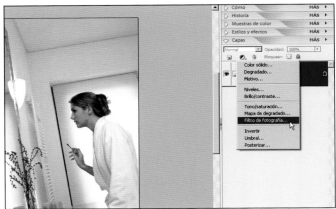

Paso 2:

Cuando aparezca el cuadro de diálogo **Filtro de foto-grafía**, seleccione la opción **Filtro cálido (81)** en el menú desplegable **Filtro** (este efecto es aproximadamente el de un filtro 81 colocado en la lente). Si el efecto no es lo suficientemente cálido, arrastre la pestaña deslizante de **Densidad** hacia la derecha, para dar un poco más de calidez a la fotografía. Haga clic en **OK**.

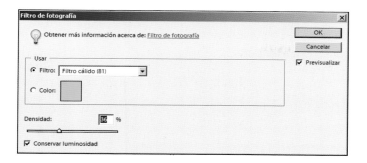

Paso 3:

Como el **Filtro de fotografía** es una capa de ajuste, puede editar el lugar en el que se aplicará el efecto de calidez, así que pulse la tecla **B** para acceder a la herramienta Pincel y, en la barra de opciones, haga clic en la flecha en dirección abajo que aparece al lado del icono Pinceles preestablecidos y seleccione un pincel de borde suave en el Selector de pinceles. A continuación, pulse **X** hasta que tenga el negro como color frontal, y empiece a pintar sobre el área a la que no quiera aplicar el aspecto cálido. El color original de la imagen se revelará donde pinte.

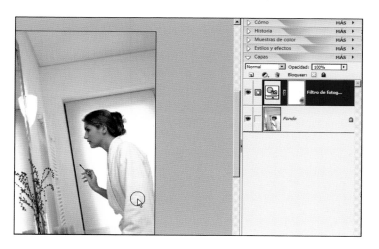

AJUSTAR TONOS CARNE

Entonces, ¿qué hacemos si hemos utilizado **Niveles** para configurar de forma adecuada las iluminaciones, los medios tonos y las sombras, pero los tonos carne en su fotografía tienen todavía un aspecto demasiado rojo? Puede probar este rápido truco para conseguir adecuar los tonos carne eliminando el exceso de rojo. Este pequeño ajuste puede hacer que la diferencia sea enorme.

Paso 1:

Abra una fotografía en la que se necesite eliminar rojo de los tonos carne. Si toda la imagen tiene un aspecto demasiado rojo, salte este paso y diríjase directamente al Paso 3. Sin embargo, si sólo son las áreas color carne las que aparecen demasiado rojas, pulse **L** para acceder a la herramienta Lazo y cree una selección alrededor de las áreas de tono carne en su fotografía. (Mantenga pulsada la tecla **Mayús** para añadir otras áreas de tono carne a la selección, tales como los brazos, las manos, las piernas, etc.)

Paso 2:

A continuación, diríjase al menú **Selección** y elija la opción **Calar**. Introduzca un **Radio de calado** de tres píxeles, y haga clic en **OK**. Añadiendo este calado, está suavizando los bordes de su selección. Esto evitará que aparezca un borde definido y visible alrededor de sus ajustes.

Paso 3:

Diríjase al menú **Mejora>Ajustar color>Ajustar tono/saturación**. Cuando aparezca el cuadro de diálogo, haga clic en el menú emergente **Editar** y seleccione **Rojos** de forma que sólo ajuste los rojos en sus fotografías (o en sus áreas seleccionadas, si ha hecho una selección alrededor de los tonos carne).

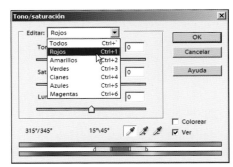

Paso 4:

El resto es sencillo; simplemente vamos a reducir la cantidad de saturación, de forma que los tonos carne aparezcan con un aspecto más natural. Arrastre la pestaña de **Saturación** hacia la izquierda para reducir la cantidad de rojo. Podrá ver el efecto de la eliminación del rojo a medida que disminuya la pestaña deslizante de **Saturación**.

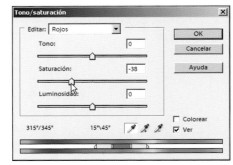

TRUCO: Si lleva a cabo una selección de las áreas de tono de piel, podría resultarle más fácil ver lo que está corrigiendo si oculta el borde de la selección, pulsando la combinación de teclas **Control-H**. Incluso puede ocultar el borde de la selección mientras el cuadro de diálogo Tono/saturación esté abierto. Cuando los tonos de piel tengan un aspecto correcto, sólo tiene que hacer clic en el botón **OK** y listo. Eso sí, no se olvide de que la selección sigue estando ahí, así que pulse **Control-D** para deseleccionar.

Después

Antes

CORREGIR EL COLOR EN ÁREAS PROBLEMÁTICAS DE FORMA SENCILLA

Esta técnica resulta muy práctica cuando se toman fotografías en exteriores, porque le permite mejorar el color en un área determinada de la fotografía, dejando intacto el resto. Los fotógrafos inmobiliarios utilizan este truco con frecuencia, puesto que desean presentar las casas en un brillante y soleado día, pero el tiempo no siempre está de su parte. Con esta técnica, un cielo gris lleno de nubes puede convertirse en un bonito cielo azul en cuestión de segundos, o un jardín de color marrón puede pasar a ser un jardín verde exuberante (que es el aspecto que tiene realmente en verano).

Paso 1:

Abra la imagen que tenga un área de color que desee mejorar, como el cielo.

Paso 2:

Diríjase a la paleta **Capas**, y seleccione **Tono/saturación** en el menú desplegable de Crear capa de ajuste que encontrará en la parte superior de la paleta **Capas** (el icono circular mitad negro, mitad blanco). Se añadirá una nueva capa denominada **Tono/saturación 1** a su paleta **Capas**, y aparecerá el cuadro de diálogo **Tono/Saturación**.

Paso 3:

En el menú **Editar** que aparece en la parte superior del cuadro de diálogo **Tono/saturación**, seleccione el color que desee mejorar (**Azules**, **Rojos**, etc.), y, a continuación, proceda a arrastrar la pestaña deslizante de **Saturación** hacia la derecha. También podría seleccionar **Cianes**, **Magentas**, etc., en el menú **Editar** y hacer lo mismo (arrastrar la pestaña de **Saturación** hacia la derecha, añadiendo todavía más color). En el ejemplo que se muestra aquí, incrementé la saturación de **Azules** a **66**. Cuando su imagen tenga un aspecto tan mejorado como desee, haga clic en **OK**.

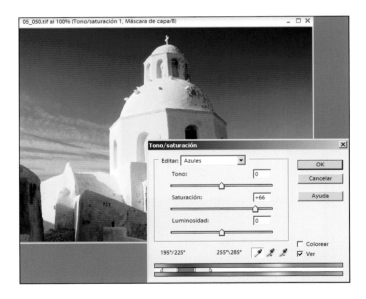

Paso 4:

Ahora el área está coloreada, pero también lo está todo lo demás. No pasa nada, eso se puede arreglar de forma bastante sencilla. Pulse la tecla **X** hasta que el color frontal esté configurado en negro, y, a continuación, pulse **Alt-Retroceso** para rellenar la máscara de capa **Tono/saturación** con negro. Esto elimina todo el color que acaba de añadir, pero ahora puede añadir de forma selectiva (pintar, realmente) el color donde quiera que aparezca.

Paso 5:

Pulse la tecla **B** para acceder a la herramienta Pinceles. En la barra de opciones, haga clic en la flecha en dirección abajo que aparece al lado de pinceles pre-establecidos, y, en el Selector de pinceles, elija un pincel de punta blanda. Vuelva a pulsar **X** para cambiar el color frontal a blanco, y empiece a pintar en las áreas en las que desee mejorar el color.

A medida que pinte, aparecerá la versión mejorada de la fotografía. Para áreas bien definidas, puede que tenga que ir al Selector de pinceles de nuevo y dirigirse a la barra de opciones para cambiar a un pincel más pequeño, de punta dura.

TRUCO: Si comete un error y pinta sobre un área en la que no debería hacerlo, no hay problema; sólo tiene que pulsar **X** de nuevo para volver a cambiar el color frontal a negro y pintar sobre el error para hacerlo desaparecer. A continuación, vuelva a cambiar a blanco y siga pintando. Cuando haya terminado, las áreas coloreadas en su fotografía tendrán un aspecto más brillante.

Antes

Después

CONSEGUIR UNA MEJOR CONVERSIÓN DE COLOR A BLANCO Y NEGRO

Si alguna vez ha convertido una fotografía en color en una fotografía en blanco y negro, existen posibilidades de que se viera decepcionado con los resultados. Eso se debe a que Elements simplemente elimina el color, dejando atrás una fotografía en blanco y negro bastante sosa. En la versión completa de Adobe Photoshop, hay una característica denominada Mezclador de colores que le permite crear de forma personalizada una imagen en blanco y negro mejor. Desgraciadamente, esta característica no se encuentra en Elements, pero he descubierto una forma de obtener un control similar con un pequeño rodeo. Ésta es la forma de hacerlo:

Paso 1:

Abra la fotografía de color que quiera convertir a blanco y negro.

Paso 2:

Para apreciar verdaderamente esta técnica, no estaría mal que hiciera una conversión normal a blanco y negro antes, de forma que pueda ver lo mala que es. Vaya al menú **Imagen>Modo>Escala de grises**. Cuando aparezca el cuadro de diálogo **¿Eliminar la información de colores?** haga clic en **OK**, y contemple la pobre conversión. Ahora que estamos de acuerdo en que es bastante sosa, pulse **Control-Z** para deshacer la conversión, de forma que podamos probar algo mejor.

Paso 3:

Diríjase a la parte superior de la paleta **Capas**, y seleccione **Niveles** en el menú desplegable Crear capa de ajuste (el círculo blanco y negro). Cuando aparezca el cuadro de diálogo de **Niveles**, no lleve a cabo ningún cambio, sólo haga clic en **OK**. Esto añadirá una nueva capa a su paleta **Capas** con el nombre **Niveles 1**.

Paso 4:

En la parte superior de la paleta **Capas** de nuevo, seleccione **Tono/saturación** del menú emergente Crear capa de ajuste para acceder al cuadro de diálogo **Tono/saturación**.

Paso 5:

Cuando aparezca el cuadro de diálogo **Tono/satu-ración**, arrastre la pestaña deslizante de **Saturación** completamente hacia la izquierda, para eliminar todos los colores de la fotografía, y haga clic en **OK**. Esto añadirá otra capa a la paleta **Capas** (encima de su capa **Niveles 1**) denominada **Tono/saturación 1**.

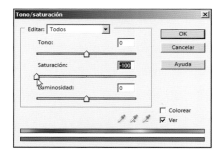

Paso 6:

En la paleta **Capas**, haga doble clic directamente en la miniatura de **Niveles** de la capa **Niveles 1** para acceder de nuevo al cuadro de diálogo **Niveles**. En el menú emergente **Canal** que aparece en la parte superior del cuadro de diálogo, puede seleccionar canales individuales que pueden editarse (de forma similar a como se haría en el Mezclador de canales). Seleccione el canal del color **Rojo**.

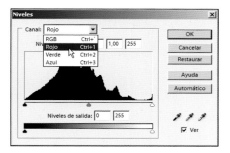

Paso 7:

A continuación, puede ajustar el canal **Rojo**, y verá los ajustes en directo en la pantalla a medida que modifica su fotografía en blanco y negro (aparece como una fotografía en blanco y negro debido a la capa de ajuste de **Tono/saturación** que se encuentra encima de la capa **Niveles**. Bastante cuco, ¿verdad?). Puede arrastrar la pestaña deslizante de **Niveles de entrada** de sombras un poco hacia la derecha para aumentar las sombras en el canal **Rojo**.

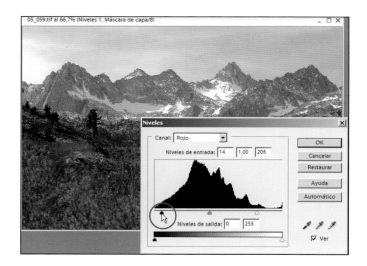

Paso 8:

A continuación, cambie al canal **Verde** en el menú desplegable **Canal** dentro del cuadro de diálogo **Niveles**. Puede llevar a cabo ajustes aquí también. Pruebe aumentando las iluminaciones en el canal **Verde** arrastrando la pestaña de **Niveles de entrada** de iluminaciones hacia la izquierda. No haga clic en **OK** todavía.

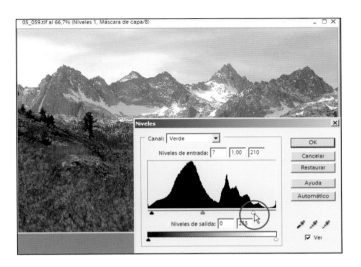

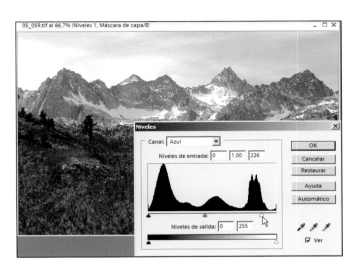

Paso 9:

A continuación, seleccione el canal **Azul** en el menú desplegable **Canal** dentro del cuadro de diálogo **Niveles**. Pruebe a aumentar bastante las iluminaciones, y las sombras sólo un poco, arrastrando las pestañas deslizantes de **Niveles de entrada**. Estos ajustes no son estándares o ajustes sugeridos para todas las fotografías; simplemente experimenté arrastrando las pestañas, y cuando la fotografía tuvo un mejor aspecto, dejé de arrastrar. Cuando la fotografía en blanco y negro tenga un aspecto adecuado (un buen contraste y unos detalles de sombra e iluminación adecuados), haga clic en **OK** en el cuadro de diálogo **Niveles**.

Paso 10:

Para completar la conversión, diríjase a la paleta **Capas**, haga clic en la flecha **Más** para acceder al menú flotante de la paleta, y seleccione **Acoplar imagen** para acoplar las capas de ajuste a la capa **Fondo**. Aunque su fotografía tiene un aspecto de fotografía en blanco y negro, técnicamente, todavía está en color RGB, así que si quiere tener un archivo en escala de grises, diríjase a **Imagen>Modo>Escala de grises**.

Antes (conversión pobre de escala de grises).

Después (conversión impresionante con capas de ajuste).

Fotógrafo: David Cuerdon

Técnicas de selección
de máscara

6

> Capítulo 6. **Técnicas de selección de máscara**

Uno de los problemas con las personas es que no siempre puede hacer que se coloquen delante de un fondo de color blanco, para poder seleccionarlas de forma sencilla y colocarlas posteriormente en un fondo diferente. Simplemente no es justo.

Si me eligieran presidente, una de mis primeras prioridades sería firmar un decreto presidencial en el que se establecería la necesidad de que todos los votantes registrados llevaran consigo un rollo blanco de una sola pieza todo el rato. Por ejemplo, digamos que es usted fotógrafo deportivo, y que está tomando instantáneas de un partido de liga de fútbol con una de esas largas lentes de teleobjetivo y justo cuando el delantero va a marcar el gol, sale un defensa por detrás y rápidamente despliega un fondo blanco y continuo, y le permite tomar la instantánea. ¿Sabe lo rápido que conseguiría un trabajo en Marca o en As? ¿Sabe cuánto tiempo llevo esperando utilizar la palabra "desplegar" en una oración y usarla realmente en el contexto adecuado? Bueno, digamos que, al menos, desde que tenía 12 años (hace ya tres largos años). En este capítulo, aprenderá cómo tratar todas las personas, todos los objetos, todo, como si se hubieran sido fotografiados delante de un fondo blanco continuo.

SELECCIONAR ÁREAS CUADRADAS, RECTANGULARES O REDONDAS

Las selecciones son una parte increíblemente importante del trabajo en Elements 3. Ésta es la razón por la que sin ellas, cualquier cosa que haga, cualquier filtro que ejecute, etc., afectarían a toda la fotografía. Al tener la opción de "seleccionar" una porción de su imagen, puede aplicar estos efectos sólo en las áreas que quiera, lo que le proporciona un control mucho mayor. Lo crea o no, las selecciones más básicas (cuadrados, rectángulos, círculos y óvalos) son las que utilizará con más frecuencia, así que empezaremos con ellas.

Paso 1:

Para llevar a cabo una selección rectangular, seleccione (gran sorpresa) la herramienta Marco rectangular pulsando la tecla **M**. La palabra que Adobe utiliza para hacer referencia a selección es "marco". (¿Por qué? Porque llamarla marco hace que sea más complicado que llamarla lo que realmente es, una herramienta de selección, y dar a las herramientas nombres complicados es con lo que Adobe se divierte.)

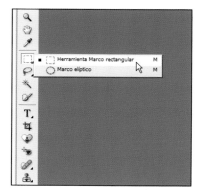

Paso 2:

Vamos a seleccionar una forma de rectángulo, así que haga clic con el cursor en la esquina superior izquierda de la forma y arrastre hacia abajo y hacia la derecha hasta que su selección cubra toda la forma; suelte el botón del ratón. ¡Listo! Tenemos una selección, y todo lo que hagamos a partir de ahora afectará sólo al área que se encuentre dentro de este rectángulo seleccionado.

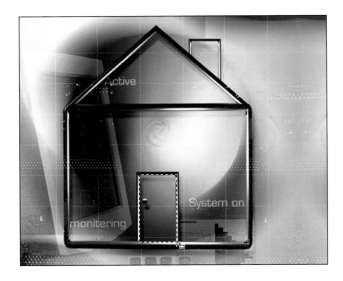

Paso 3:

Para añadir otra selección a nuestra selección actual, sólo tiene que mantener pulsada la tecla **Mayús**, y proceder a dibujar otra selección en forma de rectángulo.

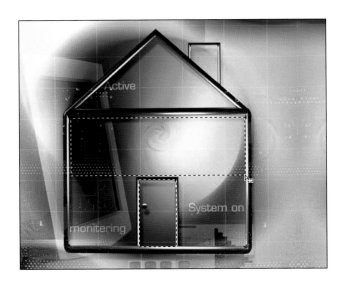

Paso 4:

A continuación, aplique el efecto que desee. (En este caso, seleccioné la opción **Ajustar tono/saturación** en **Mejora>Ajustar color**.) Observará que el efecto se aplica sólo a las áreas seleccionadas. Ésta es la razón por la que crear selecciones es tan importante. Para deseleccionar (hacer que su selección desaparezca), sólo tiene que pulsar **Control-D**.

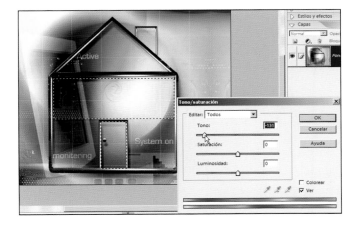

Paso 5:

A continuación, crearemos una selección circular. Haga clic manteniendo pulsado el botón del ratón en la herramienta Marco rectangular en la caja de herramientas, y verá que aparece un menú. Seleccione la herramienta Marco elíptico en el menú. Vamos a crear una selección con forma oval, así que empiece en la parte superior izquierda del objeto y arrastre una selección alrededor de él (no se ajustará perfectamente, por supuesto, pero sólo tiene que acercarse).

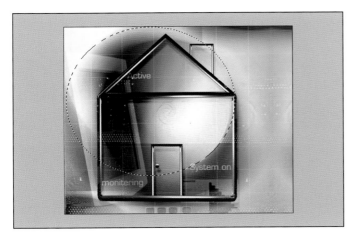

Paso 6:

Vuelva a aplicar el efecto que utilizó previamente a su objeto seleccionado. Pulse **Control-D** para

deseleccionar. De acuerdo, tiene un aspecto un poco soso, pero se hace una idea. Hasta ahora hemos dibujado selecciones de forma libre rectangulares y ovales (que utilizará con mucha frecuencia). Pero, ¿cómo crear una selección de cuadrado perfecto o una selección circular perfecta?

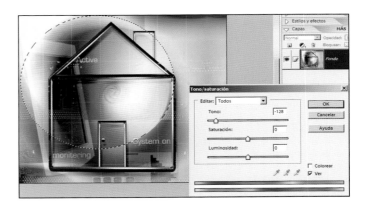

Paso 7:

Para crear una cuadrado (o círculo) perfecto, sólo tiene que mantener pulsada la tecla **Mayús** cuando arrastre la selección, y Elements limitará su forma a las proporciones de un cuadrado (o círculo) perfecto.

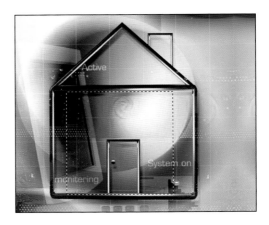

CÓMO SELECCIONAR COSAS QUE NO SON REDONDAS, CUADRADAS NI RECTANGULARES

Ahora ya sabe que la selección en forma de cuadrado, rectángulo, círculo u óvalo es realmente sencilla. Pero las cosas se complican un poco más cuando el área que desea seleccionar no es ni cuadrada, ni rectangular, ni..., bueno, se hace una idea. Afortunadamente, aunque no es tan sencillo como las herramientas Marco, la creación de estas selecciones no es complicada, si no le importa ser un poco paciente. Y la realización de estas selecciones "no conformistas" pueden, en realidad, resultar divertidas. Aquí tiene un rápido proyecto para que se moje:

Paso 1:

Abra una fotografía que contenga un objeto con forma extraña, es decir, que no sea rectangular, cuadrado, etc. Esto es para lo que nació la herramienta Lazo, así que pulse la tecla **L** para acceder a ella desde la caja de herramientas.

Paso 2:

Haga clic en la parte inferior izquierda de su objeto y lentamente (la palabra clave aquí es lentamente) arrastre la herramienta Lazo alrededor del objeto, trazando sus bordes. Si, cuando haya terminado, ve que se ha saltado una parte, sólo tiene que hacer clic manteniendo pulsada la tecla **Mayús** y hacer clic y arrastrar alrededor del área que haya olvidado; se añadirá a su selección. Si seleccionó demasiado, mantenga pulsada la tecla **Alt** y haga clic y arrastre alrededor del área que no debería haber seleccionado.

Paso 3:

Cuando el objeto esté completamente seleccionado, vaya al menú **Selección** y elija la opción **Calar** (hacemos esto para suavizar los bordes del área seleccionada). Introduzca 2 píxeles (sólo un poco de suavizado), y haga clic en **OK**. Ahora que nuestros bordes están suavizados, podemos llevar a cabo ajustes en el objeto sin que "nos pillen".

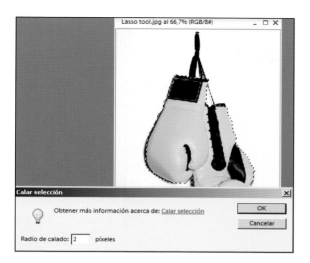

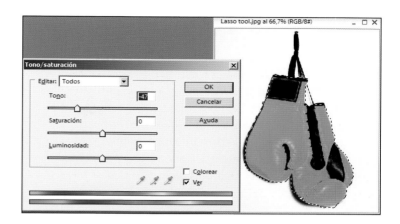

Paso 5:

Haga clic en **OK** y a continuación pulse **Control-D** para deseleccionar.

Paso 4:

En el ejemplo que estamos realizando, vamos a cambiar el color del objeto seleccionado, así que pulse **Control-U** para acceder a Tono/saturación. Arrastre la pestaña de Tono hacia la derecha o hacia la izquierda para cambiar el color del objeto.

Si el color tiene un aspecto demasiado intenso, sólo tiene que disminuir la cantidad de saturación arrastrando la pestaña deslizante Saturación hacia la izquierda.

Recuerde, estos ajustes sólo afectarán al objeto, no a toda la foto, porque seleccionamos la herramienta Lazo antes de llevar a cabo ningún ajuste.

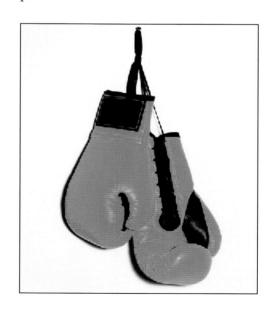

SUAVIZAR ESOS BORDES PRONUNCIADOS

Cuando lleve a cabo un ajuste a un área seleccionada en una fotografía, su ajuste se mantendrá por completo dentro del área seleccionada. Esto es fantástico en muchos cosas, pero, cuando se deselecciona, verá un borde definido alrededor del área que ajustó, haciendo que el cambio tenga un aspecto bastante obvio. Sin embargo, suavizar esos pronunciados bordes (ocultando, de esa forma, "nuestras huellas") es sencillo. Veamos cómo hacerlo.

Paso 1:

En primer lugar, cree una selección que sea ligeramente más grande de lo que necesita utilizando la herramienta que sea. A continuación, cree un ajuste exagerado (como el ajuste **Sombras/iluminaciones** que encontrará en **Mejora>Ajustar iluminación> Sombras/iluminaciones**). A continuación, deseleccione pulsando **Control-D**. Sea cual sea el ajuste que aplicara, puede ver claramente el borde alrededor del área ajustada, como se muestra a continuación.

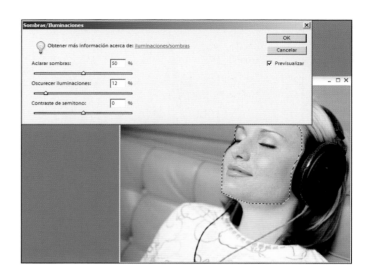

Paso 2:

Empecemos de nuevo (seleccione la opción **Volver a versión guardada** en el menú **Edición**). Vuelva a crear su selección, pero antes de llevar a cabo ningún ajuste, diríjase al menú **Selección** y elija la opción **Calar**.

Esta opción hará aparecer el cuadro de diálogo **Calar selección**, en el que puede introducir la cantidad de calado que desee.

Cuanto más alta sea la cantidad que introduzca, más se suavizarán los bordes. Introduzca 10 píxeles (sólo como punto de partida) y haga clic en **OK**.

Paso 3:

A continuación aplique el ajuste que aplicamos en el paso 1. Deseleccione (**Control-D**) y observe la diferencia. Ya no verá los bordes marcados, porque el calado que les hemos aplicado los ha suavizado. Fantástico.

SELECCIONAR ÁREAS POR SU COLOR

Entonces, ¿seleccionaría todo un cielo color azul sólido utilizando la herramienta Marco rectangular? Probablemente no. Podría utilizar una combinación de las herramientas Lazo y Marco rectangular, pero incluso así se podría convertir en una pesadilla (dependiendo de la fotografía). Es aquí donde la herramienta Varita mágica entra en acción. Es una herramienta que selecciona por rango de color, así que, en lugar de hacer clic y arrastrar para crear una selección, se hace clic una vez, y la Varita mágica selecciona los elementos de su fotografía que son bastante similares en color al área en la que hizo clic. La herramienta Varita mágica es bastante sorprendente en sí misma, pero puede hacerla funcionar incluso mejor.

Paso 1:

Abra una fotografía que tenga un área de color sólido que quiera seleccionar. Empiece por acceder a la herramienta Varita mágica desde la caja de herramientas (o pulsando la tecla **W**). A continuación, haga clic una vez en el área de color sólido de su fotografía.

Paso 2:

Si el primer clic no selecciona toda el área, sólo tiene que pulsar y mantener pulsada la tecla **Mayús** y hacer clic en otra área que desee añadir a la selección. Mantenga pulsada la tecla **Mayús** y haga clic en todas las áreas que desee seleccionar, y verá cómo se añaden a la selección. A continuación puede utilizar Tono/saturación (**Control-U**) para cambiar el color de la selección, como hicimos en una de las técnicas explicadas anteriormente.

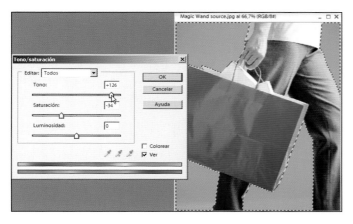

TRUCO: Si hace clic en un área con la Varita mágica no se selecciona toda el área, deseleccione (**Control-D**), vaya a la barra de opciones, aumente el ajuste Tolerancia y vuelva a intentarlo. Cuanto más alto sea el ajuste, más amplio será el rango de colores que seleccionará. Como regla general, si la Varita mágica no selecciona lo suficiente, aumente la cantidad de Tolerancia. Si selecciona demasiado, disminúyalo.

CREAR SELECCIONES UTILIZANDO UN PINCEL

Mucha gente se siente más cómoda utilizando pinceles que utilizando las herramientas Marco. Si es usted una de estas personas (usted sabrá quién es), está de suerte; puede crear selecciones pintando sobre las áreas que desee seleccionar. Incluso si esto suena extraño, merece la pena probarlo, puede que le entusiasme (es lo mismo que pasa con el sushi).

Una de las ventajas principales de pintar sus selecciones es que puede escoger un pincel de borde suave (si lo desea) para obtener directamente bordes calados. Veamos cómo funciona.

Paso 1:

Diríjase a la herramienta Pincel de selección escogiéndola en la caja de herramientas, o pulsando la tecla **A**. Antes de empezar, querrá seleccionar el tamaño de pincel; para ello diríjase al icono de pinceles preestablecidos en la barra de opciones para abrir el Selector de pinceles. Si desea crear una selección con bordes suavizados (aproximadamente equivalente a una selección calada), seleccione un pincel de bordes suavizados en el Selector, y cambie el ajuste de **Dureza** de su pincel en la barra de opciones; un 0 por ciento le proporciona un borde muy suavizado, mientras que un 100 por cien crea un borde muy pronunciado en su selección.

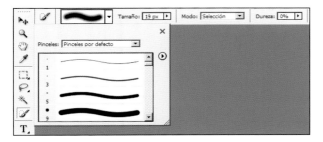

Paso 2:

A continuación puede hacer clic y arrastrar para "pintar" el área que quiera seleccionar. Cuando suelte el ratón, la selección pasará a estar activa. Nota: No tiene que mantener pulsada la tecla **Mayús** para añadir a su selección cuando utilice este pincel; simplemente empiece a pintar en un lugar distinto y esa área se añadirá a la selección. Sin embargo, puede pulsar y mantener pulsada la tecla **Alt** mientras pinte para deseleccionar áreas.

SELECCIONAR TODO LO QUE HAYA EN UNA CAPA A LA VEZ

Una vez que tenga un objeto o más objetos en una capa, colocar una selección en torno a todo lo que se encuentra en esa capa es cuestión de un clic. Lo que es especialmente estupendo de esta característica es que no sólo selecciona las áreas de bordes pronunciados de una capa, sino que selecciona también las áreas de bordes suavizados, como las sombras paralelas.

Todo cobrará sentido en un momento.

Paso 1:

Abra una imagen con capas en la que una de las capas contenga los elementos que desea proceder a seleccionar y modificar.

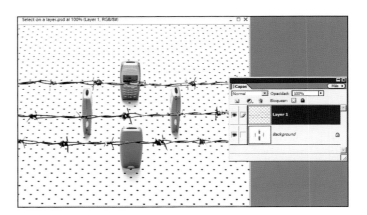

Paso 2:

Para crear de forma instantánea una selección alrededor de todo lo que se encuentra en esa capa, sólo tiene que hacer clic en la capa manteniendo pulsada la tecla **Control** dentro de la paleta **Capas**.

Para ver un ejemplo de las razones por las que querría hacer esto, diríjase a la parte superior de la paleta **Capas** mientras tenga la selección en su sitio y haga clic en el icono Crear una capa nueva. A continuación, seleccione color frontal y pulse **Alt-Retroceso** para llenar su área seleccionada con ese color. Pulse **Control-D** para deseleccionar. A continuación, cambie el modo de fusión de esta nueva capa en la paleta **Capas** a **Color**, de forma que se proceda a colorear el objeto o los objetos de la capa. Disminuya la **Opacidad** en la paleta **Capas** para añadir un tono ligeramente coloreado a su capa.

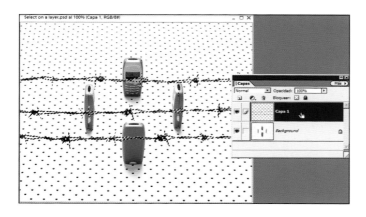

GUARDAR SUS SELECCIONES

Si ha pasado 15 ó 20 minutos (o incluso más tiempo) creando una complicada selección, cuando proceda a deseleccionar habrá desaparecido. (Bueno, podría hacerla volver seleccionando la opción **Reseleccionar** en el menú **Selección**, siempre y cuando no haya hecho otras selecciones en medio, así que no cuente con esta opción. Nunca.) Veamos cómo guardar sus perfeccionadas selecciones y poder volver a utilizarlas en otro sitio, siempre que las necesite.

Paso 1:

Abra una imagen y cree una selección alrededor de un objeto de su fotografía utilizando la herramienta que prefiera.

Paso 2:

Para guardar su selección una vez que está en su lugar (de forma que pueda utilizarla posteriormente), diríjase al menú **Selección**, y elija la opción **Guardar selección**. Esto hará aparecer el cuadro de diálogo **Guardar selección**. Introduzca un nombre en el campo **Nombre** y pulse **OK** para guardar su selección.

Paso 3:

Ahora puede volver a acceder a su selección en cualquier momento dirigiéndose al menú **Selección>
Cargar selección**. Si ha guardado más de una selección, aparecerán listadas en el menú desplegable de
Selección; sólo tiene que seleccionar la que desea
cargar, y hacer clic en **OK**. La selección guardada
aparecerá ahora en su imagen.

HACER QUE ELEMENTS LE AYUDE A LA HORA
DE CREAR COMPLICADAS SELECCIONES

Si ha probado la herramienta Lazo para crear selecciones, sabrá dos cosas: (1) Resulta bastante útil, y
(2) seguir el borde del objeto que estamos tratando
de seleccionar puede resultar bastante difícil. Pero
puede conseguir ayuda en forma de una herramienta
denominada (¿está preparado?) ¡Lazo magnético! Si los
bordes del objeto que estamos tratando de seleccionar
están bien definidos, esta herramienta se ajustará de
forma automática a los bordes (como si fueran magnéticos), lo que le ahorrará tiempo y frustración (bueno,
le ahorrará frustración si conoce estos trucos).

Paso 1:

Haga clic y mantenga pulsado el ratón un momento
sobre la herramienta Lazo, en la caja de herramientas;
aparecerá un menú en el que puede seleccionar la
herramienta Lazo magnético.

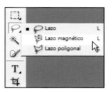

Paso 2:

Abra una imagen en la que quiera crear una selección.
Haga clic una vez cerca del borde de un objeto que
quiera seleccionar. Sin mantener pulsado el botón del
ratón, mueva la herramienta Lazo magnético alrededor
del borde del objeto, y la selección se ajustará a los
bordes. No se mueva demasiado lejos del objeto;
manténgase cerca de él para conseguir los mejores
resultados.

Paso 3:

A medida que arrastre, la herramienta colocará pequeños puntos a lo largo del borde. Si está arrastrando el
ratón y se pierde un borde, sólo tiene que pulsar la
tecla **Retroceso** y volver a intentarlo. Si continúa sin
seleccionarlo, mantenga pulsada la tecla **Alt** y, a continuación, mantenga pulsado el botón del ratón, acción
que le hará volver temporalmente a la herramienta
Lazo, y arrastre una selección con esta herramienta
alrededor del área problemática. Suelte la tecla **Alt**,
después el botón del ratón, y volverá a estar utilizando
la herramienta Lazo magnético para completar su
trabajo. Nota: También puede hacer clic con la herramienta Lazo magnético para añadir puntos de selección, si los necesita.

Fotógrafo: Jeannie Theriault

Juegos de cabeza. Retocar retratos

7

> Capítulo 7. **Juegos de cabeza. Retocar retratos**

Este capítulo debería llamarse "El capítulo de Kevin Ames". En realidad, debería ser "Odio a Kevin Ames" porque ya tenía escrito todo el capítulo cuando paré una tarde en el estudio de Kevin en Atlanta para mostrarle el borrador del libro. Lo que debería haber sido una visita de 15 minutos se convirtió en una sesión que duró hasta pasada la media noche, en la que Kevin me enseñó algunos trucos sorprendentes para el retoque de retratos que podían incluirse en este libro. Consecuencia, tuve que volver a casa y básicamente escribir de nuevo, actualizar y modificar todo el capítulo. Y, en confianza, no es nada divertido una vez que piensas que el capítulo está terminado y te encuentras a una semana de la fecha de entrega. Pero lo que me enseñó era tan fantástico que literalmente no pude dormir aquella noche, porque sabía que sus técnicas llevarían este capítulo al siguiente nivel. Y, aunque Kevin fue increíblemente amable al permitirme compartir sus técnicas con mis lectores (éste es el tipo de persona que es Kevin), no había forma de que este capítulo se denominara "El capítulo de Kevin Ames". Ahí es donde lo vi claro, tendría que matarlo. Pero entonces recordé que Kevin había mencionado que Jim DiVitale había desarrollado algunas de las técnicas que él me había enseñado, así que iba a tener que ser un doble asesinato. Pensé, "los dos viven en Atlanta, ¿cuánta dificultad entrañará esto?" pero, cuanto más pensaba en ello, y consideraba la idea de tener que volver a volar allí en un Delta, resolví que simplemente les otorgaría el mérito que se merecen y seguiría adelante con mi vida. Hasta ahora, ha funcionado bien.

ELIMINAR IMPERFECCIONES

Cuando se trata de eliminar imperfecciones, acné u otras elementos de la piel, nuestro objetivo es mantener la textura original de la piel en la máxima medida posible. De esta forma, nuestro retoque no tendrá un aspecto pastoso u obvio. Aquí tiene tres técnicas que yo utilizo y funcionan bien.

TÉCNICA 1

Paso 1:

Abra una fotografía que contenga imperfecciones en la piel que desee eliminar. Pulse la letra **Z** para acceder a la herramienta Zoom y acérquese si es necesario.

Paso 2:

Acceda a la herramienta Sello de clonar de la barra
de herramientas (o pulse la tecla **S**). En el Selector de
pinceles (al que accede haciendo clic en el icono
de pinceles preestablecidos en la barra de opciones),
seleccione un pincel de bordes suavizados que sea
ligeramente más grande que la imperfección que desee
eliminar.

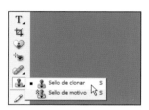

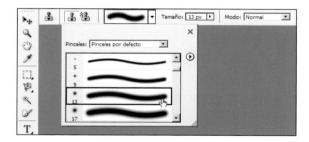

> **TRUCO:** Una vez que esté trabajando, si necesita ajus-
> tar de forma rápida el tamaño del pincel para hacerlo
> más grande o más pequeño, utilice las teclas de cor-
> chetes en su teclado: la tecla de corchete izquierdo (**[**) reduce el
> tamaño de su pincel; el derecho (**]**) lo aumenta.

Paso 3:

En la barra de opciones, cambie el menú emergente
Modo de la herramienta Sello de clonar a **Aclarar**.
Con el modo configurado de esta forma, el Sello de

clonar afectará sólo a los píxeles que sean más oscuros
que el área que va a tomar como muestra. Los píxeles
más claros (el tono carne normal) permanecerá intacto
en gran medida, y sólo los píxeles más oscuros (la
imperfección) se verán afectados.

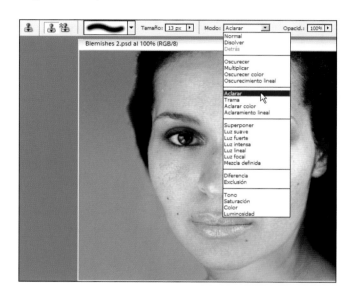

Paso 4:

Encuentre un área cerca de la imperfección que esté
bastante limpia (sin puntos ni imperfecciones visibles),
mantenga pulsada la tecla **Alt** y haga clic una vez.
Trate de asegurarse de que esta área de muestra esté
muy cerca de la imperfección, de forma que los tonos
de piel coincidan. Si se va demasiado lejos, corre el
riesgo de que su reparación tenga un aspecto ligeramente diferente, lo que es toda una prueba de la reparación.

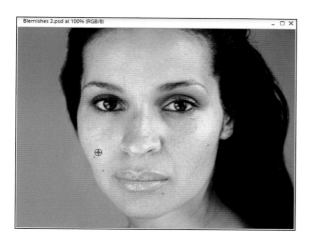

Paso 5:

A continuación, mueva el cursor directamente sobre la imperfección y haga clic sólo una vez. ¡No pinte! Sólo haga clic. Ese clic llevará a cabo la tarea, eliminará la imperfección inmediatamente, dejando intacta la textura de la piel. Pero, ¿qué pasa si la imperfección es más clara que la piel, en vez de más oscura? Simplemente vaya a la barra de opciones y cambio el modo del Sello de clonar a **Oscurecer** en lugar de **Aclarar**, es así de sencillo. Pasemos a la segunda técnica.

TÉCNICA 2

Paso 1:

Pulse **L** para acceder a la herramienta Lazo. Encuentre un área limpia (sin imperfecciones, granos, etc.) cerca de la imperfección que queremos eliminar. En esta área limpia, utilice la herramienta Lazo para crear una selección que sea ligeramente más grande que la imperfección. (Nota: Si comete un error y necesita añadir a su selección, pulse y mantenga pulsada la tecla **Mayús** mientras selecciona con la herramienta Lazo; si necesita eliminar partes de la selección, pulse y mantenga pulsada la tecla **Alt**.)

Paso 2:

Una vez que la selección está en su lugar, diríjase al menú **Selección** y elija la opción **Calar**. Cuando aparezca el cuadro de diálogo **Calar selección**, introduzca 2 píxeles como **Radio de calado** y haga clic en **OK**. El calado desenfoca los bordes de su área seleccionada, lo que ayuda a ocultar las huellas de nuestro retoque. Calar (suavizar) los bordes de una selección es una parte muy importante del retoque facial, y hará esto con bastante frecuencia para "ocultar sus huellas", por decirlo así.

Paso 3:

Ahora que hemos suavizado los bordes de la selección, mantenga pulsadas las teclas **Alt-Control** y verá que su cursor cambia de forma para convertirse en dos puntas de flecha, una blanca con una negra encima. Esto le informa de que está a punto de copiar el área seleccionada. Haga clic dentro de la selección y arrastre esta área limpia de piel sobre la imperfección para cubrirla por completo.

Paso 4:

Cuando el área limpia cubra la imperfección, suelte las teclas (y el botón del ratón, por supuesto), para soltar el área seleccionada en la fotografía. A continuación, pulse **Control-D** para deseleccionar. La imperfección habrá desaparecido. Lo mejor es que, como ha arrastrado piel de un área cercana, toda la textura de la piel está perfectamente intacta, lo que hace que su modificación sea imposible de detectar.

TÉCNICA 3

Paso 1:

Acceda a la herramienta Pincel corrector en el cuadro de herramientas (o simplemente pulse la tecla **J**). Lo utilizaremos sobre las imperfecciones, y verá que funciona estupendamente.

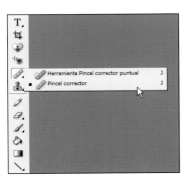

Antes

Paso 2:

Sólo tiene que hacer clic manteniendo pulsada la tecla **Alt** en un área limpia de la piel, colóquese sobre la imperfección y haga clic una vez. Y ya está. Seguro que le encanta una técnica que tiene sólo dos pasos.

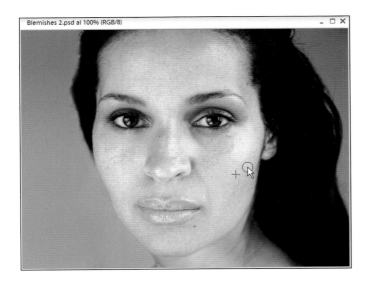

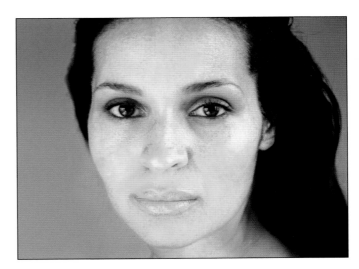

Después

ELIMINAR OJERAS

Aquí tiene una rápida técnica para eliminar las ojeras que aparecen en ocasiones bajo los ojos de las personas, especialmente después de una dura noche de juerga. Al menos, eso es lo que dicen.

Paso 1:

Abra la fotografía en la que se encuentren las ojeras que desee atenuar. Seleccione la herramienta Sello de clonar en la caja de herramientas (o pulse la tecla **S**). A continuación, haga clic en el icono de pinceles preestablecidos en la barra de opciones para abrir el Selector de pinceles, y seleccione un pincel de punta suave que sea la mitad de ancho que el área que desee reparar. Pulse la tecla **Z** para acceder a la herramienta Zoom y acérquese con el *zoom* si es necesario.

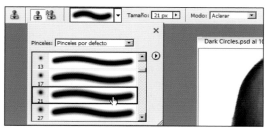

Paso 2:

Diríjase a la barra de opciones y disminuya la **Opacidad** del Sello de clonar al 50 por ciento. A continuación, cambie el menú emergente **Modo** a **Aclarar** (de forma que sólo afectará a las áreas que sean más oscuras que aquella en la que tome la muestra).

Paso 3:

Pulse y mantenga pulsada la tecla **Alt** y haga clic una vez en un área del ojo que no esté afectada por las ojeras. Si las mejillas no tienen un tono excesivamente rosado, puede hacer clic aquí, pero lo más probable es que le resulte más sencillo hacer clic (tomar una muestra) en un área que se encuentre justo por debajo de las ojeras, bajo los ojos.

Paso 4:

A continuación, tome el Sello de clonar y pinte sobre
las ojeras para atenuarlas o disminuirlas. Puede lle-
varle dos o más pinceladas hacer desaparecer en gran
manera las ojeras, así que no tenga miedo de volver
sobre el mismo lugar si la primera pincelada no
funcionó. Nota: Si quiere que las ojeras desaparezcan
completamente, pruebe a utilizar la herramienta Pincel
corrector (**J**) que encontrará en la caja de herramientas.
Simplemente haga clic con el Pincel corrector manteniendo pulsada la tecla **Alt** en un área clara debajo de
las ojeras, y proceda a pintar sobre ellas para hacerlas
desaparecer.

Antes

Después

ATENUAR LAS PECAS O EL ACNÉ FACIAL

Esta técnica es popular entre los fotógrafos expertos de retratos que necesitan atenuar o eliminar grandes áreas de acné, marcas o pecas de sus sujetos.

Ésto resulta especialmente útil cuando tiene una gran cantidad de fotos que retocar (como una persona que se dedique a retocar retratos) y no tiene tiempo para utilizar los métodos explicados previamente, en los que tiene que tratar cada una de las imperfecciones de forma individual.

Paso 1:

Abra la fotografía que necesite retocar. Cree un duplicado de la capa **Fondo** desde el menú **Capa> Nueva>Capa vía Copiar** (o simplemente pulse **Control-J**).

Llevaremos a cabo nuestro retoque en este duplicado de la capa **Fondo** denominado **Capa 1**.

Paso 2:

Diríjase a **Filtro>Desenfocar>Desenfoque gaussiano**. Cuando aparezca el cuadro de diálogo **Desenfoque gaussiano**, arrastre la pestaña deslizante completamente hacia la izquierda, y, a continuación, arrástrela lentamente hacia la derecha hasta que vea que las pecas desaparecen. La fotografía tendrá un aspecto muy desenfocado, pero arreglaremos esto en un minuto, así que no deje que eso le desanime; eso sí, asegúrese de desenfocar lo suficiente como para que las pecas ya no estén visibles. Haga clic en **OK**.

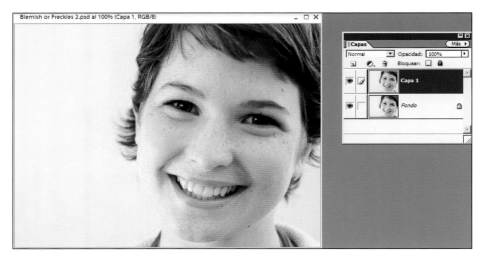

Paso 3:

Mantenga pulsada la tecla **Control** y haga clic una vez en el icono Crear una capa nueva que se encuentra en la parte superior de la paleta **Capas**. Esto creará una nueva capa vacía (**Capa 2**) que se sitúa directamente debajo de su capa actual (la desenfocada **Capa 1**).

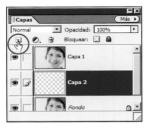

Paso 4:

A continuación, en la paleta **Capas**, haga clic de nuevo en la capa que se encuentra en la parte superior (la desenfocada **Capa 1**) y pulse **Control-G** para agrupar la capa desenfocada con la capa vacía que se encuentra debajo (**Capa 2**). Observará que esto elimina todo el desenfoque de la previsualización (y esto es exactamente lo que queremos hacer en este punto).

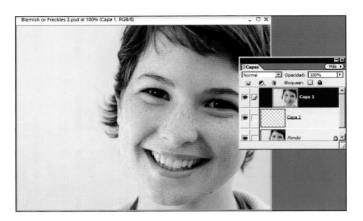

Paso 5:

En la paleta **Capas**, haga clic en la capa del medio (la **Capa 2** vacía), ya que vamos a pintar en esta capa. Pulse la tecla **D** para configurar su color frontal en negro. Pulse la letra **B** para cambiar a la herramienta Pincel y, a continuación, haga clic en el icono de pinceles preestablecidos en la barra de opciones; seleccione un pincel de punta suave en el Selector de niveles.

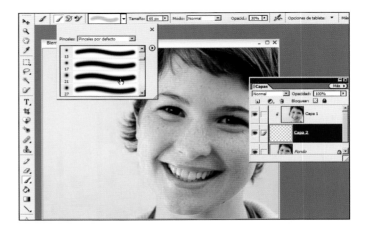

Paso 6:

Disminuya el ajuste **Opacidad** de su pincel en la barra de opciones al 50 por ciento y cambie el menú desplegable **Modo** de **Normal** a **Aclarar**. Ahora, cuando pinte, sólo afectará a los píxeles que sean más oscuros que el estado desenfocado. Ajá, ¿puede ver adónde nos lleva esto?

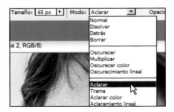

Paso 7:

A continuación, puede pintar sobre las áreas de las pecas, y, a medida que pinte, verá que disminuye bastante. Si disminuyen excesivamente, haciendo que la persona adopte un aspecto "demasiado limpio", proceda a Deshacer (**Control-Z**), y, a continuación, disminuya la **Opacidad** del pincel al 25 por ciento, y vuelva a intentarlo.

Antes

Después

ELIMINAR O ATENUAR ARRUGAS

Éste es un gran truco para eliminar arrugas, con un pequeño giro final (cortesía de mi colega Kevin Ames) que ayuda a hacer que esta técnica tenga un aspecto más realista. Esta pequeña modificación marca una enorme diferencia porque (dependiendo de la edad del sujeto), eliminar todas las arrugas probablemente haría que la fotografía tuviera el aspecto obvio de haber sido retocada (en otras palabras, si está retocando la imagen de una persona de 70 años, y hace que tenga el aspecto de una de 20, simplemente va a tener una apariencia extraña). Vemos cómo conseguir una eliminación de las arrugas más realista.

Paso 1:

Abra la fotografía que necesite una atenuación o la eliminación de arrugas o patas de gallo.

Paso 2:

Duplique la capa **Fondo** desde **Capa>Nueva>Capa vía Copiar** (o pulse **Control-J**). Llevaremos a cabo la eliminación de las arrugas en esta capa duplicada, denominada **Capa 1** en la paleta **Capas**.

Paso 3:

Seleccione la herramienta Pincel corrector en la caja de herramientas (o pulse la tecla **J**). A continuación, elija un pincel de punta suave en el Selector de pinceles, que se abre cuando haga clic en el icono de pinceles preestablecidos en la barra de opciones. Seleccione un tamaño de pincel parecido al tamaño de las arrugas que quiera eliminar.

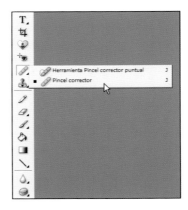

Paso 4:

Encuentre un área limpia en algún lugar cerca de las arrugas (quizá la parte superior de la mejilla, si está eliminando patas de gallo o justo por encima o por debajo de las arrugas si las está eliminando de la frente). Mantenga pulsada la tecla **Alt** y haga clic una vez para obtener una muestra de la textura de la piel en dicha área. A continuación, coja la herramienta Pincel corrector y pinte encima de las arrugas. A medida que pinte, las arrugas desaparecerán, pero la textura y el detalle de la piel permanecen intactos, que es la razón por la que esta herramienta resulta tan sorprendente.

esta capa para hacer volver algunas de las arrugas originales. Esto permite que se muestre una pequeña cantidad de la foto original (la capa **Fondo**, en la que todas las arrugas están intactas). Siga disminuyendo la opacidad hasta que vea las arrugas, pero no de forma tan prominente como antes, ni mucho menos.

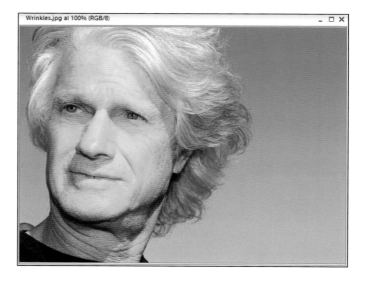

Paso 5:

Ahora que las arrugas han desaparecido, es el momento de devolver una cantidad suficiente de ellas para hacer que la imagen sea más realista. Simplemente vaya a la paleta **Capas** y reduzca la **Opacidad** de

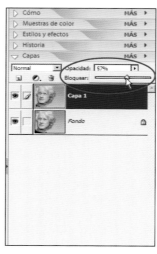

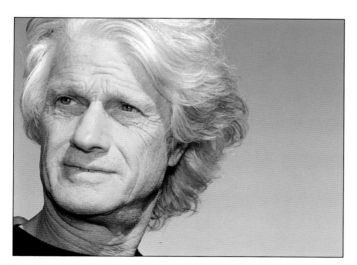

Antes

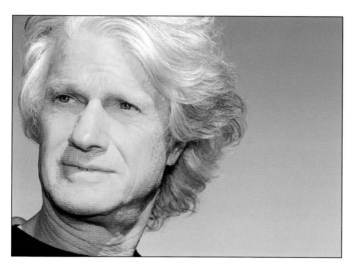

Después

SUBEXPONER Y SOBREEXPONER DE FORMA CORRECTA

Si alguna vez ha utilizado las herramientas Subexponer y Sobreexponer de Elements, ya sabe lo pobres que son. Ésta es la razón por la que los profesionales prefieren este método (les da un nivel de control que las herramientas Subexponer y Sobreexponer simplemente no ofrecen y, lo mejor de todo es que no "hace daño a los píxeles"). (Es el lenguaje del retocador digital para decir "no echa a perder los datos de su imagen digital mientras está editando".)

Paso 1:

En este tutorial, vamos a subexponer áreas para añadir algunas iluminaciones y, a continuación, vamos a sobreexponer un poco el fondo para oscurecer dichas áreas. Empiece por abrir una fotografía que quiera subexponer y sobreexponer.

Paso 2:

Vaya a la paleta **Capas** y, en el menú emergente **Más**, seleccione **Nueva capa** (o simplemente haga clic manteniendo pulsada la tecla **Alt** en el icono Crear una nueva capa. Esto nos llevará al cuadro de diálogo **Nueva capa**, que es necesario para que esta técnica funcione.

Paso 3:

En el campo de diálogo **Nueva capa**, cambie el **Modo** a **Superponer**, y seleccione la opción **Rellenar de un color neutro para el modo Superponer (50% gris)**. Normalmente esta opción no está accesible, pero cuando cambia la modo **Superponer** pasa a estar disponible. Haga clic en el recuadro para activarla, y, a continuación, haga clic en **OK**.

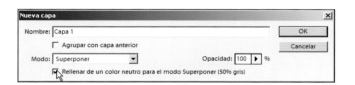

Paso 4:

Esto crea una nueva capa, rellena con un 50 por ciento gris, por encima de la capa **Fondo**. (Cuando rellene una capa con un 50 por ciento gris y cambie el **Modo** a **Superponer**, Elements ignorará el color.

Verá una miniatura de color gris en la paleta **Capas**, pero la capa aparecerá transparente en su ventana de imagen.)

Paso 5:

Pulse la tecla **B** para acceder a la herramienta Pincel, y elija un pincel de tamaño medio con borde suave en el Selector de pinceles (que se abrirá cuando haga clic en el icono de pinceles preestablecidos en la barra de opciones). Sin moverse de la barra de opciones, disminuya la **Opacidad** a aproximadamente el 30 por ciento.

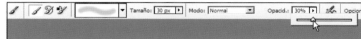

Paso 6:

Pulse **D** y después **X** para configurar su color frontal a blanco. Empiece a pintar en las áreas que quiera iluminar (subexponer). A medida que pinte, verá que aparecen pinceladas de color blanco en la miniatura de su capa gris transparente, y en la ventana de imagen verá suaves iluminaciones.

Paso 7:

Si su primera pincelada de subexposición no es tan intensa como le gustaría, sólo tiene que soltar el botón del ratón, hacer clic de nuevo y volver a pintar en la misma área. Como estamos subexponiendo a una opacidad baja, las iluminaciones se acumularán a medida que pinte sobre pinceladas previas. Si las iluminaciones tienen un aspecto demasiado intenso, sólo tiene que dirigirse a la paleta **Capas** y disminuir el ajuste de **Opacidad** hasta que se fundan con el resto de la imagen.

Paso 8:

Si hay áreas que le gustaría oscurecer (sobreexponer), de forma que destaquen menos (como el fondo), sólo tiene que pulsar la tecla **D** para cambiar su color frontal a negro y empezar a pintar en esas áreas. De acuerdo, ¿listo para otro método de subexposición y sobreexposición? Estupendo, porque tengo uno fantástico.

Técnica alternativa:

Abra la fotografía en la que quiera aplicar la subexposición y la sobreexposición y, a continuación, haga clic en el icono Crear una nueva capa en la paleta **Capas**; cambie el modo de fusión en la paleta **Capas** a **Luz suave**. A continuación, configure el blanco como color frontal y puede proceder a subexponer directamente en esta capa utilizando la herramienta Pincel configurada al 30 por ciento de **Opacidad**. Para sobreexponer, como antes, cambie a negro. La subexposición y la sobreexposición utilizando esta capa de **Luz suave** aparecen un poco más suaves y ligeras que en la técnica anterior, así que definitivamente tendrá que utilizar las dos para ver cuál prefiere.

Antes

Después

COLOREAR EL PELO

Esta técnica (que he aprendido de Kevin Ames) le proporciona un máximo control y flexibilidad a la hora de cambiar o ajustar el color del pelo y, como se utiliza una capa de ajuste, no está "haciendo daño a los píxeles". En vez de esto, estamos siguiendo el sendero inteligente del "retoque no destructivo".

Paso 1:

Abra la fotografía que desee retocar. Seleccione la opción **Tono/saturación** del menú emergente Crear capa de ajuste que encontrará en la parte superior de la paleta **Capas**.

Paso 2:

Cuando aparezca el cuadro de diálogo, haga clic en la opción **Colorear** (en la esquina inferior derecha del cuadro de diálogo) y a continuación arrastre la pestaña de **Tono** al color aproximado que le gustaría utilizar en el pelo. Esta acción coloreará toda la imagen, pero no se preocupe, céntrese exclusivamente en el color del pelo. Puede que también quiera arrastrar un poco la pestaña de **Saturación** hacia la derecha para hacer que el color sea un poco más vibrante. A continuación, pulse **OK** y toda la fotografía tendrá un fuerte tono de color encima.

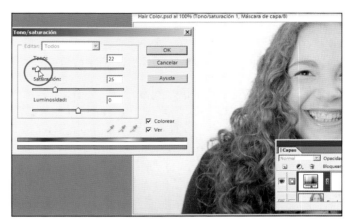

Paso 3:

Pulse la tecla **X** hasta que el color frontal sea blanco y, a continuación, pulse **Alt-Retroceso** para rellenar la máscara de capa de la capa de ajuste **Tono/saturación** con negro. Hacer esto eliminará el tinte coloreado de la fotografía.

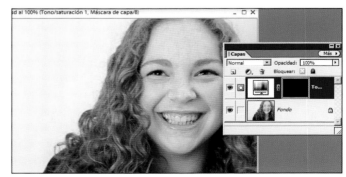

Paso 4:

Pulse **B** para cambiar a la herramienta Pincel. Seleccione un pincel de punta blanda en el Selector de pinceles que encontrará en la barra de opciones.

Pulse **X** para configurar su color frontal en blanco y empiece a pintar encima del pelo. A medida que pinte, el tono que añadió con **Tono/saturación** volverá a aparecer.

Una vez que el pelo esté completamente pintado, cambie el modo de fusión de capa de su capa de ajuste de **Tono/saturación** a **Color** y, a continuación, disminuya la **Opacidad** en la paleta **Capas** hasta que el color tenga un aspecto natural.

Antes

Después

BLANQUEAR LOS OJOS

Ésta es una pequeña gran técnica para blanquear rápidamente la parte blanca de los ojos, y tiene la ventaja añadida de eliminar cualquier parte roja que aparezca en el ojo con el mismo proceso. Nota: Cuando hablo de esas partes rojas me refiero a ese tipo de rojez causado por la inyección de sangre de "me acosté tarde", no al tipo de ojos rojos que se obtienen cuando se utiliza un flas montado en la cámara, del que hablamos en el capítulo 4.

Paso 1:

Abra una fotografía en la que los ojos del sujeto necesiten blanquearse. Pulse la tecla **Z** para cambiar a la herramienta Zoom y acercarse con ella a la zona si es necesario.

Paso 2:

Acceda a la herramienta Lazo que se encuentra en el cuadro de herramientas (o pulse la tecla **L**) y dibuje una selección alrededor de una de las partes blancas en uno de los ojos. Pulse y mantenga pulsada la tecla **Mayús** y dibuje selecciones alrededor de la otra área de blancos en el mismo ojo y las áreas blancas del otro ojo, hasta que todas las partes blancas estén seleccionadas en los dos ojos.

Paso 3:

Diríjase a **Selección** y escoja **Calar**. Tendrá que utilizar este cuadro de diálogo para suavizar los bordes de su selección de forma que el retoque no sea obvio. En el cuadro de diálogo **Calar selección**, introduzca 2 píxeles y haga clic en **OK**.

Paso 4:

Diríjase a **Mejora>Ajustar color>Ajustar tono/saturación**. Cuando aparezca el cuadro de diálogo de **Tono/saturación**, seleccione la opción **Rojos** en el menú **Editar** que aparece en la parte superior (para editar sólo los rojos en la selección). A continuación, arrastre la pestaña deslizante de **Saturación** hacia la izquierda para disminuir la cantidad de saturación en los rojos (lo que eliminará la apariencia de inyección de sangre en el blanco de los ojos).

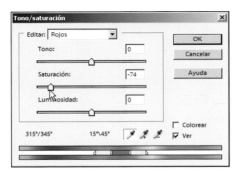

Paso 5:

Todavía en el cuadro de diálogo **Tono/saturación**, cambie el menú **Editar** a **Todos** de nuevo. Arrastre la pestaña de **Luminosidad** a la derecha, para aumentar la luminosidad en el blanco de los ojos.

Paso 6:

Haga clic en **OK** en el cuadro de diálogo **Tono/saturación** para aplicar sus ajustes, y, a continuación, pulse **Control-D** para deseleccionar y completar la mejora.

Antes

Después

HACER QUE LOS OJOS BRILLEN

Éste es otro de los milagros de 30 segundos para mejorar los ojos. Esta técnica hace que los ojos brillen acentuando la iluminación, y generalmente atrae la atención a los ojos haciendo que tengan un aspecto enfocado y crujiente (crujiente en el sentido de claros, no en el sentido de "me quemé la retina mirando al sol).

Paso 1:

Abra la fotografía que desee retocar. Cree un duplicado de la capa **Fondo** desde el menú **Capa>Nueva> Capa vía copiar** (o pulse **Control-J**), lo que creará una capa denominada **Capa 1**. Pulse la tecla **Z** para acceder a la herramienta Zoom, y acérquese con el *zoom* si es necesario.

Paso 2:

Diríjase al menú **Filtro** y, en **Enfocar**, seleccione la **Máscara de enfoque**. Cuando aparezca el cuadro de diálogo **Máscara de enfoque**, introduzca sus ajustes. (Si necesita ajustes, diríjase a la primera técnica explicada en el capítulo 11, o puede utilizar mis ajustes de enfoque favoritos: **Cantidad**: 85 por ciento, **Radio**: 1 y **Umbral**: 4 por ahora). A continuación haga clic en **OK** para enfocar toda la foto.

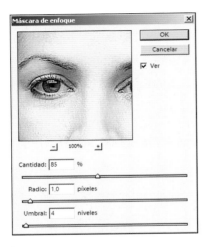

Paso 3:

Una vez aplicado el filtro **Máscara de enfoque**, vuelva a aplicarlo utilizando los mismos ajustes pulsando **Control-F**, y, a continuación, aplíquelo una tercera vez utilizando el mismo método abreviado de teclado (lo aplicará tres veces en total).

Los ojos tendrán probablemente un aspecto claro en este punto, pero el resto de la persona se habrá visto severamente sobreenfocada, y es probable que vea una gran cantidad de ruido y otros molestos artefactos.

Paso 4:

Mantenga pulsada la tecla **Control** y haga clic una vez en el icono Crear una capa nueva que aparece en la parte superior de la paleta **Capas**. Esto creará una capa vacía justo debajo de la capa ajustada.

A continuación, en la paleta **Capas**, vuelva a hacer clic en la capa superior (la enfocada), y luego pulse **Control-G** para agrupar la capa enfocada con la capa vacía que aparece debajo.

Esto eliminará todo el enfoque visible (al menos por ahora). En la paleta **Capas**, haga clic en la capa central (la vacía), puesto que vamos a proceder a pintar en esta capa.

Paso 5:

Pulse la tecla **D** para configurar el color frontal en negro. A continuación, pulse **B** para acceder a la herramienta Pincel y, en el Selector de pinceles situado en la barra de opciones, seleccione un pincel de punta blanda que sea un poco más pequeño que los ojos del sujeto. A continuación, pinte encima del iris y de las pupilas de los ojos para revelar el enfoque, haciendo que sus ojos brillen realmente, y completando así el efecto.

Antes

Después

MEJORAR CEJAS Y PESTAÑAS

Afrontémoslo, no todas las caras son perfectas, así que, en ocasiones, recurrimos a la utilización de maquillaje para mejorar nuestras características faciales. Entonces, ¿qué ocurre cuando una modelo olvida ponerse rímel, o peor aún, tiene unas cejas transparentes? Bueno, no la intimide, simplemente proceda a arreglar la situación en Elements.

Paso 1:

Abra la fotografía que desee mejorar.

Paso 2:

Diríjase a la paleta **Capas**, y seleccione **Niveles** en el menú emergente de Crear capa de ajuste (el icono mitad blanco mitad negro que aparece en la parte superior de la paleta).

Paso 3:

Cuando aparezca el cuadro de diálogo **Niveles**, arrastre la pestaña deslizante de **Niveles de entrada** de sombra hacia la derecha para oscurecer la imagen. Se oscurecerá toda la imagen pero no se preocupe, ya arreglaremos eso más tarde, céntrese sólo en las cejas y las pestañas a medida que arrastre la pestaña. Cuando las cejas y las pestañas tengan en su opinión el aspecto adecuado, haga clic en **OK**.

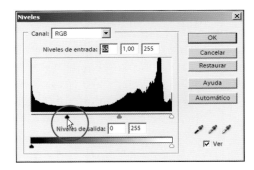

Paso 4:

Pulse la tecla **X** para configurar su color frontal en negro. A continuación, pulse **Alt-Retroceso** para rellenar su máscara de capa de la capa de ajuste en negro. Esto ocultará el ajuste de **Niveles** que acabamos de llevar a cabo, revelando su capa **Fondo** original.

Paso 5:

A continuación, pulse la tecla **B** para acceder a la herramienta Pincel. Haga clic en el Selector de pinceles de la barra de opciones y elija en él un pequeño pincel de punta suave que tenga el mismo tamaño que el área más grande de las cejas. Vuelva a pulsar la tecla **X** para cambiar el color de fondo a blanco y empiece a pintar en las cejas. A medida que llegue a áreas más pequeñas de las cejas, pulse la tecla corchete izquierdo (**[**) para disminuir el tamaño de su pincel.

Paso 6:

Si las cejas son demasiado oscuras, no se preocupe, lo arreglaremos más tarde. Ahora procedamos con las pestañas, así que pulse la tecla corchete izquierdo (**[**) para disminuir el tamaño de su herramienta Pincel. (Puede que tenga que pulsar la tecla de corchete varias veces más para hacer que el pincel adopte el tamaño de las pestañas.)

Paso 7:

Con su pequeño pincel, pinte ligeramente las pestañas de los dos ojos. Nota: Si lo necesita, pulse la tecla **Z** para acceder a la herramienta Zoom y acérquese a la imagen para tener una mejor visualización. A continuación, pulse la tecla **B** para volver a acceder a la herramienta Pincel y comience a pintar.

Antes

Paso 8:

Ahora puede que el efecto sea demasiado intenso, así que disminuya la **Opacidad** en la paleta **Capas** a aproximadamente el 65 por ciento, o hasta que el efecto tenga un aspecto natural.

Después

BLANQUEAR Y DAR BRILLO A LOS DIENTES

En realidad, este truco debería llamarse "eliminar el tono amarillento y proceder después a blanquear los dientes" porque casi todos tenemos cierto tono amarillento, así que lo primero que haremos es eliminarlo antes de proceder a llevar a cabo el proceso de blanqueado. Se trata de una técnica sencilla, pero los resultados tienen un enorme impacto en el aspecto global del retrato, y esta es la razón por la que la utilizo en todos los retratos en los que el sujeto está sonriendo.

Paso 1:

Abra la fotografía que desee mejorar. Pulse **Z** para acceder a la herramienta Zoom para acercarse si es necesario.

Paso 2:

Pulse **L** para acceder a la herramienta Lazo y dibuje con cuidado una selección alrededor de los dientes, sin seleccionar las encías o los labios. Si ha dejado de seleccionar una parte, pulse y mantenga pulsada la tecla **Mayús** mientras utiliza la herramienta Lazo para añadir a su selección, o pulse y mantenga pulsada la tecla **Alt** y arrastre el Lazo para eliminar partes de la selección.

Paso 3:

Diríjase a **Selección>Calar**. Cuando aparezca el cuadro de diálogo **Calar selección**, introduzca 1 píxel y haga clic en **OK** para suavizar los bordes de la selección. De esa forma, no verá un borde definido alrededor del área que seleccionó una vez que haya blanqueado los dientes.

Paso 4:

Vaya a **Mejora>Ajustar color>Ajustar tono/satu-
ración**. Cuando aparezca el cuadro de diálogo, seleccione **Amarillos** en el menú **Editar** que aparece en la
parte superior. A continuación, arrastre la pestaña
deslizante de **Saturación** hacia la izquierda para
eliminar el amarillo de los dientes.

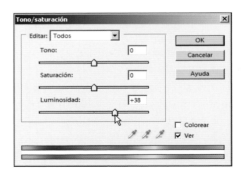

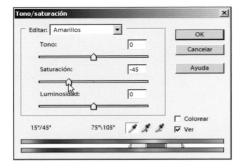

Paso 5:

Ahora que hemos eliminado el amarillo, vuelva a
cambiar el menú **Editar** a **Todos**, y arrastre la pestaña
de **Luminosidad** hacia la derecha para blanquear y dar
brillo a los dientes. Tenga cuidado de no arrastrarla
demasiado, o el retoque tendrá un aspecto excesivamente obvio. Haga clic en **OK** en el cuadro de diálogo
Tono/saturación y se aplicarán las mejoras. Pulse
Control-D para deseleccionar y ver su retoque acabado.

Antes

Después

ELIMINAR ZONAS BRILLANTES

Si alguna vez ha tenido que tratar con áreas brillantes en la cara de su sujeto, causadas por una iluminación irregular o por el reflejo del flas, haciendo que su sujeto parezca estar sudando, sabe que son bastante complicadas de corregir; a menos que conozca este truco.

Paso 1:

Abra la fotografía que contenga áreas brillantes que necesite atenuar. Pulse la tecla **Z** para acceder a la herramienta Zoom, y acérquese con el *zoom* si lo necesita. Seleccione la herramienta Sello de clonar de la caja de herramientas (o pulse la tecla **S**). Diríjase a la barra de opciones y cambie el menú emergente **Modo** de **Normal** a **Oscurecer**, y disminuya la **Opacidad** al 50 por ciento. Al cambiar el modo a **Oscurecer**, afectaremos sólo a los píxeles que sean más claros que el área de la que estemos tomando la muestra, y esos píxeles más claros son las áreas brillantes.

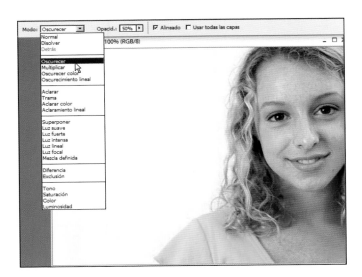

Paso 2:

Seleccione un pincel de punta suave en el Selector de pinceles (que encontrará haciendo clic en el icono de pinceles preestablecidos de la barra de opciones), mantenga pulsada la tecla **Alt** y haga clic una vez en un área limpia de la piel (una que no tenga áreas brillantes). Ésta será su área de muestra, o punto de referencia, de forma que Elements sepa que sólo tiene que afectar a los píxeles que sean más claros que los de esta área.

Paso 3:

Empiece a pintar lentamente en las áreas brillantes con la herramienta Sello de clonar y, a medida que lo haga, esos brillos irán atenuándose.

Paso 4:

Cuando trabaje con distintas áreas, tendrá que volver a tomar muestras (**Alt**-clic) en las áreas cercanas de la piel de forma que el tono de piel coincida. Por ejemplo, cuando se mueva a otra parte con brillos, tome una muestra en un área de la piel cercana a esa área nueva sobre la que va a trabajar.

Paso 5:

Aquí tiene el resultado de 60 segundos de retoque de áreas brillantes utilizando esta técnica. Observe cómo han desaparecido las áreas brillantes.

La mayor parte de esto lo llevé a cabo con pinceladas, o simplemente puede hacer clic una o dos veces con la herramienta Sello de clonar, que también suele funcionar.

Antes

Después

SUAVIZAR LA PIEL

Ésta es una técnica que aprendí del retocador David Cuerdon, de Chicago. David utiliza esta técnica en la fotografía de modas y *glamour* para proporcionar a la piel un aspecto suave y sedoso, y es también popular en instantáneas de señoras de cierta edad.

Paso 1:

Abra la fotografía a la que quiera proporcionar un efecto glamuroso de suavizado de piel y duplique la capa **Fondo** desde el menú **Capa>Nueva>Capa vía Copiar** (o pulsando **Control-J**).

Paso 2:

Diríjase al menú **Filtro** y luego seleccione la opción **Desenfocar>Desenfoque gaussiano**. Cuando aparezca el cuadro de diálogo, introduzca entre 3 y 6 píxeles de desenfoque (dependiendo de lo suave que quiera la piel), para desenfocar toda la fotografía. Cuando tenga un aspecto adecuado, pulse **OK** en el cuadro de diálogo.

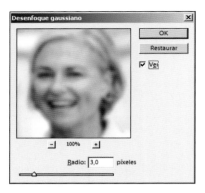

Paso 3:

A continuación, disminuya la **Opacidad** de esta capa al 50 por ciento. En este punto, su desenfoque se verá reducido y ahora la fotografía tendrá un suave brillo. En algunos casos, puede que desee dejarlo así, con un efecto suavizado y glamuroso global (a veces verá retratos de personas mayores de 60 con este suavizado general), con lo que su retoque está terminado. Si es demasiado suavizado para su sujeto, siga los pasos explicados a continuación.

Paso 4:

La verdadera ventaja de esta técnica es que los detalles se devuelven de forma selectiva en algunas áreas faciales. Pulse **E** para acceder a la herramienta Borrador, seleccione un pincel de punta blanda del selector de pinceles en la barra de opciones, y borre sobre las áreas faciales que se supone que tienen detalles nítidos, como las cejas, los labios y los dientes. Lo que estamos haciendo es borrar el desenfoque, revelando así las características originales en la capa **Fondo** debajo de su capa desenfocada.

Paso 5:

David completa su retoque en el paso 4, dejando la ropa y el pelo del sujeto, el fondo, etc., con el brillo suavizado. Yo prefiero cambiar a una herramienta Borrador de punta suave más grande y borrar todo excepto la piel, de forma que procedo a borrar sobre el pelo, el fondo, etc., para que todo tenga detalles definidos excepto la piel. Se trata de una preferencia absolutamente personal, por lo que le recomiendo que pruebe las dos y vea cuál se ajusta mejor a sus necesidades particulares.

Antes

Después

TRANSFORMAR UN CEÑO FRUNCIDO EN UNA SONRISA

Ésta es una técnica bastante ingeniosa para coger una fotografía en la que el sujeto tiene el ceño fruncido y modificarla un poco para añadir una agradable sonrisa, hecho que con frecuencia puede salvar una fotografía que de lo contrario habría sido ignorada.

Paso 1:

Abra la fotografía que desee retocar.

Paso 2:

Diríjase a **Filtro>Distorsionar>Licuar**. Cuando aparezca el cuadro de diálogo **Licuar**, seleccione la herramienta Zoom (la que parece una lupa) de la barra de herramientas de **Licuar** (que se encuentra a lo largo del borde izquierdo del cuadro de diálogo). Haga clic con ella una o dos veces dentro de la ventana de previsualización para acercarse más a la cara de su sujeto. A continuación, seleccione la herramienta Deformar (la primera en la barra de herramientas de **Licuar**).

Paso 3:

En las opciones de la herramienta que aparecen en la parte derecha del cuadro de diálogo, seleccione un tamaño de pincel que tenga aproximadamente el tamaño de la mejilla de la persona. Coloque el pincel en la base de la mejilla y haga clic y "estire" ligeramente hacia arriba. Este estiramiento de la mejilla hace que la esquina de la boca suba, creando una sonrisa.

Paso 4:

Repita el "estiramiento" en la parte opuesta de la boca, utilizando la otra parte como guía visual, para saber hasta dónde tiene que tirar. Tenga cuidado de no estirar demasiado, o acabará teniendo el Jóker de *Batman*. Haga clic en **OK** en **Licuar** para aplicar el cambio, y el retoque aparecerá aplicado a su fotografía.

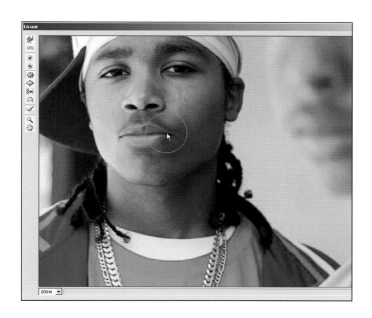

Después

TRABAJO DE NARIZ DIGITAL

Existe una forma muy sencilla para disminuir el tamaño de la nariz de una persona entre un 15 y un 20 por ciento. El encogimiento real de la nariz es pan comido, y sólo le llevará un minuto o dos; puede pasar un poco más de tiempo clonando las partes de la nariz original, pero como la nueva nariz se termina en su propia capa, clonar es mucho más fácil. Veamos cómo:

Paso 1:

Abra una fotografía que desee retocar. Pulse la tecla **Z** para acceder a la herramienta Zoom y acérquese con el *zoom* si es necesario. Pulse **L** para cambiar a la herramienta Lazo, y dibuje una amplia selección alrededor de la nariz del sujeto. Asegúrese de no hacer esta selección demasiado cerca o de forma demasiado precisa, tenemos que capturar también un área de tono de piel alrededor de la nariz.

Antes

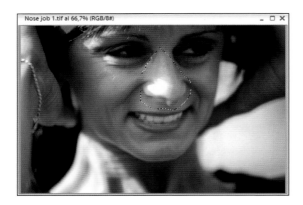

Paso 2:

Para suavizar los bordes de la selección, acceda al comando **Calar**. Cuando aparezca el cuadro de diálogo **Calar selección**, introduzca 10 píxeles en el campo **Radio de calado** (para imágenes de 300 ppi de alta resolución, introduzca 22 píxeles), y haga clic en **OK**.

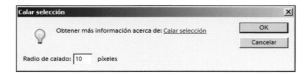

Paso 3:

A continuación, en el menú **Capa**, diríjase a **Nueva> Capa vía Copiar**. Esta acción copiará sólo el área seleccionada a una nueva capa (**Capa 1**).

Paso 4:

Pulse **Control-T** para acceder al recuadro delimitador de Transformación libre. Mantenga pulsadas las teclas **Mayús-Alt-Control** y, a continuación, coja el punto de esquina superior derecho del recuadro delimitador y arrastre hacia adentro, para añadir un efecto de perspectiva a la nariz. Hacer esto le da a la persona una nariz chata, así que suelte todas las teclas, y, a continuación coja el punto superior central y arrastre recto hacia abajo, para deshacer ese efecto y hacer que la nariz recobre un aspecto natural de nuevo, pero con un tamaño más pequeño.

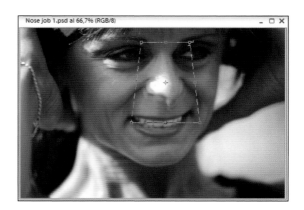

Paso 5:

Cuando el nuevo tamaño tenga el aspecto correcto, pulse **Intro** para llevar a cabo sus cambios. Si puede ver parte de la antigua nariz por detrás de la nueva, diríjase a la paleta **Capas**, haga clic en la capa **Fondo**, y utilice la herramienta Sello de clonar (**S**) para clonar esas áreas: tome una muestra cerca del área de la nariz haciendo clic mientras mantiene pulsada la tecla **Alt** y proceda a clonar directamente sobre la nueva nariz, completando el efecto.

Antes

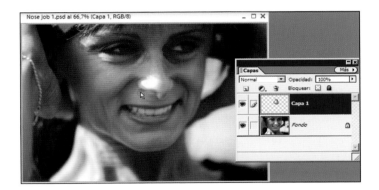

Después

Fotógrafo: Dave Moser

La invasión de los ladrones de cuerpos. Esculpir cuerpos

8

> Capítulo 8. **La invasión de los ladrones de cuerpos. Esculpir cuerpos**

A De acuerdo, si recuerda esa película (*La invasión de los ladrones de cuerpos*) es usted bastante más viejo que yo (recuerde que sólo tengo 19), y, en consecuencia, en el resto de la introducción de este capítulo, me dirigiré a usted como "abuelo" o "abuela" (dependiendo de su género y del humor que tenga). Este capítulo es una prueba de que los cuerpos de las personas simplemente no son perfectos, con la posible excepción del mío, que puedo decir que está bastante bien a causa de toda la comida sana que adquiero en los establecimientos de comida rápida que deben permanecer en el anonimato (Wendy's). De todas formas, su meta (mi meta, nuestra meta común, etc.) es hacer que las personas tengan un aspecto en las fotografías tan bueno como el que tienen en la vida real. Esto es un reto constante porque hay mucha gente que come en McDonald's. Afortunadamente, hay toneladas de trucos utilizados por los retocadores profesionales (que utilizan términos como cirugía plástica digital, Botox en una caja, liposucción digital, reducción de líquidos en la barriga, nariztomías, estomagotomías y las viejas piesectomías) que pueden hacer que una persona que no haya visto un abdominal o un aparato reductor parezca la Mujer Maravillas o Superman un buen día. En este capítulo aprenderá los secretos de los profesionales para transformar personas que básicamente parecen Shrek en personas que se parecen a la persona que produjo Shrek (realmente no sé quién es, pero los tipos de Hollywood son siempre guapos, con sus entrenadores personales y todo).

ADELGAZAR Y ESTILIZAR

Ésta es una técnica increíblemente popular, primero porque funciona realmente bien, y segundo porque a todos nos gustaría parecer uno o dos kilos más delgados. Cuando he aplicado esta técnica a una fotografía (a) nunca me han pillado o (b) nunca me he encontrado con un cliente al que no le haya encantado el aspecto que tiene. La parte más importante de esta técnica puede ser no decirle al cliente que la utilizó.

Paso 1:

Abra la fotografía de la persona a la que quiera someter a una rápida dieta.

Paso 2:

Maximice su visualización si lo necesita, desde **Ventana>Imágenes>Modo de maximización** o haga clic directamente en el botón **Maximizar** que aparece en la esquina superior derecha de la ventana de imagen. A continuación, pulse **Control-A** para seleccionar toda la fotografía. Después, pulse **Control-T** para acceder al comando Transformación libre.

Aparecerán los manejadores de transformación libre en las esquinas y en los lados de su fotografía.

Paso 3:

Arrastre el manejador de la parte central derecha horizontalmente hacia la izquierda para hacer adelgazar al sujeto. Cuanto más lejos arrastre, más delgado pasará a ser el sujeto. ¿Cuándo es demasiado (es decir, hasta dónde puede arrastrar sin que la gente tenga el aspecto de haber sido retocada)? Observe la barra de opciones y utilice el campo **Anchura** como guía.

Paso 4:

Estará bastante seguro arrastrando hacia adentro alrededor del 95%, aunque he llegado al 94% o incluso al 93% alguna vez (dependiendo de la foto).

Paso 5:

Pulse **Intro** para llevar a cabo su transformación, y pulse **Control-D** para deseleccionar. Ahora que hemos movido un poco el área de imagen, tendrá que utilizar la herramienta Recortar (**C**) para eliminar el área de fondo que está ahora visible en la parte derecha de su fotografía. Después de arrastrar su borde de recorte sobre la imagen, pulse **Intro** para completar el recorte.

Puede ver lo eficaz que es éste sencillo truco haciendo que su sujeto aparezca más delgado y esbelto. Observe también que, como no arrastramos en exceso, el sujeto mantiene un aspecto muy natural.

Después

Antes

ELIMINAR LOS "MICHELINES"

Ésta es una técnica de escultura de cuerpo muy práctica, y probablemente le sorprenderá la cantidad de veces que la utiliza.

Implica la utilización de **Licuar**, que mucha gente rechaza de primeras como "un juguete para hacer que las personas tengan ojos saltones y labios enormes" pero los retocadores profesionales no tardaron en darse cuenta de lo poderosa que podría llegar a ser esta herramienta.

Paso 1:

Abra la foto que espera la reparación de sus michelines.

Paso 2:

Diríjase a **Filtro>Distorsionar>Licuar**. Cuando aparezca el cuadro de diálogo **Licuar**, haga clic en la herramienta Zoom en la barra de herramientas que aparece en la parte izquierda del cuadro de diálogo y, a continuación, arrastre una selección al área en la que desee trabajar para poder tener una visualización de primer plano con el fin de lograr una mayor precisión.

Paso 3:

Acceda a la herramienta Desplazar píxeles en la barra de herramientas de **Licuar** (la séptima herramienta hacia abajo). Seleccione un tamaño de pincel relativamente pequeño utilizando el campo **Tamaño del pincel** que aparece cerca de la parte superior derecha del cuadro de diálogo **Licuar**. Con él, lleve a cabo una pincelada hacia abajo empezando justo por encima y fuera del michelín izquierdo, y continuando hacia abajo. Los píxeles se moverán hacia el cuerpo, eliminando el michelín a medida que pinte (Nota: Cuando elimine este michelín de la parte derecha, pinte hacia arriba en vez de hacia abajo. ¿Por qué? Simplemente ésta es la forma en la que funciona.) Cuando haga clic en **OK**, la reparación de los michelines se habrá completado, y verá la diferencia que puede significar un retoque rápido de 30 segundos.

Antes

Después

REDUCIR LAS NALGAS, LOS MUSLOS Y LOS BRAZOS

Esta técnica (que tomé de Helene DeLillo) funciona estupendamente para estilizar los muslos y las nalgas recolocando partes de áreas existentes.

Es en apariencia sencilla y sorprendentemente eficaz. Al final de este tutorial, le enseñaré también cómo utilizar la misma técnica para adelgazar brazos (de gran ayuda para deshacernos de "las abuelitas", que es un término de la industria para hacer referencia a esa piel suelta debajo del brazo de una persona. Eh, no fui yo quien se inventó el término, simplemente arreglo problemas).

Paso 1:

Abra una fotografía que necesite retocar. En este caso, vamos a reducir el tamaño de las nalgas de esta persona.

Paso 2:

Pulse **L** para acceder a la herramienta Lazo y haga una selección amplia alrededor del área que quiera retocar. Es importante seleccionar parte del área del fondo porque ese fondo se utilizará para cubrir el área existente. Una vez que tenga hecha la selección, suavice los bordes un poco desde **Selección>Calar**.

Introduzca 1 ó 2 píxeles y haga clic en **OK** para suavizar los bordes de su selección.

Paso 3:

Diríjase a **Capa>Nueva>Capa vía Copiar** (o pulse **Control-J**). Esto creará una nueva capa que contenga sólo el área que seleccionó en ella.

Paso 4:

Pulse **V** para acceder a la herramienta Mover, haga clic en el área seleccionada (que ahora ocupa su propia capa) y arrastre hacia dentro, hacia el resto del cuerpo. Literalmente está moviendo el borde del cuerpo,

reduciendo de esa forma la anchura de las caderas y de las nalgas al mismo tiempo.

Paso 5:

Cuando haga esto, normalmente tendrá parte del cuerpo antiguo que aparece, y que querrá eliminar de la capa **Fondo** original. Pulse **Z** para acceder a la herramienta Zoom y acérquese con el *zoom*; a continuación, haga clic en la capa **Fondo** de la paleta **Capas** para hacer que sea la capa activa.

Acceda a la herramienta Sello de clonar de la barra de herramientas (o pulse la tecla **S**); seleccione un pincel de punta blanda pequeño del selector de pinceles en la barra de opciones, y haga clic manteniendo pulsada la tecla **Alt** en un área del fondo que se encuentre muy cerca del lugar que necesita retocar. A continuación, clone el fondo sobre lo que queda del cuerpo para producir curvas suaves.

Paso 6:

Una vez que haya eliminado esas pequeñas partes del cuerpo anterior, el retoque está terminado.

Después

SÓLO LOS MUSLOS

Paso 1:

Esta vez vamos a seleccionar la parte superior del muslo de una persona utilizando la herramienta Lazo (**L**).

Dependiendo de la fotografía, puede que no tenga que calar los bordes (como hicimos en el paso 2 de la técnica anterior), pero probablemente esta acción no hará ningún daño.

Antes

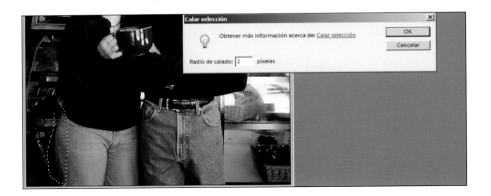

Paso 2:

Una vez que tenga la selección, diríjase al menú **Capa> Nueva>Capa vía Copiar.** Esto creará una nueva capa que contenga sólo el área seleccionada. Pulse **V** para acceder a la herramienta Mover, y arrastre el área copiada hacia arriba, para hacer adelgazar el muslo.

Paso 3:

Una vez más, probablemente tendrá pequeños trozos del muslo anterior que querrá eliminar, así que diríjase a la capa **Fondo**, vuelva a seleccionar la herramienta Sello de clonar (**S**), haga clic manteniendo pulsada la tecla **Alt** cerca del área que desee retocar, y haga clic para clonar el área del fondo encima de los trozos.

Una vez arregladas todas las partes del muslo anterior, el retoque está completado. En la técnica que aparece a continuación, vamos a aplicar el mismo efecto para estilizar el brazo de un sujeto.

Antes

Después

ADELGAZAR LOS BRAZOS

Paso 1:

Veamos la técnica aplicada a los brazos. Empiece por seleccionar el área que quiera reducir con la herramienta Lazo (**L**) (¿le suena familiar?). Una vez seleccionada, diríjase al menú **Capa>Nueva>Capa vía Copiar**. Esto creará una nueva capa que contiene exclusivamente el área seleccionada.

Paso 2:

Pulse la tecla **V** para acceder a la herramienta Mover, y arrastre su área copiada hacia la parte interior del brazo, para hacerlo adelgazar.

Paso 3:

Como siempre, arrastrar esta área dejará pequeños fragmentos del brazo anterior en el fondo, así que diríjase a la paleta **Capas** y haga clic en la capa **Fondo**. Acceda a la herramienta Sello de clonar (**S**), haga clic manteniendo pulsada la tecla **Alt** sobre el fondo, y, a continuación, vuelva a hacer clic para clonar las áreas que sobran. Es un efecto de retoque sutil, pero, en la persona adecuada, vale un millón de euros (lo que quiere decir que puede cobrar un millón de euros).

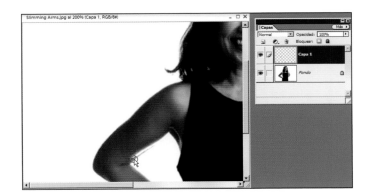

Antes

Después

Fotógrafa Jeannie Theriault

38 efectos especiales fotográficos

9

> Capítulo 9. **38 efectos especiales fotográficos**

Aquí es donde empieza la diversión. De acuerdo, no quiero pasar por alto la inconmensurable diversión que ha tenido hasta este punto, pero ahora va a ser realmente divertido. Aquí es donde nos ponemos a jugar y experimentar en Elements y cambiamos la realidad, y le enviamos al cliente una factura por nuestro "recreo". ¿La modelo no llevaba el color de blusa adecuado? No hay problema, cámbielo en Elements. ¿Tomó el exterior de la casa de su cliente un día nublado? Sólo tiene que cambiar el cielo. ¿Desea dar un aspecto más cálido a una fotografía fría como las que hacía en el pasado, utilizando un filtro 81A colocado sobre la cámara? Ahora puede hacerlo de forma digital. ¿Quiere elevar sus ingresos a un nivel superior? Sólo tiene que tomar una instantánea nítida de un billete de 20 dólares, retoque un poco, imprima algunos cientos de hojas en su impresora en color, y diríjase a Las Vegas. (De acuerdo, olvide lo último, pero se hace una idea.)

VIÑETA DE ILUMINACIÓN DESENFOCADA

Esta técnica es muy popular entre los fotógrafos de retratos y bodas. Crea un efecto dramático proporcionando la apariencia de que hay una suave luz enfocando el sujeto, a la vez que desenfoca el área que lo rodea (lo que ayuda a dirigir el ojo al sujeto).

Paso 1:

Abra la fotografía en la que quiera añadir una viñeta de suave iluminación. Diríjase al menú **Capa** y

seleccione la opción **Duplicar capa** (o simplemente arrastre y suelte la capa **Fondo** en el icono Crear una nueva capa que se encuentra en la parte izquierda de la paleta **Capas**). Esto duplicará la capa **Fondo** en su propia capa (**Fondo copia**).

Paso 2:

Acceda a la herramienta Marco elíptico que encontrará en la caja de herramientas (o pulse **Mayús-M** hasta que llegue a esta herramienta) y arrastre una selección ovalada en el lugar en el que desee hacer caer la luz suave sobre el sujeto. En la paleta **Capas**, mantenga pulsada la tecla **Control** y haga clic en el icono Crear una nueva capa. Esta acción creará una capa (**Capa 1**) directamente por debajo de su capa actual (**Fondo copia**).

Paso 3:

En la paleta **Capas**, vuelva a hacer clic en la capa superior (**Fondo copia**). A continuación, pulse **Control-G** para agrupar la capa copiada del fondo con la capa vacía que se encuentra debajo de ella. No deseleccione todavía.

Paso 4:

En la paleta **Capas**, haga clic en la capa central (la **Capa 1** vacía). Diríjase al menú **Selección** y seleccione **Invertir** (acción que lo selecciona todo excepto el óvalo). Pulse la letra **D** para configurar su color frontal en negro y, después, pulse **Alt-Retroceso** para rellenar el área alrededor del óvalo con color negro.

No verá el negro en la pantalla, pero lo verá en la miniatura de **Capa 1** en la paleta **Capas**.

Paso 5:

Pulse **Control-D** para deseleccionar. En la paleta **Capas**, vuelva a hacer clic en la capa superior. Pulse **Control-L** para acceder al cuadro de diálogo **Niveles**. Arrastre la pestaña deslizante de **Niveles de salida** que aparece en la parte inferior derecha y arrástrela hacia la izquierda para oscurecer el área que se encuentra fuera del óvalo. Cuando tenga un aspecto adecuado, pulse **OK**.

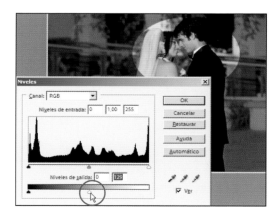

Paso 6:

En la paleta **Capas**, vuelva a hacer clic en la capa central. Diríjase a **Filtro>Desenfocar>Desenfoque gaussiano**. Cuando aparezca el cuadro de diálogo **Desenfoque gaussiano**, arrastre la pestaña completamente hacia la izquierda, y, a continuación, proceda a arrastrarla hacia la derecha para suavizar los bordes del óvalo hasta que el área que se encuentra dentro del óvalo en su fotografía tenga una iluminación suave. Cuando haga clic en **OK** para aplicar el **Desenfoque gaussiano**, el efecto estará completado, y ahora tiene una viñeta con iluminación suave, que cae sobre el sujeto, que se va apagando a medida que se aleja.

Antes

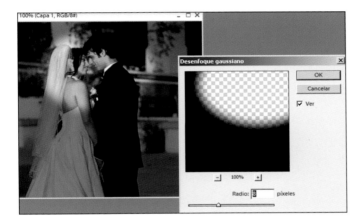

Después

UTILIZAR COLOR PARA DAR ÉNFASIS

Esta popular técnica para centrar la atención mediante el uso del color (o, en realidad, es más la utilización de menos color; si todo está en blanco y negro, cualquier cosa que tenga color captará inmediatamente la atención del espectador). Esta técnica, además de ser realmente popular, es realmente sencilla de llevar a cabo. Veamos cómo:

Paso 1:

Abra una fotografía que contenga un objeto que desee enfatizar a través de la utilización del color. Diríjase a **Capa>Nueva>Capa vía Copiar** (o simplemente pulse **Control-J**). Esto duplicará la capa **Fondo** en una capa separada (**Capa 1**).

Paso 2:

Pulse **B** para acceder a la herramienta Pincel de la caja de herramientas y seleccione un pincel mediano de punta suave en el Selector de pinceles, que encontrará en la barra de opciones (sólo tiene que hacer clic en la flecha que aparece al lado del icono de pinceles

preestablecidos para abrir el Selector). Además, en la barra de opciones, cambie el menú emergente **Modo** de la herramienta Pincel a **Color**.

Paso 3:

Configure su color de fondo en negro, pulsando la letra **D** y empiece a pintar en la fotografía. A medida que pinte, se eliminará el color en su fotografía. La meta es eliminar el color de todas las áreas excepto de aquellas que desee enfatizar con el color.

> **TRUCO:** Si comete un error mientras elimina el color, y decide posteriormente que había algo más que deseaba conservar en color (como el tallo y las hojas de la fruta en este ejemplo), sólo tiene que cambiar a la herramienta Borrador pulsando la tecla E y pintando sobre el área "equivocada", y el color original volverá a aparecer a medida que pinte. (Lo que realmente estamos haciendo aquí es eliminar parte de la capa superior, que ahora es en su mayoría en blanco y negro y, a medida que borre, revelará la capa original, que está todavía a todo color.)

Después

Antes

AÑADIR MOVIMIENTO DONDE QUIERA

Se trata de una forma sencilla de añadir movimiento a una fotografía estática, y, como utilizamos un pincel para aplicar el desenfoque, tiene una enorme flexibilidad en lo que se refiere a dónde aplicar el efecto.

Paso 1:

Abra una fotografía a la que quiera aplicar un efecto de movimiento.

Paso 2:

Duplique la capa **Fondo** desde **Capa>Nueva>Capa vía Copiar** (o pulsando **Control-J**). Esto duplicará la capa **Fondo** en una capa individual (**Capa 1**).

Paso 3:

En el menú **Filtro**, diríjase a **Desenfocar> Desenfoque de movimiento**. Aparecerá el cuadro de diálogo **Desenfoque de movimiento** con dos ajustes: **Ángulo** le permite elegir de qué dirección procede el desenfoque y **Distancia** determina realmente la cantidad de desenfoque.

En este caso, configure el **Ángulo** a aproximadamente -63° de manera que el desenfoque sea prácticamente vertical, adecuándose así al movimiento arriba-abajo de los jugadores de fútbol. Entonces, aumente la cantidad de **Distancia** arrastrando la pestaña deslizante hasta que tenga un aspecto realista y, a continuación, haga clic en **OK**.

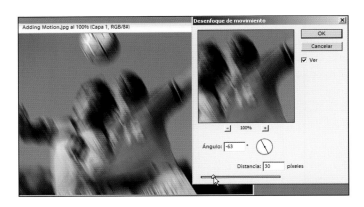

Paso 4:

En la paleta **Capas**, mantenga pulsada la tecla **Control** y haga clic en el icono Crear una nueva capa. Esta acción creará una nueva capa (**Capa 2**) directamente por debajo de la capa actual. Ahora, vuelva a hacer clic en la capa superior, y pulse **Control-G** para agrupar su copia desenfocada con la capa vacía que aparece debajo de ella. Esto ocultará el efecto de desenfoque de movimiento que aplicamos a esta capa.

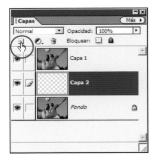

Paso 5:

Haga clic en la capa central (la que aparece vacía). Pulse **B** para acceder a la herramienta Pincel en la caja de herramientas y seleccione un pincel de tamaño medio, con punta blanda en el Selector de pinceles (que encontrará haciendo clic en el icono de pinceles preestablecidos en la barra de opciones). Pulse **D** para configurar el color frontal en negro, y empiece a pintar sobre las áreas que desee que tengan movimiento. A medida que pinte, aparecerá el desenfoque de mo vimiento que ya hemos aplicado en la capa superior.

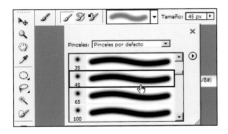

TRUCO: Si comete un error y revela movimiento en un área en la que no quiere tenerlo (y un simple comando Deshacer, **Control-Z** no le resulta de ayuda), pulse la tecla **E** para acceder a la herramienta Borrador, y proceda a pintar sobre el área "errónea" para eliminar el desenfoque. (Lo que realmente está haciendo aquí es borrar parte de la capa desenfocada que se encuentra en la parte superior, revelando la capa original, que no está desenfocada.)

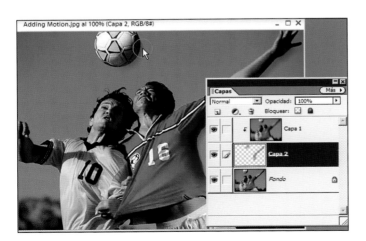

Antes

Después

CAMBIAR EL COLOR DE UN OBJETO

¿Alguna vez ha tenido ganas de cambiar el color de un objeto (una camisa, un coche, etc.) en una fotografía? ¿Sí? Entonces, aquí tiene la que es quizá la forma más rápida y sencilla de cambiar el color de lo que sea.

Paso 1:

Abra una fotografía que contenga un elemento que necesite ser de un color diferente.

Paso 2:

Seleccione la herramienta de sustitución de color (que encontrará en el menú de la herramienta Pincel) en el cuadro de herramientas.

TRUCO: Puede modificar los ajustes de la herramienta Pincel de sustitución de color desde la barra de opciones, haciendo clic en la flecha en dirección abajo que aparece al lado de la palabra Pincel y seleccionando los ajustes que desee en la paleta.

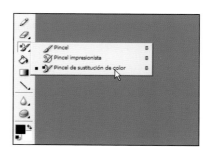

Paso 3:

Abra otra imagen que contenga el color que desea utilizar. Haga clic manteniendo pulsada la tecla **Alt** con la herramienta de sustitución de color en el color que quiera tomar como muestra en esa imagen. (En este ejemplo, tomé la muestra de color de otra flor.)

Paso 4:

Vuelva a la fotografía que desee colorear. A continuación, pinte con la herramienta Pincel de sustitución de color utilizando el color de muestra.

Antes

Después

CAMBIAR EL CIELO

Cuando se toman instantáneas en exteriores, hay una cosa con la que simplemente no se puede contar, el sol. Sin embargo, seguro que no desea tomar una fotografía de su casa un día gris, o de su coche en un día nublado. Ésta es la razón por la que tener la habilidad de cambiar un cielo gris y sombrío por un cielo brillante y soleado es tan importante. ¿Es hacer trampas? Sí. ¿Es sencillo? Puede jurarlo. ¿La gente lo hace todos los días? Por supuesto.

Paso 1:

Abra una fotografía que necesite un nuevo cielo, más brillante y azul.

Paso 2:

Tiene que crear una selección alrededor del cielo. Normalmente, puede hacer clic en el área del cielo con la herramienta Varita mágica (**W**) para seleccionar gran parte de él, y elegir a continuación **Similar** en el menú **Selección** para proceder a seleccionar el resto del cielo, pero, como siempre, es probable que aparezcan seleccionadas otras partes de la imagen, además del cielo. Así que, mantenga pulsada la tecla **Alt** y, utilizando la herramienta Lazo, deseleccione las áreas extras seleccionadas de su imagen.

Si es necesario, mantenga pulsada la tecla **Mayús** mientras utiliza la herramienta Lazo para seleccionar las áreas del cielo que no hayan sido seleccionadas. Puede utilizar la combinación de herramientas de selección que desee, la clave está en seleccionar toda el área del cielo.

Paso 3:

Tome algunas instantáneas de cielos bonitos y manténgalas a mano para proyectos de este tipo. Abra una de esas imágenes de "cielo azul" y, a continuación, vaya al menú **Selección**, y elija la opción **Todo** para seleccionar toda la fotografía. A continuación, pulse **Control-C** para copiar en la memoria esta fotografía del cielo.

Paso 4:

Vuelva a su fotografía original (la selección debería seguir todavía en su lugar). Cree una nueva capa haciendo clic en el icono Crear una capa nueva en la parte superior de la paleta **Capas**, vaya al menú **Edición** y seleccione **Pegar dentro de selección**. El nuevo cielo se pegará en su área seleccionada en su nueva capa, que aparecerá sobre el viejo cielo. Pulse **Control-D** para deseleccionar.

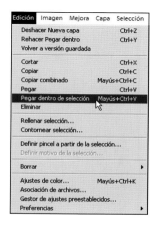

Antes

Paso 5:

Si el cielo tiene un aspecto demasiado brillante para la fotografía, simplemente disminuya la **Opacidad** de la capa en la paleta **Capas** para ayudarle a fusionarla mejor con el resto de la fotografía. Y ya lo tenemos, un cielo más nuevo, más azul.

Después

PONER UNA FOTOGRAFÍA DENTRO DE OTRA

Poner una fotografía dentro de otra es una técnica de *collage* bastante popular. En la técnica que vamos a desarrollar aquí, colocaremos de forma realista una imagen dentro de otra, haciendo coincidir los ángulos de la fotografía. Así es cómo se hace:

Paso 1:

Abra la fotografía que desee poner dentro de otra foto. Pulse **Control-A** para seleccionar toda la fotografía, y pulse **Control-C** para copiar la fotografía en la memoria. A continuación, abra la imagen en la que quiera que aparezca la fotografía que hemos copiado.

Paso 2:

Pulse **Mayús-L** hasta que acceda a la herramienta Lazo poligonal en el cuadro de herramientas (esta herramienta dibuja selecciones perfectamente rectas; si su objeto no tiene lados rectos, utilice otra herramienta de selección para crear una selección dentro del objeto de la imagen). Haga clic en la herramienta Lazo poligonal una vez en la esquina inferior izquierda de su objeto y, a continuación, mueva su cursor hacia arriba, hacia la esquina superior izquierda, y haga clic otra vez (se dibujará una línea recta entre los dos clics). Siga haciendo clic en cada esquina hasta que tenga seleccionados todos los lados del objeto (como puede verse aquí).

Paso 3:

A continuación, vaya al menú **Edición** y seleccione la opción **Pegar dentro de la selección**, y la fotografía que teníamos en la memoria se pegará en la selección. Pulse **Control-D** para deseleccionar. Pero tenemos un problema; es probable que el objeto tenga ángulo, y probablemente su fotografía no lo tiene, así que la apariencia es de falsificación. Veamos cómo arreglarlo. Pulse **Control-T** para acceder al comando Transformación libre. Mantenga pulsada la tecla **Control**, coja el punto de esquina de la parte inferior izquierda, y muévalo hasta donde toque la esquina inferior izquierda de su objeto.

Haremos lo mismo con las otras esquinas, arrastrando cada una de ellas a la esquina correspondiente de su objeto.

Paso 4:

Cuando las cuatro esquinas estén alineadas, y su fotografía se haya transformado para encajar perfectamente dentro del objeto, pulse **Intro** para llevar a cabo los cambios y completar el efecto.

CREAR FOTOMONTAJES

Veamos una forma fantástica de fusionar dos (o más) fotografías para crear un fotomontaje (con frecuencia denominado *collage*).

Paso 1:

Abra la fotografía que desee utilizar como base (servirá de fondo a su *collage*). Asegúrese de no estar en el Modo de maximización, deseleccionando esta opción desde **Ventana>Imágenes>Modo de maximización**. A continuación, abra la primera fotografía que desee incluir en el *collage* con su foto de fondo.

fotografía de fondo, colocándola donde quiera. Aparecerá en su propia capa en la paleta **Capas**.

Paso 3:

Mantenga pulsada la tecla **Control** y, en la parte superior de la paleta **Capas**, haga clic en el icono Crear una capa nueva. Esto creará una capa directamente debajo de su capa actual. A continuación, vuelva a pulsar la capa superior y pulse **Control-G** para agrupar su fotografía con la capa vacía que aparece debajo. Pulse la letra **D** para configurar su color frontal en negro.

Paso 2:

Pulse **V** para acceder a la herramienta Mover, y haga clic y arrastre la fotografía de este documento a la

Paso 4:

Acceda a la herramienta Degradado pulsando la tecla **G**, y pulse **Intro** para acceder al Selector de degradado. Seleccione el segundo degradado en el Selector (el degradado Color frontal/transparente).

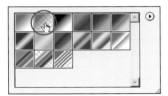

Paso 5:

Haga clic en la capa del medio (la capa vacía) en la paleta **Capas** para hacer que sea la capa activa. Haga clic con la herramienta Degradado en el centro de su fotografía superior y arrastre hacia adentro, hacia el centro del documento.

El punto en el que haga clic en primer lugar en la capa superior tendrá un 100 por cien de opacidad, y el punto en el que dejó de arrastrar será completamente transparente. Todo lo demás se fusionará entre uno y otro.

Si quiere volver a empezar (muy sencillo), sólo tiene que pulsar **Control-Z** para deshacer y hacer clic y arrastrar de nuevo. (Cuidado: Si arrastra más allá del borde de la imagen, su color frontal aparecerá en el degradado.)

Paso 6:

Si desea incluir otra fotografía, haga clic y arrastre la imagen en su montaje, haga clic en la capa superior de la paleta **Capas**, y, a continuación, empiece de nuevo desde el paso 3. Añada tantas imágenes como quiera.

Antes

Después

EFECTO SENCILLO DE PROFUNDIDAD DE CAMPO

Si desea crear un efecto de profundidad de campo sencillo (en el que una parte del sujeto que se encuentre más cerca de la cámara esté muy nítidamente enfocada, y el fondo aparezca desenfocado), no conozco un método más rápido y sencillo que éste.

Paso 1:

Abra una fotografía en la que quiera aplicar este efecto de profundidad de campo. Pulse **Control-J** para duplicar la capa **Fondo** (que se denominará **Capa 1**).

Paso 2:

Diríjase a **Filtro>Desenfocar>Desenfoque gaussiano**. Cuando aparezca el cuadro de diálogo, cambie el **Radio** a 4 píxeles y haga clic en **OK** para desenfocar toda la imagen.

Paso 3:

Pulse **E** para acceder a la herramienta Borrador y seleccione un pincel grande de punta blanda en el Selector de pinceles (al que accederá haciendo clic en el icono de pinceles preestablecidos en la barra de opciones). Empiece por borrar las partes de la imagen que aparecen en el primer plano. Borrar en esta capa desenfocada hace aparecer la imagen original sin desenfocar en la capa **Fondo**.

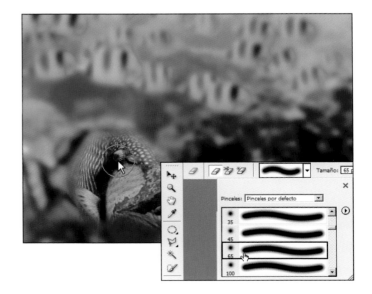

Paso 4:

Manteniendo esas áreas definidas, y dejando el fondo todavía desenfocado, se crea un simple efecto de profundidad de campo como si hubiera tomado la instantánea de esa forma con la cámara.

Antes

Después

PROFUNDIDAD DE CAMPO AVANZADA

En la técnica anterior, hemos aprendido cómo crear un rápido efecto de profundidad de campo utilizando el filtro **Desenfoque gaussiano**.

Esta técnica también utiliza este filtro, pero le mostraré una forma de crear un desenfoque que se gradúa de forma suave desde el área enfocada al área desenfocada.

Paso 1:

Abra la fotografía a la que quiera aplicar un efecto de profundidad de campo.

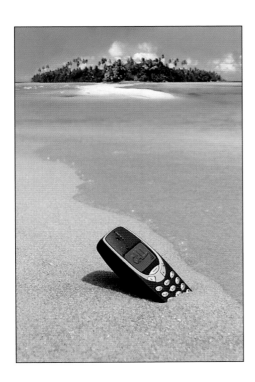

Paso 2:

Vamos a tener que crear una máscara de capa para que la utilice el **Desenfoque gaussiano**, pero Elements no tiene realmente una característica de máscara de capa como Photoshop CS; sin embargo, tenemos un truco para superar esto.

Diríjase a la paleta **Capas** y seleccione **Niveles** en el menú emergente de Crear capa de ajuste. Cuando aparezca el cuadro de diálogo **Niveles**, no haga nada, sólo haga clic en **OK**.

Paso 3:

Cuando cree una capa de ajuste, aparecerá una pequeña máscara de capa unida a ella, y esto es lo que vamos a utilizar para crear nuestra máscara. Pulse **G** para acceder a la herramienta Degradado, y, a continuación, pulse **Intro** para abrir el Selector de degradados. Cuando aparezca, seleccione el degradado Negro blanco (el tercero en el selector).

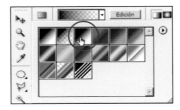

Paso 4:

Coja la herramienta Degradado y haga clic con ella en el área de la fotografía que desee mantener enfocada (la parte que se encuentra más cerca de la cámara) y arrástrela a la parte de la fotografía que quiera que aparezca desenfocada (hacia el fondo de la imagen).

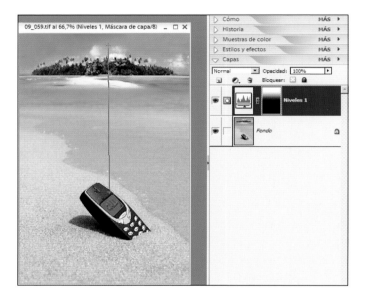

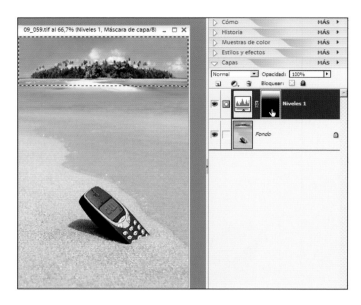

Paso 5:

Ahora tendrá que crear una selección de ese Degradado (es más sencillo de lo que parece). Diríjase a la paleta **Capas**, mantenga pulsada la tecla **Control**, y haga clic directamente en la miniatura de la máscara de capa (verá el degradado que hemos creado en esa miniatura) que aparece inmediatamente a la derecha de la miniatura de capa de ajuste de **Niveles**. Esto cargará el degradado como si fuera una selección. Nota: Sólo aparecerá como selección en una parte de su imagen, y es lo correcto.

Paso 6:

De acuerdo, hemos hecho todo el trabajo duro, el resto es sencillo. En la paleta **Capas**, haga clic en su capa **Fondo**, diríjase a **Filtro>Desenfocar> Desenfoque gaussiano** para acceder al cuadro de diálogo **Desenfoque gaussiano**. Arrastre la pestaña deslizante de **Radio** hacia la derecha para aumentar la cantidad de desenfoque (utilicé una cantidad de **Radio** de 4 en este ejemplo).

Paso 7:

Cuando su previsualización tenga el aspecto correcto, haga clic en **OK** para aplicar el efecto de profundidad de campo. A continuación, proceda a deseleccionar pulsando **Control-D**. Esta técnica hace que el **Desenfoque gaussiano** se traslade suavemente del área enfocada al área desenfocada.

Después

Antes

CREAR UN EFECTO CLÁSICO DE VIÑETA

Veamos cómo crear una viñeta clásica de bordes suaves que los fotógrafos de retratos hicieron popular hace décadas, y que sigue siéndolo para fotografías de boda y retratos de niños.

Con frecuencia se utiliza una versión rectangular para fotografías utilizadas en anuncios impresos de artículos caros como grandes casas, joyas, perfumes, etc.

Paso 1:

Abra la fotografía a la que le gustaría aplicar el efecto clásico de viñeta.

Paso 2:

Pulse **Mayús-M** hasta que acceda a la herramienta Marco elíptico en el cuadro de herramientas y dibuje una selección en forma oval alrededor de la parte de la fotografía que quiera mantener visible.

Paso 3:

Para suavizar el borde de su selección, diríjase al menú **Selección** y escoja la opción **Calar**. Cuando aparezca el cuadro de diálogo **Calar selección**, introduzca 35 píxeles o más (cuanto mayor sea el número, más suave será el borde) y haga clic en **OK**.

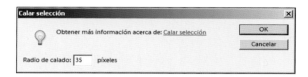

Paso 4:

Esto es lo que tenemos, un sujeto en una selección circular que es la parte que queremos mantener intacta. Sin embargo, queremos que todo lo demás desaparezca, así que vaya al menú **Selección** y active la opción **Invertir**. Hacer esto lo selecciona todo, excepto el área que desee mantener intacta.

Paso 5:

A continuación, pulse la tecla **Retroceso** para eliminar las áreas de fondo, y pulse **Control-D** para deseleccionar. Como hemos calado el óvalo en el paso 3, los bordes están suavizados, completando el efecto de la viñeta.

Classic Vignette.jpg al 100% (RGB/8)

TRUCO: Si desea utilizar esta viñeta de borde suaviza-do como *collage* con otras fotos, necesitará que las áreas blancas del exterior del borde sean transparen-tes, no blanco sólido. Para hacerlo, justo antes del paso 2, haga doble clic en la capa Fondo en la paleta Capas. Aparece-rá un cuadro de diálogo; sólo tiene que hacer clic en **OK** para cambiar la capa Fondo a Capa 0, y a continuación siga con el paso 2.

Antes

Después

EFECTO DE TONO SEPIA

Aquí tenemos otra técnica que fue muy popular en los primeros días de la fotografía.

Hoy en día, se utiliza normalmente bien como un efecto especial, o en proyectos de restauración foto-gráfica en los que, en ocasiones, tenemos que eliminar un tono sepia malo del original (durante el proceso de corrección tonal) y, a continuación, volver a añadirlo cuando la restauración esté completada.

Paso 1:

Abra la fotografía a la que quiera aplicar el efecto de tono sepia.

Paso 2:

Diríjase a **Mejora>Ajustar color>Ajustar tono/ saturación.** Cuando aparezca el cuadro de diálogo **Tono/saturación**, arrastre la pestaña deslizante de **Saturación** completamente a la izquierda para eliminar todo el color de la imagen, haciendo que adquiera un aspecto de imagen en blanco y negro. Haga clic en **OK.**

Paso 3:

Diríjase a **Mejora>Ajustar color>Variaciones de color.** El cuadro de diálogo que aparece le muestra el aspecto que tendría su fotografía en color al añadir o sustraer distintos colores, y puede hacerlo haciendo clic en las miniaturas que aparecen en la parte inferior del cuadro de diálogo. Sin embargo, en este caso, no hay color en la fotografía, así que hacer clic en una de las muestras lo que hará será añadir color (incluso si dice que lo que hace es reducirlo). Empiece por hacer clic una vez en la diminuta previsualización en miniatura denominada **Reducir azul.** Como puede ver en la sección de previsualización **Después** que aparece en la parte superior del cuadro de diálogo, se ha añadido un poco de efecto de tono sepia a su fotografía.

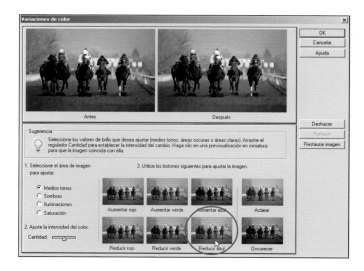

Paso 4:

El resto es sencillo, sólo tiene que hacer clic en cualquiera de las previsualizaciones en miniatura que aparecen en la parte inferior del cuadro de diálogo que parezcan ofrecer un tono más sepia del que ya tiene. Haga clic en las miniaturas **Aclarar** y/o **Oscurecer** para ajustar el color. Nota: Si hace clic en una muestra y no tiene el aspecto adecuado, hay un botón **Deshacer** en la parte derecha del cuadro de diálogo. Sólo tiene que hacer clic en él para deshacer el clic sobre la muestra.

Antes

Paso 5:

Haga clic en **OK** y el tono sepia aparecerá aplicado a su fotografía.

Después

CREAR UN TELÓN DE FONDO FOTOGRÁFICO

Ésta es una técnica rápida para crear un fondo foto-gráfico tradicional (muselina, telón, etc.) en el que componer sus retratos. Esta técnica resulta bastante práctica si necesita tomar una instantánea de una persona y hacer que parezca una fotografía de estudio.

Paso 1:

Empiece por crear un degradado personalizado que será la base del telón de fondo. Pulse la tecla **G** para acceder a la herramienta Degradado y, a continuación, en la barra de opciones, haga clic en el botón **Edición**.

Paso 2:

Cuando aparezca el **Editor de degradado**, procede-remos a crear un degradado personalizado sencillo que vaya de gris claro a gris oscuro. Ésta es la forma de hacerlo: Haga doble clic en el botón de detención de color que aparece en el extremo inferior izquierdo debajo de la rampa de degradado para acceder al **Selector de color**. Cuando aparezca el **Selector de color**, para crear un color gris claro, introduzca estas cifras: R=220, G=220 y B=220, y haga clic en **OK** para asignar ese color gris a la parte izquierda de su degradado.

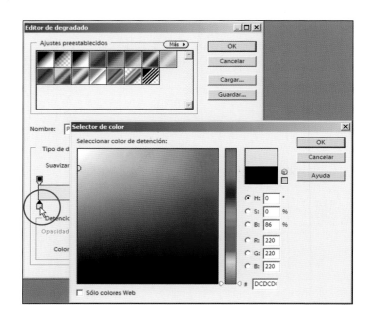

Paso 3:

A continuación, haga doble clic en el botón de deten-ción de color que aparece en el extremo inferior derecho debajo de la rampa de degradado, y esta vez queremos elegir un color gris oscuro, así que introduz-ca los valores R=105, G=105 y B=105, y haga clic en **OK**.

Guarde el degradado para su futura utilización hacien-do clic en el botón **Nuevo** en el **Editor de degra-dado**, y, a continuación, haga clic en **OK** para guardar este degradado.

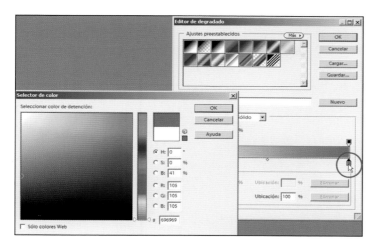

Paso 4:

Cree un nuevo documento (**Archivo>Nuevo> Archivo en blanco**) en modo RGB (el que aparece aquí tiene un tamaño de 12,7×17,7 cm). Tome la herramienta Degradado, haga clic cerca de la parte inferior de su área de imagen y arrastre hacia arriba. Asegúrese de que el gris más claro aparece en la parte inferior de la imagen. A continuación pulse la tecla **D** para configurar su color frontal en negro.

Paso 5:

En la parte superior de la paleta **Capas**, haga clic en el icono Crear una capa nueva para crear una nueva capa vacía. A continuación, diríjase al menú **Filtro> Interpretar>Nubes**. El efecto es demasiado intenso, así que atenúelo y haga que se fusione con el fondo; para ello disminuya la **Opacidad** de esta capa al 20 por ciento en la paleta **Capas**.

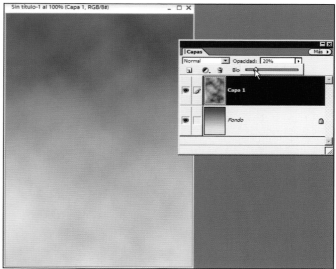

Paso 6:

Para evitar que el fondo tenga un aspecto demasiado sintético, tendremos que añadir un poco de "ruido" para proporcionarle cierto grano. Diríjase al menú **Filtro** y, en **Ruido**, seleccione la opción **Añadir ruido**. Disminuya el ajuste de **Cantidad** al 2 por ciento, configure la **Distribución** en Gaussiana, y, a continuación, active la opción **Monocromático**.

Haga clic en **OK** para añadir esta pequeña cantidad de ruido al fondo.

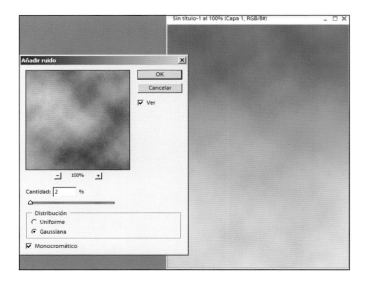

Paso 7:

Abra una imagen de una persona (o de un objeto, etc.) que quiera colocar sobre su nuevo fondo.

A continuación, utilice cualquier herramienta de selección que le guste para colocar una selección alrededor de la persona. (Por ejemplo, yo hice clic con la herramienta Varita mágica (**W**) en el fondo blanco, y, a continuación, me dirigí al menú **Selección** y escogí la opción **Invertir**.)

Paso 8:

A continuación, cambie a la herramienta Mover pulsando la tecla **V** y arrastre y suelte la persona de esta foto a su nuevo fondo.

Paso 9:

En la paleta **Capas**, haga clic manteniendo pulsada la tecla **Control** en el icono Crear una capa nueva para crear una nueva capa vacía debajo de la capa de la persona. Pulse **Mayús-M** hasta que acceda a la herramienta Marco elíptico. A continuación, mantenga pulsada la tecla **Mayús** de nuevo y dibuje una selección circular alrededor de la cabeza de la persona. Pulse la tecla **X** para configurar su color frontal en blanco y, a continuación, rellene su selección con blanco pulsando **Alt-Retroceso**.

Paso 10:

Pulse **Control-D** para deseleccionar su círculo. Diríjase a **Filtro>Desenfocar>Desenfoque gaussiano**. Vamos a utilizar este filtro para suavizar los bordes del círculo blanco con el fin de hacer que tenga el aspecto de un foco apuntando al fondo gris.

En una fotografía de 72 ppi, seleccione una cantidad de **Radio** de aproximadamente 30. (En imágenes de alta resolución de 300 ppi, pruebe con 60 ó 70.) Haga clic en **OK** cuando los bordes tengan un aspecto agradable y suavizado.

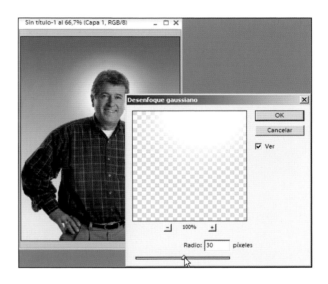

Paso 11:

Para ayudar a que el foco se fusione con el fondo de una forma más realista, disminuya la **Opacidad** de esta capa a aproximadamente un 70 por ciento en la paleta **Capas**.

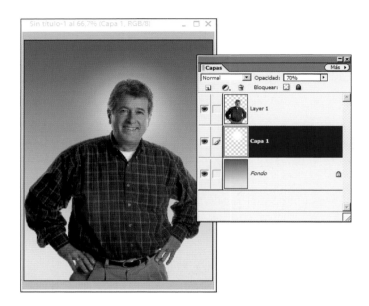

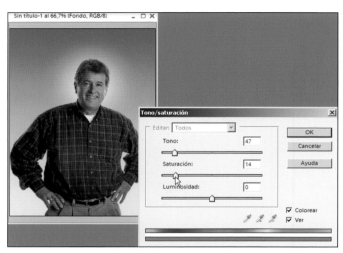

Antes

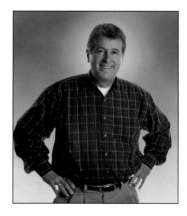

Después

Paso 12:

Puede utilizar el fondo de esta forma, como un telón de fondo con aspecto realista, o puede añadir color volviendo a la capa de nubes de la paleta **Capas**, y dirigiéndose a **Mejora>Ajustar color>Ajustar tono/saturación**. Cuando aparezca el cuadro de diálogo, active la opción **Colorear** que aparece en la esquina inferior derecha, y, a continuación, desplace la pestaña de **Tono** si lo desea.

Si la intensidad del color no es la correcta, arrastre la pestaña de **Saturación** hasta que tenga el aspecto adecuado para usted. Haga clic en **OK** para aplicar un color al fondo.

CONVERTIR UNA FOTOGRAFÍA EN UN BOCETO EN 60 SEGUNDOS

Aprendí esta técnica de Rich Harris, el ex gurú creativo de Wacom Technologies. Me envió un montón de PDF con algunos efectos especiales que había ideado, pero éste simplemente me enloqueció, así que le pregunté a Rich si podía incluirlo en el libro. Lleva a cabo el mejor trabajo que he visto hasta el momento a la hora de convertir una fotografía en un boceto a lápiz.

Paso 1:

Abra la fotografía que quiera convertir en un boceto de color. Duplique la capa **Fondo** desde el menú **Capa**, escogiendo **Nueva>Capa vía Copiar** (o pulsando **Control-J**). Oculte la capa duplicada (**Capa 1**) desde la paleta **Capas**, haciendo clic en el icono del ojo que aparece a la izquierda de esta capa. A continuación, haga clic en la capa **Fondo**.

Paso 2:

Pulse **Mayús-Control-U** para eliminar el color de la capa **Fondo** (técnicamente, esto se denomina

"desaturación", pero en **Mejora**, existe el comando **Eliminar color**, que se encuentra dentro del submenú de **Mejora, Ajustar color**). A continuación, pulse **Control-J** para duplicar la capa **Fondo** (esta capa copiada se llama **Fondo copia**).

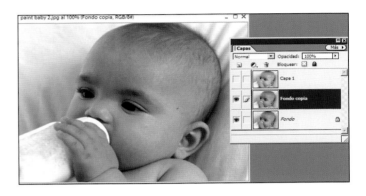

Paso 3:

Pulse **Control-I** para invertir la foto (proporcionándole un aspecto de negativo).

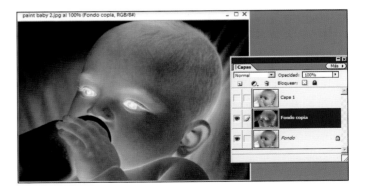

Paso 4:

Diríjase a la paleta **Capas** y cambie el modo de fusión para esta capa a **Aclarar color**. Esto hará que su fotografía pase a ser completamente blanca (parece un documento vacío pero, en el paso siguiente, volveremos a hacer aparecer la foto).

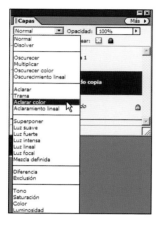

Paso 5:

Diríjase al menú Filtro>Desenfoque>Desenfoque gaussiano.

Cuando aparezca el cuadro de diálogo, arrastre la pestaña de **Radio** completamente hacia la izquierda, y lentamente vuelva a empezar a arrastrar hacia la derecha, y verá que el boceto vuelve a aparecer.

Haga clic en **OK** cuando las líneas tengan un aspecto oscuro, y la fotografía no tenga una apariencia demasiado desenfocada.

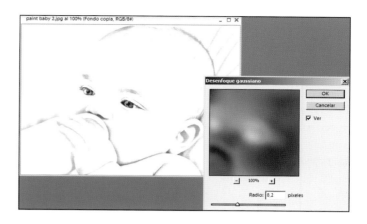

Paso 6:

Diríjase a la paleta **Capas** y haga que la capa que aparece en la parte superior (la capa de color) sea de nuevo visible haciendo clic en el recuadro vacío en el que estaba el icono del ojo. A continuación, disminuya la **Opacidad** de esta capa al 20 por ciento para volver a obtener un poco del color original de la fotografía.

Paso 7:

Para añadir algo de textura a su boceto diríjase a **Filtro>Textura>Texturizar**. Cuando aparezca el cuadro de diálogo **Texturizar**, utilizaremos los ajustes predeterminados (que son: el menú desplegable de **Textura** configurado en **Lienzo, Escalado: 100%, Relieve: 4, Luz: Superior**). Haga clic en **OK** para aplicar su textura de lienzo. A continuación, pulse **Control-F** para aplicar de nuevo el filtro con el fin de hacer que el efecto sea un poco más intenso.

Antes

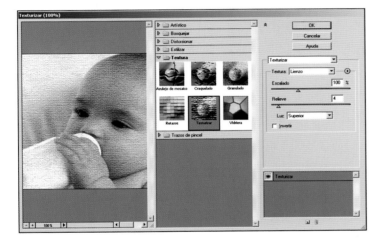

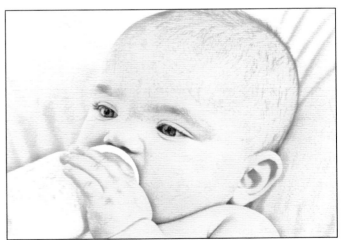

Después

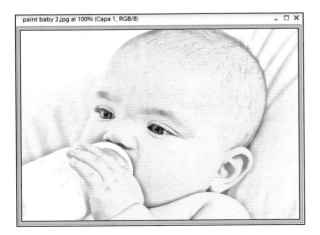

CONSEGUIR LA APARIENCIA DE UNA POLAROID™

Aquí tiene una rápida técnica que le permite convertir cualquier fotografía en lo que parece una instantánea Polaroid™. Es un efecto ideal para aplicar si realmente busca la sensación de álbum de recortes, o si está buscando ese aspecto espontáneo de "familia de vacaciones". Pruébelo, es mucho, mucho más sencillo de lo que parece.

Paso 1:

Abra la fotografía que quiera convertir en una Polaroid. Pulse **Control-A** para poner una selección alrededor de toda la imagen. Diríjase a **Nueva>Capa vía Cortar** para eliminar la fotografía de la capa **Fondo** y colocarla en una nueva capa, **Capa 1**, encima del fondo. A continuación, pulse **D** para configurar sus colores en los preestablecidos blanco y negro.

Paso 2:

Para crear este efecto, necesitará un poco de espacio de trabajo alrededor de su fotografía, así que diríjase a **Imagen>Cambiar tamaño>Tamaño de lienzo**.

Cuando aparezca el cuadro de diálogo **Tamaño de lienzo**, haga clic en la opción **Relativo** para añadir, al menos, cinco cm de espacio tanto en **Altura** como en **Anchura**. Seleccione **Fondo** en el menú emergente de **Color de extensión de lienzo**, y haga clic en **OK**.

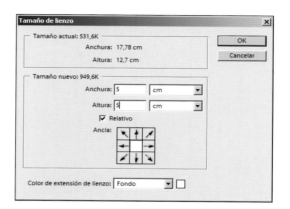

Paso 3:

Cree una nueva capa vacía directamente debajo de su capa actual haciendo clic mientras mantiene pulsada la tecla **Control** en el icono Crear una capa nueva que aparece en la parte superior de la paleta **Capas** (la nueva capa se denominará **Capa 2**).

Pulse la tecla **M** para acceder a la herramienta Marco rectangular, y, en esta capa, dibuje una selección que sea aproximadamente 1,2 cm más grande que su fotografía en todos los lados. Esto será el borde para su imagen Polaroid.

Paso 4:

Haga clic en la muestra de color frontal en el cuadro de herramientas y escoja un color gris muy claro en el **Selector de color** (yo utilicé R=232, G=232, B=232); después, proceda a rellenar su selección con ese gris claro pulsando **Alt-Retroceso**. Ahora puede deseleccionar pulsando **Control-D**. En la paleta **Capas**, haga clic en la capa que aparece en la parte superior (la de la foto) y pulse **Control-E** para combinar (fusionar) su fotografía con el rectángulo gris que hay en la capa debajo de ésta, creando sólo una capa.

Paso 5:

Cree un duplicado de esta capa fusionada arrastrándola al icono Crear una capa nueva que se encuentra en la parte superior de la paleta **Capas** (esta capa copiada se denominará **Capa 2 copia**).

Pulse **D** para configurar su color frontal en negro. A continuación, pulse **Mayús-Alt-Retroceso** para rellenar su capa copiada con negro.

Ahora, en la paleta **Capas**, arrastre la capa negra directamente por debajo de su capa de foto. Vamos a "doblar" esta capa rellena de negro para utilizarla como sombra para la Polaroid.

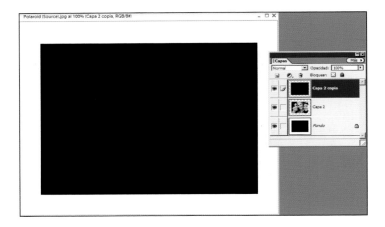

Paso 6:

Diríjase a Filtro>Distorsionar>Proyectar. Cuando aparezca el cuadro de diálogo **Proyectar**, haga clic en el centro de la línea que aparece en el centro de la cuadrícula. Esto añadirá un punto central a la línea. Haga clic y arrastre este punto hacia la izquierda. La parte inferior del cuadro de diálogo muestra una previsualización del aspecto que tendrá este efecto. Cuando le parezca adecuado, haga clic en **OK**.

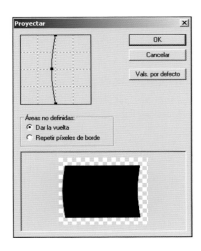

Paso 7:

Con la capa de "sombra" todavía activa en la paleta **Capas**, pulse la tecla **V** para acceder a la herramienta Mover. A continuación, arrastre esta capa negra proyectada directamente hacia la derecha, hasta que los bordes puedan verse, proporcionando la impresión de que la sombra de la Polaroid está doblada.

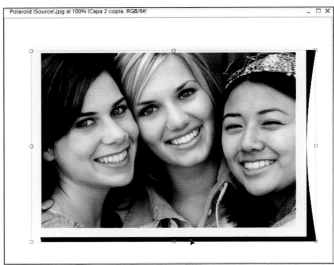

Paso 8:

Para suavizar los bordes de su sombra (y hacer que tengan un aspecto de eso, de sombra) diríjase a Filtro>Desenfocar>Desenfoque gaussiano. Introduzca un **Radio** de 6 y haga clic en **OK** (utilice un **Radio** de 14 para imágenes de alta resolución de 300 ppi).

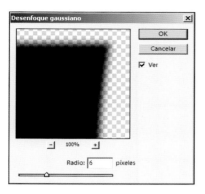

Paso 9:

Ahora que la sombra está suavizada, tendrá que disminuir su opacidad para que tenga un aspecto más sutil. Diríjase a la paleta **Capas** y disminuya la **Opacidad** a aproximadamente el 65 por ciento. (Puede reducirla más si lo desea, es usted quien decide.) Ahora que su sombra está terminada, para hacer que el efecto tenga un aspecto más realista, tendrá que doblar los bordes de la propia foto.

Paso 10:

En la paleta **Capas**, haga clic en la capa de su fotografía (**Capa 2**) para activarla. A continuación, vaya a **Filtro>Distorsionar>Proyectar**. Cuando aparezca el cuadro de diálogo **Proyectar**, tendrá los últimos ajustes aplicados en la cuadrícula. Haga clic y arrastre el punto central en la línea hacia la derecha para doblar su fotografía en dirección opuesta a la de la sombra. Cuando tenga un aspecto que le convenza, haga clic en **OK**.

Paso 11:

Fusione la capa de sombra con la de la fotografía pulsando **Control-E**. Después, pulse **Control-T** para acceder al recuadro delimitador de Transformación libre. Mueva el cursor fuera del recuadro delimitador hacia la derecha, y haga clic y arrastre hacia arriba para rotar la Polaroid. Pulse **Intro** para proceder a la transformación, lo que le proporcionará el efecto final.

Antes

Después

AGRUPACIÓN AUTOMÁTICA DE UN PANORAMA CON PHOTOMERGE

Si ha invertido tiempo para conseguir que su panorama estuviera correctamente configurado durante la toma (en otras palabras, utilizó un trípode y superpuso las instantáneas aproximadamente en un 15 ó 20 por ciento cada una), puede hacer que la característica de Elements 3, Photomerge, coloque juntas de manera automática todas las imágenes de su panorámica. Si tomó las instantáneas a mano, todavía puede utilizar Photomerge: supone simplemente proceder de una forma mucho más manual en la que es usted el que lleva a cabo la mayor parte del trabajo, no Elements.

Paso 1:

Abra las fotografías que desea que Photomerge agrupe como una imagen panorámica (también puede abrir imágenes individuales o una carpeta de imágenes directamente desde dentro del cuadro de diálogo de **Photomerge** si lo prefiere). En el ejemplo que vemos aquí, tenía tres instantáneas abiertas en Elements.

Paso 2:

Diríjase ahora al menú Archivo>Nuevo>Panorama Photomerge.

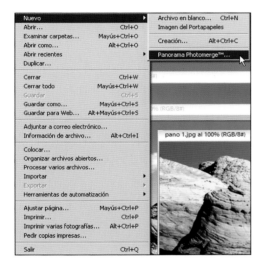

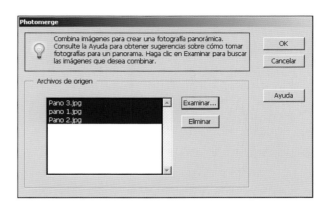

Paso 3:

Cuando seleccione **Photomerge**, aparecerá un cuadro de diálogo en el que se le pregunta qué archivos desea combinar en un panorama. Los archivos que tenga abiertos aparecerán en la ventana, o puede hacer clic en el botón **Examinar** y dirigirse a las fotografías que necesite abrir. Haga clic manteniendo pulsada la tecla **Control** para seleccionar archivos individuales en el cuadro de diálogo **Abrir** o, si los archivos son contiguos, haga clic en el primero, pulse y mantenga pulsada la tecla **Mayús** y haga clic en el último archivo. Haga clic en **Abrir** y a continuación en **OK** en el cuadro de diálogo **Photomerge**.

Paso 4:

Si sus imágenes se tomaron correctamente (como mencioné en la introducción de esta técnica), Photomerge generalmente las unirá de forma imperceptible. Nota: Por defecto, Photomerge crea una imagen acoplada, pero si desea obtener un archivo con capas (fantástico para crear efectos de vídeo panorámico), active la opción **Mantener como capas** que aparece en la parte derecha del cuadro de diálogo.

Paso 5:

Haga clic en **OK** y aparecerá su panorama final como una imagen. Esto es lo que llamamos el escenario del mejor caso, en el que tomó las instantáneas del panorama con un trípode y las superpuso como debería de forma que Photomerge no tuvo problemas en hacer lo correcto. Fue perfecto la primera vez, pero, ya sabe, la vida simplemente no es así.

Paso 6:

Lo más probable es que lo que le salga sea este cuadro de diálogo (especialmente si usó su cámara a mano y no permitió una cantidad suficiente de solapamiento) en el que se le informa de que Photomerge "no va a hacerlo por usted". Es decir, depende de usted.

Paso 7:

Una vez que haga clic en **OK** en el cuadro de diálogo, Photomerge tratará al menos de fusionar tantos segmentos como le sea posible. Los segmentos que no pueda fusionar aparecerán en la barra horizontal que está en la parte superior. A pesar de que Photomerge no hizo todo el trabajo por usted, aún puede resultar de ayuda. Asegúrese de que la opción **Ajustar a imagen** que está en la parte derecha está activada.

Paso 8:

Acceda a la herramienta Seleccionar imagen (que es igual que la herramienta Mover) en la barra de herramientas, a la izquierda del cuadro de diálogo, y arrastre la miniatura de la imagen desde la barra superior hasta el área de trabajo, cerca de la primera imagen. Superponga ligeramente la imagen sobre las otras imágenes fusionadas, suelte el botón del ratón y, si Photomerge detecta un área común de superposición, la ajustará, fusionando los bordes visibles. Realmente funciona muy bien. Si necesita rotar un segmento para que aparezca alineado, haga clic en la herramienta Seleccionar imagen primero, luego pase a la herramienta Rotar y haga clic y arrastre dentro del segmento que desea rotar. Lo ve, no está tan mal (especialmente cuando se utiliza la opción **Ajustar a imagen**).

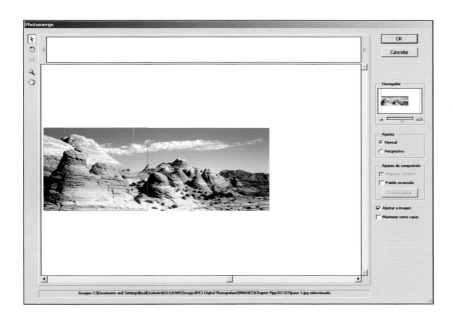

Antes

Después

Fotógrafa Carol Freeman

Vuelta al pasado. Técnicas de restauración de fotografías

10

> Capítulo 10. **Vuelta al pasado. Técnicas de restauración de fotografías**

De acuerdo, ya sé lo que está pensando, "Eh, se supone que éste es un libro para fotógrafos digitales. ¿Por qué vamos a restaurar viejas fotografías estropeadas tomadas 50 años antes de que las cámaras digitales se inventaran?". Bueno, una laguna legal secreta en mi contrato me permite, una vez en cada uno de mis libros, hablar de un tema que no se incluye dentro del ámbito general del libro. Por ejemplo, en *Photoshop CS Down & Dirty Tricks*, incluí todo un capítulo llamado "Cereales de desayuno subestimados". Así que, a medida que lea este capítulo, trate de pensar que éste podría ser otro capítulo sobre cereales. Entonces, no sólo se dará cuenta de que este capítulo tiene sentido, sino que en un determinado nivel encaja tan bien que le hace tener ganas de prepararse un enorme bol de Kellogg's®. Además, hay otro vacío legal útil: la teoría de que, cuando una fotografía rasgada, descolorida y arañada de su bisabuelo se escanea, pasa a convertirse en una fotografía "digital" rasgada, descolorida y arañada de su bisabuelo. Y cuando la abra en Elements 3, se verá sumido en un ardiente deseo de repararla. Si no hubiera incluido este capítulo sobre cómo reparar y restaurar viejas fotografías, ¿no se sentiría culpable? Creo que sí. Procedamos entonces a meter la cuchara y empezar a restaurar algunas fotografías. (Nota: Mi editor me dijo que si conseguía meter la frase "ardiente deseo" en el libro, las ventas aumentarían en un siete por ciento. Si esa sugestiva frase le hace sentir incómodo, siéntase completamente libre de cambiar mentalmente "ardiente deseo" por "impulso incontrolable", aunque su ratio de respuesta se encuentra más entre un tres y un cuatro por ciento.)

REPARAR FOTOGRAFÍAS DESCOLORIDAS

Si tiene una vieja fotografía descolorida, en la que no se aprecia el detalle, y generalmente tan clara que prácticamente es inutilizable, pruebe esta sorprendente técnica para devolver de forma rápida el detalle y el tono.

Paso 1:

Abra la fotografía descolorida.

Paso 2:

Duplique la capa **Fondo** arrastrándola al icono Crear una capa nueva que encontrará en la parte superior de la paleta **Capas**. Esta acción creará una capa denominada **Fondo copia**.

Paso 3:

Cambie el modo de fusión de la capa **Fondo copia** seleccionando **Multiplicar** en el menú desplegable que encontrará en la parte superior de la paleta **Capas**. Como su propio nombre indica, se trata de un efecto "multiplicador" que oscurece la fotografía y hace que vuelvan a aparecer algunos detalles tonales.

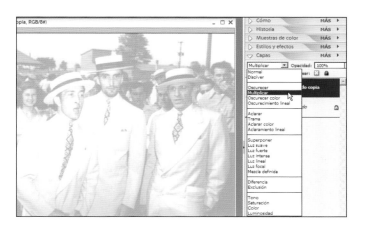

Paso 4:

Si la imagen sigue ofreciendo un aspecto demasiado apagado, continúe creando copias de esta capa duplicada (que ya está configurada en modo **Multiplicar**), hasta que la fotografía deje de tener un aspecto descolorido. Si la última capa que añada hace que sea demasiado oscura, sólo tiene que disminuir el ajuste de **Opacidad** de esta capa hasta que tenga el aspecto adecuado.

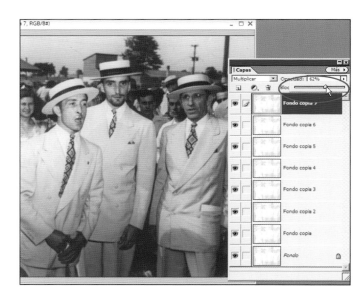

Paso 5:

Ahora puede que tengamos un nuevo problema, la gran cantidad de capas. Cuantas más capas haya, más grande será el archivo de Elements, y cuanto más grande sea el archivo de Elements, más lento irá Elements, así que no tiene sentido tener una gran cantidad de capas extras. Sólo hace que todo vaya más despacio. Así que, una vez que la fotografía tenga un aspecto adecuado, vaya a la paleta **Capas**, haga clic

en el menú emergente de **Más**, y seleccione la opción
Acoplar imagen para acoplar todas esas capas en
una capa **Fondo**.

Después

COLOREAR FOTOGRAFÍAS EN BLANCO Y NEGRO

Una vez que haya restaurado una fotografía en blanco
y negro, puede que quiera considerar la posibilidad de
colorearla (teñirla a mano) para proporcionarle profundidad añadida.

Esta técnica en particular no necesita grandes habilidades en Elements, simplemente se necesita un poco de
paciencia, porque colorear una fotografía puede llevar
algún tiempo.

Paso 1:

Abra una fotografía en blanco y negro que quiera
colorear.

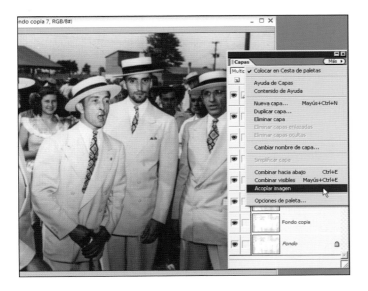

Antes

fotografía que quiera colorear. Pulse y mantenga pulsada la tecla **Alt** para eliminar partes de su selección, o mantenga pulsada la tecla **Mayús** para añadir áreas a ella. A continuación, diríjase al menú **Selección** y escoja **Calar**. Cuando aparezca el cuadro de diálogo, introduzca 2 píxeles para suavizar el borde de su selección sólo un poquito; haga clic en **OK**. Ahora podría llevar a cabo todo el coloreado en la capa **Fondo**, pero le recomiendo que pulse la combinación de teclas **Control-J** para copiar su área seleccionada en una capa independiente. De esa forma, si el color que ha aplicado resulta ser demasiado intenso, puede disminuir la **Opacidad** de esa capa para atenuarlo un poco.

Paso 2:

Para colorear una foto, su imagen de Elements tiene que estar en un modo de color, así que si su fotografía está en modo **Escala de grises** (verá la palabra **Gris** en la barra de título de su documento) tendrá que convertirla a modo RGB desde **Imagen>Modo> Color RGB**.

Paso 4:

A continuación, diríjase a **Mejora>Ajustar color> Ajustar tono/saturación**. Cuando aparezca el cuadro de diálogo **Tono/saturación**, haga clic en la opción **Colorear** que encontrará en la esquina inferior derecha

Paso 3:

Pulse **L** para acceder a la herramienta Lazo y dibuje una selección alrededor de la primera área de su

del cuadro de diálogo, y arrastre la pestaña Tono (en la parte superior del cuadro de diálogo) al tono que le gustaría utilizar para esta área de selección; a continuación, haga clic en **OK**.

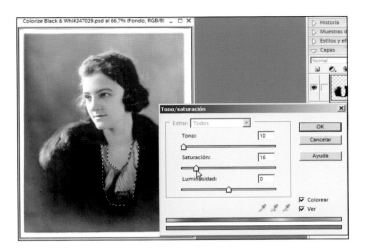

Paso 5:

En la paleta **Capas**, haga clic en la capa **Fondo** para activarla y, con la herramienta Lazo, seleccione la parte siguiente que va a proceder a colorear (en este caso, la blusa). Aplique un calado a su selección (como hicimos en el paso 3) y pulse **Control-J** para copiar la selección en su propia capa. A continuación, vuelva a aplicar el ajuste **Tono/saturación** (como hicimos en el paso 4). Cuando esté aplicando el color, si éste es demasiado intenso, arrastre la pestaña **Saturación** hacia la izquierda para reducir la intensidad del color, lo que le proporcionará un tono pastel típico del tintado del color. Cuando considere que el aspecto es el adecuado, haga clic en **OK**.

Paso 6:

Básicamente repetirá este proceso para colorear el resto de la fotografía. Tendrá que ir cada vez a la capa **Fondo**, seleccionar un área que haya que colorear, añadir un ligero calado, copiar la selección a su propia capa pulsando **Control-J**, aplicar el comando **Tono/saturación**, hacer clic en la opción **Colorear** y seleccionar el color que quiera utilizando la pestaña deslizante de **Tono**.

Cuando haya terminado, si alguno de los colores tiene un aspecto demasiado intenso, sólo tiene que disminuir la **Opacidad** en la paleta **Capas**. A continuación, seleccione la opción **Acoplar imagen** en el menú emergente **Más** de la paleta **Capas** para completar el efecto.

Colorize Black & Whit#247029.psd al 66,7% (RGB/8)

Antes

Después

ELIMINAR MOTAS, POLVO Y ARAÑAZOS (GRIETAS)

Si alguna vez ha utilizado el filtro **Polvo y grietas** de Elements, probablemente ya habrá aprendido lo malo que es realmente este filtro. Bueno, siempre y cuando no utilice este fantástico rodeo que hace que pase de ser un adorno inútil a ser, bueno, un adorno razonablemente útil. Esta técnica funciona estupendamente para eliminar este tipo de artefactos (es la forma de hablar de Elements para hacer referencia a las motas, el polvo y otras porquerías que terminan apareciendo en sus fotografías) en las áreas de fondo de sus fotografías.

Paso 1:

Abra la fotografía que necesite una reparación de motas, polvo y/o grietas. Duplique la capa **Fondo** arrastrándola al icono Crear una capa nueva en la parte superior de la paleta **Capas**. Esto creará una capa denominada **Fondo copia**.

Paso 2:

Diríjase a **Filtro>Ruido>Polvo y grietas**. Cuando aparezca el cuadro de diálogo **Polvo y grietas**, arrastre las dos pestañas deslizantes completamente hacia la izquierda y, a continuación, arrastre la que se encuentra en la parte superior (**Radio**) hacia la derecha hasta que las motas, el polvo y las grietas ya no puedan verse (lo más probable es que esto haga que su foto aparezca muy desenfocada, pero no se preocupe, asegúrese de que las motas desaparecen, sin importar el desenfoque), y haga clic en **OK**.

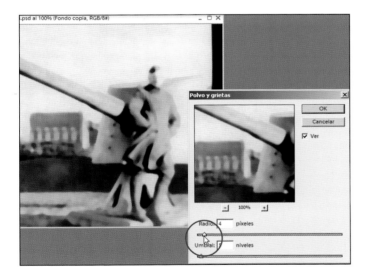

Paso 3:

En la paleta **Capas**, mantenga pulsada la tecla **Control** y haga clic en el icono Crear una capa nueva para crear una nueva capa vacía debajo de su capa actual. Vuelva a hacer clic en la capa superior, y pulse **Control-G** para agrupar la capa desenfocada con la capa vacía que aparece debajo de ella. Hacer esto

ocultará el efecto del filtro **Polvo y grietas** que hemos aplicado previamente.

Paso 4:

Pulse la letra **D** para configurar su color frontal en negro. Pulse **B** para acceder a la herramienta Pincel y, en la barra de opciones, cambie el menú emergente de **Modo** de **Normal** a **Aclarar**. Esto cambiará el pincel de forma que cuando pinte, afectará sólo a los píxeles que son más oscuros que el área que esté pintando. Además, haga clic en el icono de pinceles preestablecidos en la barra de opciones y, cuando aparezca el Selector de pinceles, elija un pincel de tamaño medio y punta blanda.

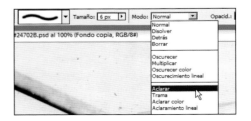

Paso 5:

Haga clic en la capa del medio (en realidad, procederemos a pintar en esta capa vacía) y, a continuación,
pinte directamente en las áreas de la fotografía que
tengan motas. A medida que pinte, las motas y el
polvo desaparecerán (lo que estamos haciendo realmente en revelar la capa desenfocada que se encuentra
debajo, a la que hemos aplicado el filtro **Polvo y
grietas**). Una vez más, esta técnica funciona de la
mejor forma sobre áreas de fondo, pero también puede ser útil para limpiar áreas detalladas. Sólo tiene que
utilizar un pincel muy pequeño para minimizar el
desenfoque que pueda darse.

Antes

Después

REPARAR PARTES QUE FALTAN O ESTÁN DAÑADAS

Si tiene una vieja fotografía con un desgarrón, mancha u otra anomalía importante, existe una opción razonable de que esas pequeñas molestias puedan afectar a una parte del sujeto principal de la fotografía (por ejemplo, si se trata de la fotografía de una persona, una mancha podría cubrir una parte del cuerpo o de una característica facial, lo que le dará bastante trabajo). Veamos cómo reparar partes que faltan o que están dañadas, de la forma más fácil.

Paso 1:

Abra una fotografía que contenga una característica dañada (en este caso, faltan la mayor parte del hombro y del brazo derecho).

Paso 2:

Utilice una de las herramientas de selección de Elements (pruebe con la herramienta Lazo si sólo necesita crear una selección amplia, o con la herramienta Marco rectangular, como hice aquí) para seleccionar una parte no dañada de la imagen que pueda utilizar para arreglar el área dañada. Por ejemplo, si está tratando de arreglar el hombro derecho de una persona, y el hombro izquierdo está intacto, seleccione el hombro izquierdo para utilizarlo en la reparación.

Paso 3:

Para evitar un borde duro alrededor del área seleccionada, tendrá que aplicar un calado a los bordes de la selección. Para ello, diríjase a **Selección>Calar**. Cuando aparezca el cuadro de diálogo, introduzca un **Radio de calado**. Para imágenes de baja resolución, utilice 1 ó 2 píxeles. Para las imágenes de alta resolución, de 300 ppi, puede utilizar hasta 4 ó 5 píxeles.

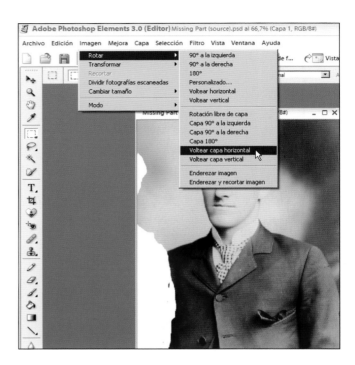

Paso 4:

Necesitaremos duplicar la selección, así que vaya al menú **Capa>Nueva>Capa vía Copiar** (o pulse **Control-J**). Esto crea una nueva capa en la que se copia el área que hemos seleccionado.

Paso 5:

Probablemente no podrá proceder sólo a arrastrar este parche para rellenar el espacio vacío (porque la persona acabaría teniendo dos hombros izquierdos, haciendo que su aspecto fuera ligeramente extraño). En consecuencia, tendremos que dar la vuelta a la capa copiada. Diríjase a **Imagen>Rotar>Voltear horizontal** (o vertical) para convertir su capa de parche en el reflejo de espejo de la selección original.

Paso 6:

A continuación, acceda a la herramienta Mover pulsando la tecla **V**, y, con el parche en su propia capa, arrástrelo en el trozo vacío. (Nota: Si disminuye la **Opacidad** de la capa del parche a aproximadamente el 50 por ciento puede que le resulte más fácil colocar el parche, porque podrá ver parte de la imagen original en la capa que se encuentra debajo de ella.) Cuando haya hecho esto, verá que tiene otro problema; el tono del hombro volteado y el de la imagen original no coinciden (el tono volteado es demasiado claro, así que, para hacer que la restauración tenga un aspecto real, tendremos que proceder a cambiar el tono de la capa del hombro volteado).

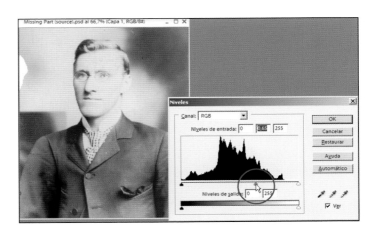

Paso 8:

Incluso después de hacer coincidir los tonos, verá un borde duro donde el hombro volteado se añade a la fotografía original. Para ocultar el borde, pulse la tecla **E** para acceder a la herramienta Borrador; seleccione un pincel de bordes suaves del Selector de pinceles en la barra de opciones, y borre ese borde. A continuación, diríjase al menú emergente **Más** de la paleta **Capas** y seleccione la opción **Acoplar capas**.

Paso 7:

Pulse **Control-L** para acceder al cuadro de diálogo **Niveles**. Para oscurecer el tono del hombro volteado, arrastre la pestaña deslizante de medios tonos de **Niveles de entrada** hacia la derecha.

Esto hará que se oscurezcan los medios tonos y ayuda a que el hombro volteado coincida mejor con el tono de la parte izquierda.

Haga clic en **OK** cuando el hombro volteado prácticamente coincida con el tono original.

Paso 9:

Aunque haya arreglado el área de la chaqueta, continuará teniendo un borde marcado justo encima del hombro y hacia la izquierda, además de otra grieta encima de esto. Para arreglar estas áreas, pulse **S** para acceder a la herramienta Sello de clonar. Seleccione un pincel de punta blanda en el Selector de pinceles que encontrará en la barra de opciones, y haga clic manteniendo pulsada la tecla **Alt** en un área cercana al borde definido; haga clic para clonar en esa área. A continuación, diríjase al rasgado que se encuentra en la parte izquierda y proceda de la misma forma; haga clic manteniendo pulsada la tecla **Alt** cerca de la zona y haga clic para clonar esa área de muestra sobre el hueco, lo que completará la restauración.

Antes

Después

REPARAR RASGADURAS

Hay pocas cosas peores que las grietas, rasgaduras y arrugas de una fotografía por haber sido doblada, especialmente cuando estas cosas pasan en viejas fotografías de familia que realmente le importan. Veamos ahora una sencilla técnica que le permite ocultar estas desagradables rasgaduras "cubriéndolas".

Paso 1:

Escanee una fotografía que tenga grietas, rasgaduras o dobleces y ábrala en Elements. La fotografía que utilizaremos en este ejemplo tiene desgarrones por haber sido doblada.

Paso 2:

El plan es clonar sobre las zonas dañadas utilizando zonas cercanas no dañadas. Empiece por acceder a la herramienta Sello de clonar del cuadro de herramientas (o pulse la tecla **S**). Seleccione un pincel mediano-pequeño de punta blanda haciendo clic en el icono de pinceles preestablecidos en la barra de opciones para abrir el Selector de pinceles.

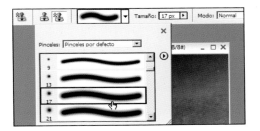

Paso 3:

Mantenga pulsada la tecla **Alt** y haga clic en un área limpia cerca del área estropeada. (Cuando digo limpia me refiero a un área que no tenga grietas u otros problemas visibles.

Pero para ayudarle a garantizar que su reparación no tenga un aspecto excesivamente obvio, es importante que haga clic cerca de la grieta, no demasiado lejos de ella.)

Paso 4:

A continuación, mueva la herramienta Sello de clonar sobre la rasgadura, y haga clic varias veces. No lo haga con pinceladas, simplemente haga clic. A medida que haga clic, verá dos cursores: el cursor del pincel con el que está pintando y un cursor en forma de cruz sobre el área en la que ha hecho clic manteniendo pulsada la tecla **Alt** previamente. Ésto le permite ver el área de la que está clonando (la cruz) y el área a la que está clonando (el cursor del pincel). Ésta será su estrategia básica para reparar estos problemas, hacer clic manteniendo pulsada la tecla **Alt** sobre un área limpia cerca del artefacto, y a continuación, mover el cursor sobre el área a reparar y hacer clic varias veces, hasta que esté cubierta por áreas clonadas.

Paso 5:

A continuación, empiece a trabajar en otras áreas. Pulse la tecla **Z** para acceder a la herramienta Zoom si lo necesita. A continuación, pulse **S** para volver a la herramienta Sello de clonar. (Nota: Quizá también quiera probar la herramienta Pincel corrector, **J**, usando una técnica similar, dependiendo de la fotografía, ya que puede funcionar igual de bien, si no mejor.)

Paso 6:

Cuando se trata de áreas con detalle como la silla en esta foto, la estrategia es hacer clic manteniendo pulsada la tecla **Alt** directamente en la barra de la silla detrás de la rasgadura y, a continuación, mover directamente el cursor hacia arriba y sobre la rasgadura, y hacer clic. Ésto clonará la parte inferior de las barras de la silla (que están intactas) sobre las partes que faltan. Eso sí, es un poco tedioso, pero es necesario para completar la reparación. Siga clonando de esta forma para completar la restauración.

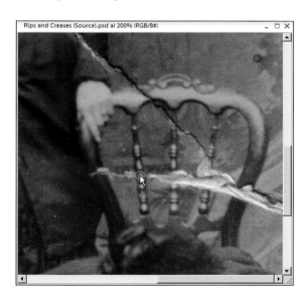

Antes

Después

Fotógrafo David Cuerdon

Técnicas de enfoque

11

> Capítulo 11. **Técnicas de enfoque**

Está a punto de aprender algunas de las técnicas de enfoque que los fotógrafos y retocadores líderes actuales utilizan. De acuerdo, tengo que admitirlo, no todas las técnicas de este capítulo son profesionales. Por ejemplo, la primera de ellas "Enfoque básico" claramente no lo es, aunque muchos profesionales enfocan sus imágenes exactamente como se muestra en dicho tutorial (aplicando la Máscara de enfoque a una composición RGB; no estoy seguro de lo que significa, pero suena bien). Hay una palabra que define a la perfección a estos profesionales: "vagos". Pero entonces, un día, piensan "me estoy cansando de todos esos halos de color y del resto de los molestos artefactos que aparecen una y otra vez en mis fotografías enfocadas" y desearían que hubiera una forma de aplicar más enfoque, evitando a la vez esas dificultades. En ese momento se dirigen a buscar técnicas de enfoque profesionales que eviten esos problemas, y las mejores de esas técnicas se encuentran en este capítulo. Pero los profesionales son gente ocupada, contestando llamadas internacionales, haciéndose la pedicura, limpiando sus gatos, etc., así que no tienen tiempo de llevar a cabo pasos complicados que lleven mucho tiempo. En consecuencia, lo que hacen es crear funciones avanzadas que combinan técnicas. Por alguna inexplicable razón sociológica, cuando los profesionales hacen esto, no se considera un signo de pereza. Al contrario, se les considera "eficaces, productivos e inteligentes". ¿Por qué? Porque la vida no es justa. ¿Cómo es de injusta? Le daré un ejemplo. Hay un grupo de fotógrafos profesionales de primera línea que llevan años trabajando para dar con esas técnicas avanzadas de enfoque, que les costaron horas de tediosas pruebas, experimentación e investigación, y, entonces, llega usted, se compra este libro, y, de repente, está utilizando las mismas técnicas que ellos, pero no tuvo que gastar ni una sola gota de sudor. ¿Sabe cómo se define esto? ¡Fantástico!

ENFOQUE BÁSICO

Una vez corregido el color en sus fotografías, y justo antes de guardar su archivo, seguro que quiere proceder a enfocarlas. Enfoco cada fotografía procedente de cámaras digitales, bien para recuperar la nitidez perdida durante el proceso de corrección, o para ayudar a arreglar una fotografía que se encuentra ligeramente desenfocada. Sea cual sea la razón, no me he encontrado con ninguna fotografía de cámara digital (o escaneada) que no necesitara un poco de enfoque. Veamos una técnica básica para enfocar toda la fotografía.

Paso 1:

Abra la fotografía que quiera enfocar. Como Elements muestra su fotografía de formas diferentes con distintas ampliaciones, es absolutamente fundamental que vea su fotografía al 100 por cien cuando esté enfocando. Para asegurarse de que la está visualizando al 100 por cien, una vez que su fotografía esté abierta, haga doble clic en la herramienta Zoom en la barra de herramientas, y su fotografía se mostrará en visualización al 100 por cien (observe la barra de título que aparece en la parte superior de la ventana de imagen o en la barra de opciones, dependiendo de cuál sea su modo de visualización, para ver el porcentaje re de *zoom*).

Paso 2:

Diríjase a **Filtro>Enfocar>Máscara de enfoque**. De los filtros de enfoque de Elements, la **Máscara de enfoque** es indiscutiblemente la primera opción, porque ofrece el mayor control sobre el proceso de enfoque.

Paso 3:

Cuando aparezca el cuadro de diálogo **Máscara de enfoque**, verá tres pestañas deslizantes. La pestaña deslizante de **Cantidad** determina la cantidad de enfoque que se aplica a la fotografía; la pestaña de **Radio** determina cuántos píxeles de fuera del borde se verán afectados por el proceso de enfoque; y la pestaña **Umbral** determina cómo de diferente debe ser un píxel del área que lo rodea antes de ser considerado un píxel de borde y enfocado por el filtro. **Umbral** funciona de forma opuesta a lo que podría pensar, cuanto más pequeño sea el número, más intenso será el efecto de enfoque, Entonces, ¿qué cifras debería utilizar? Le daré algunos estupendos puntos de inicio en las páginas siguientes pero, por ahora, utilizaremos sólo estos ajustes: **Cantidad**: 125%, **Radio**: 1, **Umbral**: 3. Haga clic en **OK**, y el enfoque se aplicará a la fotografía.

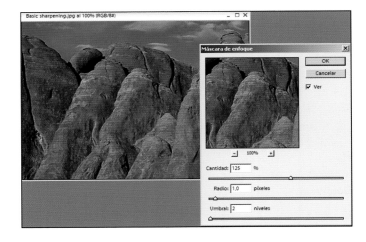

Antes

Después

Enfocar sujetos suavizados:

A continuación, puede ver un ajuste de **Máscara de enfoque** (**Cantidad**: 150%, **Radio**: 1, **Umbral**: 10), que funciona bien para imágenes en las que el sujeto

tiene una naturaleza más suavizada (por ejemplo, flores, cachorros, personas, arco iris, etc.). Se trata de una sutil aplicación del enfoque que es altamente adecuado para este tipo de sujetos.

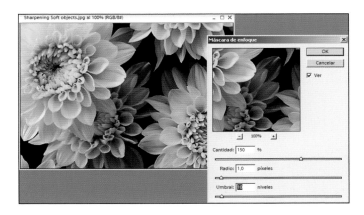

Enfocar retratos:

Si está enfocando un retrato en primer plano (el tipo de imagen que incluye la cabeza y los hombros), pruebe con esta configuración: **Cantidad**: 75%, **Radio**: 2, **Umbral**: 3, que aplica otra forma de enfoque sutil.

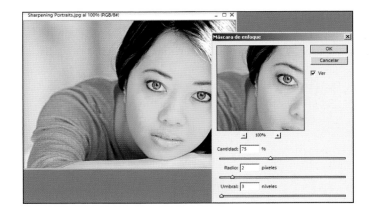

Enfoque moderado:

Ésta es una cantidad moderada de enfoque que funciona muy bien en instantáneas de productos, fotografías de interiores y exteriores de casas y paisajes. Si se dedica a este tipo de fotografías, pruebe con la aplicación de estos ajustes: **Cantidad:** 225%, **Radio:** 0,5, **Umbral:** 0, y vea si le gusta (yo creo que le gustará).

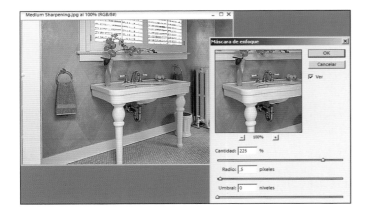

Enfoque máximo:

Utilizo estos ajustes **Cantidad:** 65%, **Radio:** 4, **Umbral:** 3, sólo en dos situaciones: (1) cuando la fotografía se encuentra visiblemente desenfocada y necesita una fuerte aplicación de enfoque para intentar volver a enfocarla, o (2) cuando la fotografía contiene una gran cantidad de bordes bien definidos (por ejemplo, edificios, monedas, coches, maquinaria, etc.).

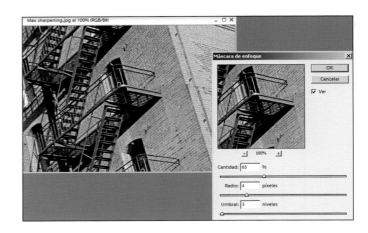

Enfoque multiuso:

Éste es quizá mi conjunto de ajustes de enfoque favorito, **Cantidad:** 85%, **Radio:** 1, **Umbral:** 4, y es el que uso la mayor parte del tiempo. No es el tipo de enfoque que le deja totalmente asombrado, y quizá sea ésta la razón por la que me gusta. Es lo bastante sutil como para poder aplicarlo dos veces si su fotografía no tiene un aspecto completamente enfocado después de la primera aplicación (o simplemente pulse **Control-F**), pero normalmente basta con una sola aplicación.

Enfoque Web:

Uso esta configuración, **Cantidad**: 400%, **Radio**: 0,3, **Umbral**: 0, para diseños gráficos Web que tienen un aspecto borroso. (Cuando la resolución de una fotografía de alta resolución de 300 ppi se reduce a 72 ppi para la Web, la fotografía adquiere con frecuencia un aspecto un poco borroso y suavizado). También utilizo estos ajustes en fotografías desenfocadas. Añade un poco de ruido, pero he visto cómo este conjunto de ajuste recuperaba fotografías que, de no ser por esto, habría tirado.

Si el efecto tiene un aspecto excesivamente intenso, pruebe a disminuir la **Cantidad** a un 200%.

Conseguir sus propios ajustes:

Si desea experimentar y conseguir su propia combinación personalizada de enfoque, le proporcionaré rangos típicos para cada uno de los ajustes de forma que pueda encontrar su propia "pócima" de enfoque.

Cantidad:

Los rangos típicos se encuentran entre 50 y 150 por ciento. No se trata de una regla que no pueda romperse. Es simplemente el rango típico para ajustar la **Cantidad**; por debajo del 50 por ciento no tendrá un efecto suficiente, y por encima del 150 podría verse implicado en un problema de enfoque (dependiendo de cómo configure el **Radio** y el **Umbral**). Estará bastante seguro si se mantiene por debajo de 150 por ciento.

Radio:

En la mayoría de los casos, utilizará sólo 1 píxel pero puede llegar hasta (prepárese), 2. Previamente le proporcioné una opción para situaciones extremas, en la que puede llevar el **Radio** hasta 4, pero no le recomendaría que lo utilizara con demasiada frecuencia. Una vez oí una historia de un tipo de Cincinnati que utilizó 5, pero no estoy seguro de creerlo.

Umbral:

Un rango bastante seguro para la configuración de **Umbral** es, en cualquier sitio, entre 3 y aproximadamente 20 (donde 3 es el más intenso y 20 es mucho más sutil. Lo sé, ¿no debería ser 3 más sutil y 20 más intenso? No deje que empiece a hablar). Si realmente necesita aumentar la intensidad de su enfoque, puede disminuir el **Umbral** a 0, pero esté atento a lo que hace (observe su fotografía por si aparece ruido).

ENFOQUE DE LUMINOSIDAD

De acuerdo, ya hemos aprendido que el enfoque resulta un proceso sorprendente pero, cuanto más lo utilice, más exigente será sobre él (básicamente se convertirá en un esnob del enfoque), y, en algún momento, aplicará un fuerte enfoque a una imagen y notará pequeños halos de color. Aprenderá a odiar estos halos, y hará todo lo posible para deshacerse de ellos. De hecho, llegará hasta a utilizar la siguiente técnica de enfoque, que es bastante popular entre los profesionales de la fotografía digital (al menos en aquellos que son esnobs del enfoque).

Paso 1:

Abra una fotografía que necesite un enfoque de moderado a serio.

Paso 2:

Duplique la capa **Fondo** desde el menú **Capa> Nueva>Capa vía Copiar** (o pulse **Control-J**).

Esta acción duplicará la capa **Fondo** en una nueva capa (**Capa 1**).

Paso 3:

Diríjase al menú **Filtro>Enfocar>Máscara de enfoque**. (Nota: Si necesita ajustes de muestra para distintas situaciones de enfoque, diríjase a la sección "Enfoque básico" al principio de este capítulo). Una vez que haya introducido los ajustes que elija para la **Máscara de enfoque**, haga clic en **OK** para aplicar el enfoque a la capa duplicada.

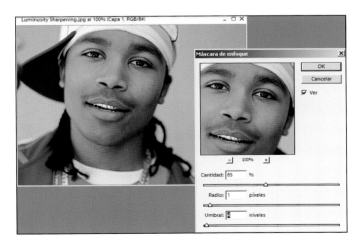

Paso 4:

Diríjase a la paleta **Capas** y cambie el modo de fusión de capa de esta capa enfocada de **Normal** a **Luminosidad**. Haciendo esto, aplicará el enfoque sólo a la luminosidad (los detalles de claridad) de la imagen, y no al color. Ésto le permite aplicar una cantidad más alta de enfoque sin que aparezcan esos indeseados halos.

A continuación, puede seleccionar la opción **Acoplar imagen** en el menú emergente **Más** de la paleta **Capas** para completar su enfoque de luminosidad.

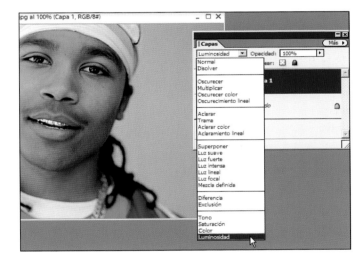

Antes

Después

TÉCNICA DE ENFOQUE DE BORDES

Ésta es una técnica de enfoque que no utiliza el filtro **Máscara de enfoque**, pero que le sigue proporcionando mucho control sobre el proceso, incluso una vez que se ha aplicado. Es ideal para utilizarla cuando tenga una imagen que realmente pueda aguantar una gran cantidad de enfoque (una fotografía con muchos bordes) o una que realmente necesite grandes cantidades de enfoque.

Paso 1:

Abra una fotografía que necesite enfoque de bordes.

Paso 2:

Duplique la capa **Fondo** desde **Capa>Nueva>Capa vía Copiar** (o pulse **Control-J**). Esta acción duplicará la capa **Fondo** en una nueva capa (**Capa 1**).

Paso 3:

Diríjase a **Filtro>Estilizar>Relieve**. Vamos a utilizar el filtro **Relieve** para acentuar los bordes en la fotografía. Puede mantener los ajustes de **Ángulo** y **Cantidad** establecidos como predeterminados (135° y 100%), pero si quiere obtener un enfoque más intenso, suba la cantidad de **Altura** del ajuste configurado por defecto, 3 píxeles a 5 o más píxeles (en el ejemplo que estamos viendo lo dejé en 3). Haga clic en **OK** para aplicar el filtro y su fotografía se volverá gris, con iluminaciones en color neón a lo largo de los bordes.

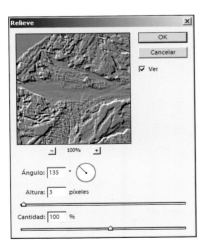

Paso 4:

En la paleta **Capas**, cambie el modo de fusión de esta capa de **Normal** a **Luz fuerte**. Ésto eliminará el color gris de la capa, pero dejará los bordes acentuados, haciendo que toda la fotografía tenga un aspecto mucho más enfocado.

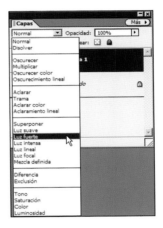

Paso 5:

Si el enfoque tiene un aspecto excesivamente intenso, puede controlar la cantidad del efecto disminuyendo la cantidad de esta capa en la paleta **Capas**.

Antes

Después

ENFOCAR CON CAPAS PARA EVITAR CAMBIOS DE COLOR Y RUIDO

Ésta es otra técnica para evitar el ruido y los cambios de color cuando se lleva a cabo el enfoque, e, igual que algunas de las técnicas explicadas previamente en este capítulo, ésta utiliza también las capas y los modos de fusión de capa. El método es una combinación entre una técnica que aprendí del retocador de Chicago David Cuerdon, y un método de Jim DiVitale, que explicó en uno de sus artículos para la revista *Photoshop User.*

Paso 1:

Abra la fotografía que desee enfocar utilizando esta técnica. Duplique la capa **Fondo** desde **Capa> Nueva>Capa vía Copiar** (o pulse **Control-J**). Esta acción duplicará la capa **Fondo** en una nueva capa (denominada **Capa 1**).

Paso 2:

Cambie el modo de fusión de capa de esta capa duplicada de **Normal** a **Luminosidad** en la paleta **Capas**.

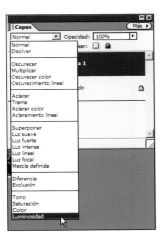

Paso 3:

Aplique el filtro **Máscara de enfoque** a esta capa duplicada. (Si ha leído este capítulo desde el principio, ya sabe qué ajustes utilizar, así que adelante.)

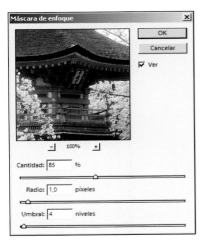

Paso 4:

A continuación, duplique esta capa de **Luminosidad** enfocada, desde **Capa>Nueva>Capa vía Copiar** (o vuelva a pulsar **Control-J**). Esto duplicará la capa en una capa independiente (**Capa 1 copia**).

Paso 5:

Diríjase a **Filtro>Desenfocar>Desenfoque gaussiano**. Cuando aparezca el cuadro de diálogo, introduzca 3 píxeles para añadir un ligero desenfoque a la foto. Si este ajuste no hace que su fotografía tenga un aspecto tan borroso como el que se muestra aquí, aumente la cantidad de desenfoque hasta que lo tenga. Esto ocultará cualquier halo o ruido pero, obviamente, hace que la fotografía adquiera un aspecto realmente borroso; simplemente haga clic en **OK**.

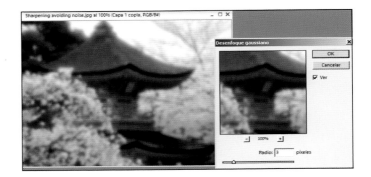

Paso 6:

Para deshacerse del desenfoque en esta capa, pero manteniendo los efectos positivos de él (deshacerse del ruido y de los halos), cambie el modo de fusión de capa de esta capa desenfocada de **Luminosidad** a **Color**. Pulse la tecla **Z** y acérquese a las áreas de los bordes en las que normalmente tendría halos u otros cambios de color, y observará que los problemas simplemente han desaparecido. A continuación, puede proceder a acoplar la fotografía (utilizando la opción **Acoplar imagen** del menú emergente **Más** de la paleta **Capas**), y seguir adelante. Nota: En algunos casos, esta técnica apaga algunos de los tonos rojos de su fotografía. Si observa una disminución en los rojos, disminuya la **Opacidad** de la capa desenfocada hasta que se haya restaurado el color.

Antes

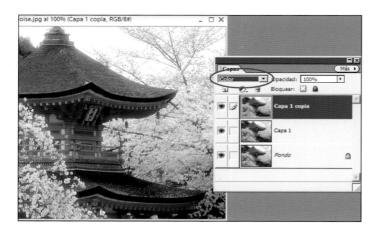

Después

Fotógrafa Jeannie Theriault

El espectáculo debe continuar.
Mostrar su trabajo a los clientes

12

> Capítulo 12. **El espectáculo debe continuar. Mostrar su trabajo a los clientes**

De acuerdo, ha organizado y clasificado las fotografías de la toma; ha realizado una copia de seguridad de sus negativos digitales en un CD, y ha corregido el color, ha modificado los tonos, ha llevado a cabo el proceso de enfoque, y lo que sea que le haya hecho a su fotografía hasta convertirla, en el sentido más amplio de la palabra, en una obra maestra. Pero ahora es el momento de enseñársela a su cliente. Es de esperar que pueda mostrársela al cliente en persona, de forma que pueda explicarle, con todo lujo de detalles, los motivos que se ocultan detrás de incluir un camión 4x4 en lo que de otra forma sería una impoluta fotografía de boda. (Respuesta: porque puede hacerlo.) Existen muchas opciones de que los clientes vean la fotografía primero en la pantalla, así que incluí algunos trucos fantásticos de cómo hacer que su presentación tenga el mejor aspecto posible (después de todo, querrá que esos enormes neumáticos tengan una apariencia adecuada), e incluso incluí algunas técnicas sobre cómo proporcionar su propio servicio de pruebas *online* utilizando Elements (en el caso de que sus clientes huelan mal, y no quiera que vuelvan a su estudio a apestarlo). Quiero que realmente se empape de estas técnicas (como si estuviera mojando una galleta de hojaldre) porque, cuando termine con este capítulo, una vez que ha llegado hasta aquí, no hay vuelta atrás. En este punto, algunas personas empezarán a registrar su estudio en busca de aquel último rollo de película de impresión tradicional, probablemente abandonado al fondo de algún cajón (o escondido en la parte de atrás del frigo, detrás de las sobras del chino), de forma que puedan

sujetarlo a contraluz, sonreír, y empezar a reírse con esa risa histérica que sólo las personas que están verdaderamente en tensión pueden lograr. Esas personas no son accionistas de Kodak.

AÑADIR MARCAS DE AGUA E INFORMACIÓN DE *COPYRIGHT*

Esta técnica que consta de dos partes es especialmente importante si va a colocar sus fotografías en la Web, y desea tener cierto nivel de protección de *copyright*. En la primera parte de esta técnica, añadiremos una marca de agua transparente, de forma que pueda colocar fotografías de mayor tamaño sin miedo a que alguien las descargue y las imprima; en la segunda parte, incrustaremos información personal de *copyright*, de forma que si sus fotografías se utilizan en cualquier lugar de la Web, su información de *copyright* se incluya en el archivo.

Paso 1:

Empezaremos por crear una plantilla de marca de agua. Abra un nuevo documento en blanco en el Editor de Elements (**Archivo>Nuevo>Archivo en blanco**) en modo **RGB** en la resolución de trabajo que utilice normalmente (72 ppi para baja resolución, 300 ppi para alta resolución, etc.). Haga clic en la muestra de color frontal que se encuentra en la parte inferior de la caja de herramientas y seleccione un color gris medio en el **Selector de color**; haga clic en **OK**. A continuación, pulse **Alt-Retroceso** para rellenar la capa **Fondo** con ese color gris medio. Pulse la tecla **D** para configurar su color frontal en negro.

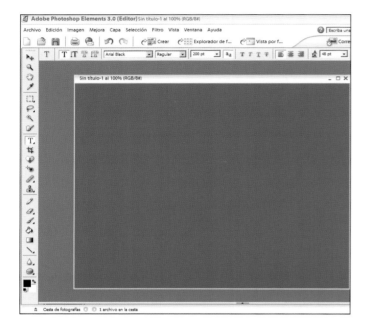

Paso 2:

Pulse **T** para acceder a la herramienta Texto y, en la barra de opciones, seleccione una fuente como **Arial Black** en el menú desplegable de fuente, y haga clic en el icono Centrar texto. Haga clic con el cursor en el fondo blanco, pulse y mantenga pulsada la tecla **Alt**, pulse "**0169**" en el teclado numérico, y, a continuación, suelte la tecla **Alt** para crear un símbolo de *copyright*. Pulse **Intro** para mover su cursor a la línea siguiente y escriba el nombre que desee que aparezca como *copyright* en la foto. Si es necesario, ajuste el interlineado (el espacio entre líneas), seleccionando todo el

texto (**Control-A**) y eligiendo un tamaño de punto en el menú desplegable de configurar interlineado que encontrará en la barra de opciones. Ahora proceda a ocultar la capa **Fondo** haciendo clic en el icono del ojo que aparece en la columna más a la izquierda a su lado en la paleta **Capas**.

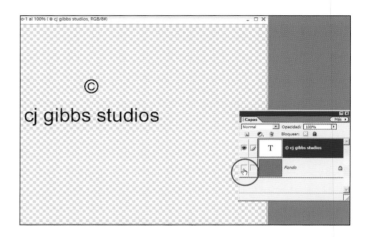

Paso 3:

Seleccione el nombre (pero no el símbolo de *copyright*) con la herramienta Texto y aumente el tamaño de su nombre al tamaño que le gustaría, utilizando el menú desplegable de tamaño de fuente que encontrará en la barra de opciones.

Cuando tenga el tamaño que desee utilizar, seleccione sólo el símbolo de *copyright* y cambie su tamaño aumentándolo hasta que sea un poco más grande que el nombre. Pruebe con un texto a 48 puntos y un símbolo de *copyright* a 200 puntos.

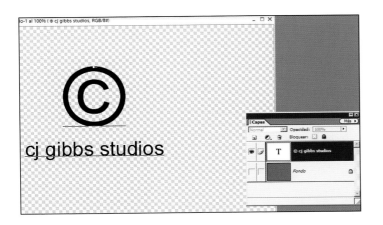

Paso 4:

Diríjase a la paleta **Estilos y efectos** (si no está visible, vaya al menú **Ventana** y seleccione **Estilo y efectos**) y en el menú desplegable **Más**, seleccione **Vista de miniaturas**. En el menú desplegable que aparece en la esquina superior izquierda de la paleta, seleccione **Efectos**. En el segundo menú desplegable, asegúrese de tener seleccionada la opción **Todo**. A continuación, desplácese por la paleta y haga doble clic en el efecto denominado **Relieve nítido (texto)**. Esto aplicará un efecto de relieve que hace que el relleno sea transparente.

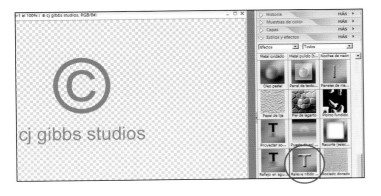

Paso 5:

Ahora puede hacer que la capa **Fondo** vuelva a estar visible dirigiéndose a la paleta **Capas**, y haciendo clic en la columna que aparece más a la izquierda, donde solía estar el icono del ojo. Ahora puede ver claramente el efecto **Relieve nítido (texto)**.

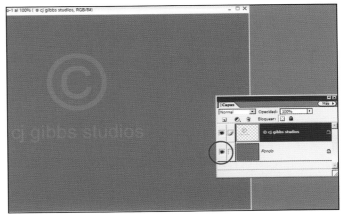

Paso 6:

Abra la fotografía a la que quiere añadir la marca de agua transparente. Asegúrese de que esta fotografía y el documento con la marca de agua en relieve estén visibles en Elements (de no ser así, deseleccione el modo de maximización desde **Ventana>Imágenes> Cascada**).

Paso 7:

Pulse **V** para acceder a la herramienta Mover, y haga clic y arrastre la capa de Texto que contiene el símbolo de *copyright* de la paleta **Capas** (en el documento de marca de agua en relieve) y suéltelo en su fotografía (estamos arrastrando capas entre documentos).

Una vez que el símbolo de *copyright* se encuentra en su nuevo documento, puede modificar su tamaño para que adopte el que sea necesario.

Sólo tiene que pulsar **Control-T** para acceder al recuadro de Transformación libre y hacer clic y arrastrar uno de los manejadores de esquina. Añada la tecla **Mayús** para cambiar el tamaño del texto de forma proporcional. Pulse **Intro** para completar su transformación.

Paso 8:

A continuación diríjase a la paleta **Capas** y disminuya la **Opacidad** de su capa de texto de forma que pueda verse de manera clara, pero sin dominar la fotografía.

Paso 9:

Ahora, en la segunda parte, incrustaremos información de *copyright* personal en el propio archivo. Diríjase al menú **Archivo** y seleccione la opción **Información de archivo**. Aquí es donde introduciremos la información que queramos incrustar. Esta información incrustada es soportada por todos los formatos de archivo principales de la plataforma de Windows (tales como TIFF, JPEG, EPS, PDF, y el formato de archivo original de Photoshop).

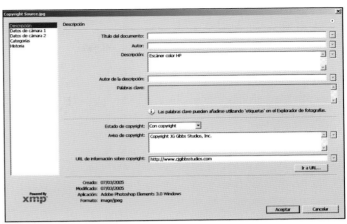

Paso 10:

En el cuadro de diálogo, cambie el menú **Estado de copyright** de **Desconocido** a **Con copyright**. En el campo **Aviso de copyright** introduzca su información personal de *copyright* y, en **URL de información sobre copyright** introduzca su dirección Web completa. De esa forma, cuando otras personas abran su archivo en Elements, pueden dirigirse a **Información de archivo**, hacer clic en el botón **Ir a URL** y abrir su navegador que les llevará directamente a su sitio.

Paso 11:

Haga clic en **OK** y la información se incrustará en el archivo. Una vez que la información sobre *copyright* se ha añadido al archivo, Elements añade automáticamente un símbolo de *copyright* antes del nombre del archivo, que aparece en la barra de título de la fotografía. Esto es, acabamos de aplicar dos niveles de protección, uno visible y otro incrustado.

COLOCAR SUS FOTOGRAFÍAS EN LA WEB

Elements tiene una característica incluida que no sólo optimiza de forma automática sus fotografías para la Web, sino que además construye un documento real de HTML para usted con pequeñas imágenes en miniatura, crea vínculos a pruebas más grandes de tamaño completo, incluye su información de contacto de correo automático, y más cosas. Todo lo que tiene que hacer es colocarla en la Web y darles a sus amigos (o clientes) la dirección Web para su nuevo sitio. Veamos cómo hacer el suyo.

Paso 1:

En el Editor de Elements, abra primero todas las fotografías que quiera que aparezcan en su página Web. (Nota: También puede hacer clic manteniendo pulsada la tecla **Control** para seleccionar las imágenes en el Organizador de Elements.)

Paso 2:

Diríjase a la barra de tareas que se encuentra encima de la barra de opciones y haga clic en el botón **Crear**.

> **TRUCO:** Cuando haga clic aquí, puede que aparezca un molesto cuadro de diálogo en el que se le informa de que sólo las fotos guardadas se incluirán en la creación (que, en este caso, es una página Web). Si sus fotografías fueron guardadas (si tienen nombre es que han sido guardadas), haga clic en **OK**. Si no es así, pulse **Cancelar** y diríjase a Archivo>Guardar. Póngales un nombre y haga clic en el botón **Guardar**. A continuación, haga clic de nuevo en el botón **Crear**.

Paso 3:

Cuando aparezca el cuadro de diálogo **Configurar creación**, verá una lista de cosas que puede crear en la parte izquierda. Haga clic en la última opción, **Galería de fotografías Web**, y, a continuación, haga clic en el botón **OK** que encontrará en la esquina inferior derecha del cuadro de diálogo.

Paso 4:

Cuando haga clic en **OK**, aparecerá el cuadro de diálogo **Galería de fotografías Web de Adobe**, y todas sus fotografías abiertas aparecerán en una columna en la parte izquierda del cuadro de diálogo. Este cuadro de diálogo es el lugar en el que se llevan a cabo las decisiones que conciernen al aspecto que tendrá su página Web. En la parte superior puede ver un menú desplegable de distribuciones predeterminadas de páginas Web (denominado **Estilo de galería**). Según vaya seleccionando los distintos estilos en el menú desplegable, aparecerá una previsualización en miniatura de cada distribución cerca de la parte superior del cuadro de diálogo. Elija un estilo que le guste. En los pasos siguientes, decidirá qué texto aparecerá en la página, cuál será el tamaño de las miniaturas y las fotografías que aparecerán en la página Web y la calidad que tendrán.

Paso 5:

La primera decisión que quizá debería tomar es dónde guardará su página Web (algo que oficialmente se llama Destino), así que haga clic en el botón **Examinar** que aparece cerca de la esquina inferior del cuadro de diálogo para acceder a un cuadro de diálogo distinto, **Buscar carpeta**. Diríjase a la carpeta en la que quiera guardar su página Web terminada y haga clic en **OK**. Ahora puede empezar a personalizar su página Web.

Paso 6:

A continuación, observe la pestaña **Titular** que se encuentra en la sección central del cuadro de diálogo. Aquí es donde se escribe el título y el subtítulo de su página Web, y donde se introduce su dirección de correo electrónico (si desea que la gente que visite el sitio pueda escribirle). Si está haciendo esto para mostrar su trabajo a los clientes, ciertamente querrá incluir un vínculo para que puedan ponerse en contacto con usted por correo).

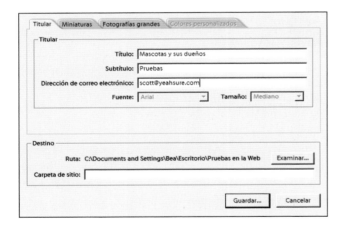

Paso 7:

Haga clic en la pestaña **Miniaturas**. Aquí puede escoger el tamaño de las pequeñas imágenes en miniatura en las que la gente que visite su sitio hará clic para ver las fotografías a tamaño completo. Seleccione el tamaño que desee en el menú desplegable **Tamaño de miniatura**. También puede elegir **Pies de ilustración** como **Nombre de archivo**, **Pie de ilustración** (esto es, si ya tiene creados pies de página para sus imágenes en el Organizador) o **Fecha**, para que aparezcan debajo de cada miniatura si lo desea; para ello

sólo tiene que hacer clic en sus respectivos recuadros de selección dentro de la sección **Pies de ilustración**.

Paso 8:

Haga clic en la pestaña **Fotografías grandes**. Aquí es donde seleccionará el tamaño y la calidad finales de las fotografías a tamaño completo que se muestran en su página Web. Seleccione el tamaño que desee en el menú desplegable **Redimensionar fotografías** y, a continuación, utilice la pestaña deslizante de **Calidad de fotografía** para determinar su calidad. (Nota: Cuanto más alta sea la calidad, más tiempo tardarán en aparecer sus fotografías en la pantalla.) Una vez más puede seleccionar títulos que aparezcan debajo de cada una de las fotos en la sección **Pies de ilustración** haciendo clic en el recuadro de selección correspondiente.

Paso 9:

Cuando haga clic en **Guardar** (en la parte inferior del cuadro de diálogo), Elements 3 llevará a cabo las tareas que se le hayan encomendado, redimensionar fotografías, añadir texto, crear miniaturas, y en la pantalla aparecerá una previsualización de su página Web (completa, con navegación en vivo). Pero su página no está en la Web, es sólo una previsualización dentro de Elements 3. Para colgar realmente sus fotografías en la Web, tendrá que cargarlas a un servidor Web, pero, antes de que pueda hacerlo, tiene que encontrar los archivos que desea cargar.

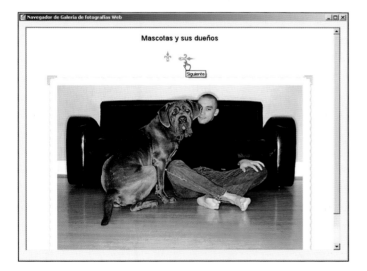

Paso 10:

Elements crea automáticamente todos los archivos y carpetas que necesitará para cargar su galería en la Web y los guarda en la ubicación que usted seleccionó previamente en la sección **Destino** del cuadro de diálogo **Galería de fotografías Web de Adobe**. Estos son los archivos y carpetas que necesita para

colocar su galería fotográfica en directo en la Web, incluyendo su página de inicio HTML (`index.html`). Ahora, todo lo que tiene que hacer es cargarlas en la Web, y ¡estará conectado en directo!

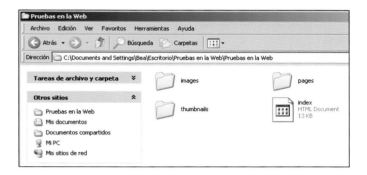

CONSEGUIR UNA FOTOGRAFÍA DE 12,7×17,78 CENTÍMETROS, DOS DE 6,35×8,89 CENTÍMETROS Y CUATRO FOTOGRAFÍAS TAMAÑO CARTERA EN UNA IMPRESIÓN

Con frecuencia he bromeado sobre el hecho de que ahora estamos a un clic de distancia de convertirnos en un estudio de retratos desde que Adobe inventó la característica **Conjunto de imágenes**, que le permite imprimir en grupo los tamaños de fotografía estándar más comunes en una sola hoja. Con el **Conjunto de imágenes**, Elements lleva a cabo todo el trabajo por usted. Todo lo que tiene que hacer es abrir la fotografía de la que desea imprimir varias versiones, y, a continuación, será Elements el que tome las riendas, excepto en el recorte manual de la impresión final que realmente está más allá de las capacidades de Elements, por ahora.

Paso 1:

En el Editor de Elements, abra la fotografía que desea que aparezca en distintos tamaños en una sola página, y diríjase a **Archivo>Imprimir varias fotografías.**

Paso 2:

Cuando aparezca el cuadro de diálogo, en la parte derecha, seleccione la impresora que va a utilizar para imprimir.

A continuación, en la sección 2, seleccione **Conjunto de fotografías** del menú desplegable.

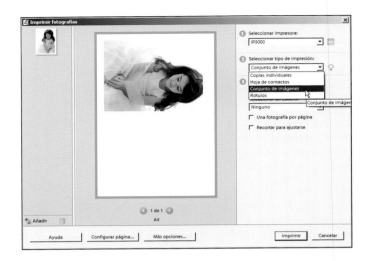

Paso 3:

En la tercera sección, seleccione los tamaños y la distribución de su **Conjunto de imágenes** en el menú desplegable **Seleccionar un diseño**. En este caso, yo seleccioné las opciones **Letter (2) 4×5 (2) 2.5×3.5 (4) 2×2.5**, pero puede seleccionar cualquier combinación que quiera.

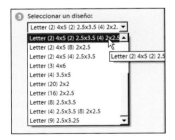

Paso 4:

Aunque hemos elegido un diseño, sólo aparecerá una fotografía en la previsualización de la distribución en el centro del cuadro de diálogo. Tendrá que hacer clic en el recuadro **Una fotografía por página** para colocar su imagen múltiples veces.

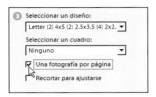

Paso 5:

Elements 3 redimensiona, rota y compila de forma automática sus fotografías en un documento. Éste es una utilización sencilla del **Conjunto de imágenes**, pero realmente es más flexible de lo que parece, como veremos en el paso siguiente.

Paso 6:

Otra opción que se le ofrece es añadir un cuadro personalizado alrededor de sus fotografías en su **Conjunto de imágenes**. Para añadir este cuadro, sólo tiene que escoger uno en el menú desplegable **Seleccionar un cuadro** y su opción se verá reflejada de forma inmediata en la previsualización.

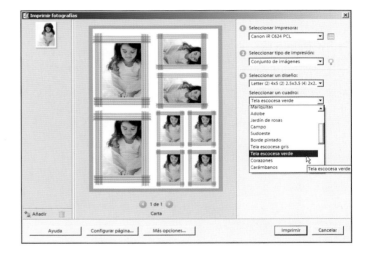

Paso 7:

Si quisiera crear más diseños en **Conjunto de imágenes** utilizando los mismos ajustes, todo lo que tiene que hacer es importar otra fotografía. Para hacerlo, haga clic en el botón **Añadir** que aparece cerca de la esquina inferior izquierda del cuadro de diálogo. Esta acción hará aparecer el cuadro de diálogo **Añadir fotografías**, en el que puede encontrar la fotografía que desee importar desde el **Explorador de fotografías**, el **Catálogo**, etc. Sólo tiene que hacer clic en el recuadro de selección que aparece a la derecha de la miniatura de la imagen en el cuadro de diálogo y hacer

clic en **OK**. Una vez importada, aparecerá una pequeña miniatura de su fotografía en la lista de fotografías
de la parte izquierda del cuadro de diálogo (puede ver
una segunda fotografía que ha sido añadida en la
imagen que se muestra a continuación).

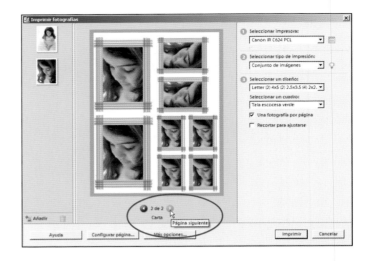

Paso 8:

Para ver la distribución con su nueva fotografía, haga
clic en el botón de la flecha en dirección derecha que
se encuentra justo por debajo de la previsualización a
gran tamaño en el centro del cuadro de diálogo. Le
llevará a la distribución para su segunda fotografía. Si
importa varias fotografías, podrá acceder a un diseño
de página para cada una de las fotos.

Paso 9:

Si es usted un usuario más avanzado, de los que com-
prenden las opciones de gestión de color y asignación
de perfiles de color, puede hacer clic en el botón **Más
opciones**, que encontrará directamente debajo de la
previsualización, y asignar un espacio de color a sus
fotografías antes de imprimirlas. Pero, si no se siente
cómodo tomando este tipo de decisiones, simplemente
ignore el botón **Más opciones**.

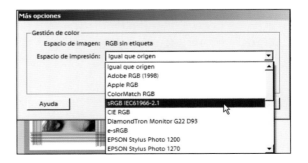

Paso 10:

Haga clic en **Imprimir**, y éste será el aspecto de la salida de su Conjunto de imágenes adicional.

UTILIZAR DISEÑOS DE CONJUNTO DE IMÁGENES CON MÁS DE UNA FOTOGRAFÍA

Aunque la característica Conjunto de imágenes se utiliza principalmente para imprimir una fotografía

múltiples veces en la misma página, puede colocar distintas fotografías en las diferentes posiciones, y puede personalizar su ubicación. Veamos cómo hacerlo:

Paso 1:

Una vez abierto el cuadro de diálogo Conjunto de imágenes (véase el tutorial anterior), haga clic en el botón **Añadir** (que encontrará cerca de la esquina inferior izquierda del cuadro de diálogo) para añadir fotografías adicionales del Explorador de fotografías, el Catálogo, etc., hasta que tenga una fila de miniaturas que aparezcan en la parte izquierda del cuadro de diálogo. Asegúrese de que la opción Una fotografía por página está seleccionada (encontrará esta opción en la parte derecha del cuadro de diálogo, justo debajo del menú desplegable Seleccionar un cuadro).

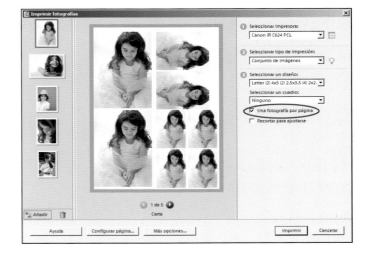

Paso 2:

Para añadir una nueva fotografía a su distribución de **Conjunto de imágenes**, sólo tiene que hacer clic en la miniatura de la imagen que aparece a la izquierda y arrastrar y soltar en el área de previsualización, en el centro del cuadro de diálogo, en la posición en la que quiera que aparezca. (Nota: Mientras arrastra, observará un reflejo alrededor de las posiciones de imagen preseleccionadas en la ventana de previsualización.)

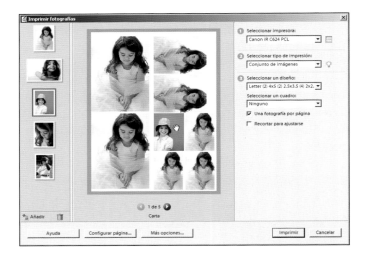

Paso 3:

Si desea mover una fotografía a otra posición, sólo tiene que hacer clic directamente en la fotografía en el área de previsualización, y arrastrarla a la nueva posición.

Si se necesita un cambio de tamaño, se llevará a cabo de forma automática.

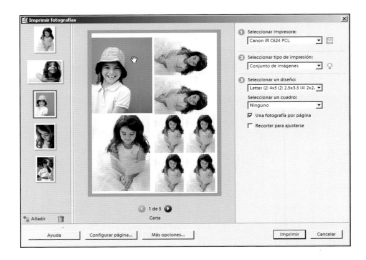

Paso 4:

Puede tener tantas fotografías diferentes como posiciones haya en su distribución, así que simplemente siga arrastrando y soltando miniaturas de la parte izquierda del cuadro de diálogo a la posición que desee dentro del área de previsualización.

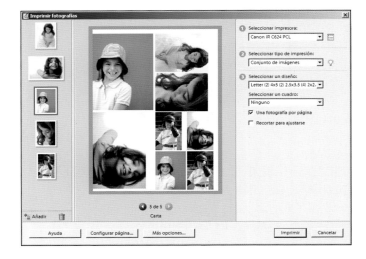

Paso 5:

Si prefiere que todas sus fotografías importadas aparezcan a la vez en la página (en lugar de arrastrarlas y soltarlas), sólo tiene que desactivar la opción **Una fotografía por página**, y todas sus fotografías importadas de la parte izquierda del cuadro de diálogo se colocarán automáticamente en su lugar.

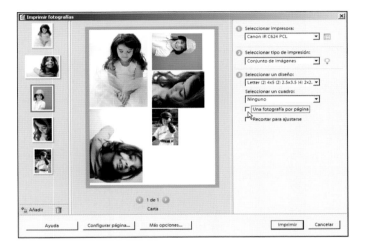

ENVIAR UNA PRESENTACIÓN PDF A UN CLIENTE

En Elements 3 hay una característica que coge un grupo de imágenes, crea una proyección de diapositivas (completa con transiciones) y la comprime en formato PDF de forma que pueda enviarla fácilmente por correo electrónico a un cliente como prueba.

Esta opción es perfecta para mostrar su carpeta de trabajo a los clientes, para enviar pruebas de instantáneas de boda o de retratos, para enviar a los amigos fotografías de una fiesta, o para una docena de usos

diferentes, que ahora mismo no se me ocurren, pero que seguro que me vienen a la cabeza más tarde, cuando esté en el supermercado o de camino a la oficina.

Paso 1:

Abra las fotografías que desee utilizar en su presentación en PDF en el Editor y, a continuación, haga clic en el botón **Crear**. (Nota: También puede hacer clic sobre las imágenes manteniendo pulsada la tecla **Control** en el Organizador y hacer clic después en el botón **Crear**.)

Paso 2:

Esta acción hará aparecer el cuadro de diálogo **Configurar creación**. Hay una lista de proyectos distintos que puede crear en la parte izquierda del cuadro de diálogo.

Haga clic en la opción superior (**Proyección de diapositivas**), y, a continuación, haga clic en el botón **OK** en la esquina inferior derecha del cuadro de diálogo.

Paso 3:

A continuación, aparecerán las opciones de **Seleccionar un formato de proyección de diapositivas**, donde puede escoger el tipo de proyección de diapositivas que quiere. En este caso, seleccione la opción **Proyección de diapositivas sencilla** a la izquierda del cuadro de diálogo, y haga clic en el botón **OK** que aparece cerca de la esquina inferior derecha del mismo.

Paso 4:

Hacer clic en **OK** aquí nos lleva a otro cuadro de diálogo. En la parte superior de este nuevo cuadro de diálogo, podrá ver las miniaturas de todas las fotografías que se incluirá en su **Proyección de diapositivas sencilla**. Las miniaturas están numeradas, lo que significa que la miniatura 1 aparecerá en primer lugar, la miniatura 2 en segundo lugar, y así sucesivamente. Si desea cambiar el orden de sus diapositivas, sólo tiene que hacer clic en una miniatura y arrastrarla para colocarla en la posición en la que desea que aparezca. Si desea eliminar algunas de las imágenes de la proyección de diapositivas, haga clic en la miniatura y después en el botón **Eliminar fotografía** que aparece en el área superior central del cuadro de diálogo. Y, por supuesto, para añadir una imagen sólo tiene que hacer clic en el botón **Añadir fotografías** en la esquina superior izquierda, y navegar hasta acceder a su imagen.

Paso 5:

Por defecto, Elements 3 proporcionará una transición aleatoria entre sus diapositivas, pero algunas de ellas pueden tener mal aspecto, o aparecer fuera de lugar, dependiendo del tema. Así que, si prefiere ir sobre seguro y elegir algo que funcione prácticamente siempre, seleccione una transición como **Disolver** en el menú desplegable **Transición**.

Paso 6:

En la parte inferior derecha del cuadro de diálogo, en la sección denominada **Opciones de fotografías**, puede elegir el tamaño de las fotografías que aparecerán en su proyección de diapositivas. En el ejemplo que aparece aquí, seleccioné un tamaño de **640×480 píxeles**, pero puede escoger el tamaño que quiera en el menú desplegable **Tamaño de fotografía**, o introducir el tamaño que prefiera seleccionando la opción **Personalizar** del menú.

Paso 7:

Si selecciona cualquier tamaño distinto del de la fotografía original, tendrá que seleccionar también un ajuste de calidad. Recuerde: cuanto más alta sea la calidad, mayor será el tamaño de su archivo, así que trate de buscar un término medio. Pruebe con 7 u 8. Utilice un ajuste más alto sólo si sabe que la persona a la que va a enviar esta presentación por *e-mail* tiene una conexión a Internet de alta velocidad.

Paso 8:

Haga clic en el botón **Guardar** y elija dónde quiere guardar su archivo PDF. Elements 3 creará un archivo PDF por usted, listo para ser enviado por *e-mail* a su cliente.

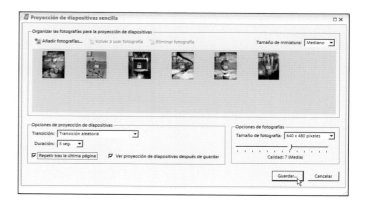

Paso 9:

Cuando su cliente abra el PDF enviado por correo electrónico, se abrirá de forma automática Adobe Reader en modo de pantalla completa (sus fotografías aparecerán centradas sobre un fondo color negro), y empezará la presentación. La imagen que aparece a continuación muestra la primera diapositiva en la presentación PDF en modo pantalla completa, justo antes de su transición a la siguiente fotografía. (Nota: Si por alguna extraña razón su cliente o su amigo no tiene instalado Adobe Reader, puede descargarlo gratuitamente en el sitio de Adobe, en www.adobe.com/products/acrobat/readstep2.html.)

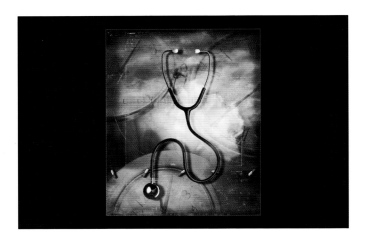

CÓMO ENVIAR FOTOGRAFÍAS POR *E-MAIL*

Lo crea o no, ésta es una de las preguntas que más se hacen, y supongo que la razón es que no hay directrices oficiales para enviar fotografías por correo.

Quizá debería haberlas, porque hay fotógrafos que me envían constantemente fotografías de alta resolución que bien (a) les son devueltas a causa de restricciones de tamaño, (b) tardan un día entero en descargarse, o (c) nunca llegan a su destino porque no hay directrices oficiales en lo que respecta a la forma en la que enviar fotografías por *e-mail*. A falta de dichas reglas, considere estas reglas "oficiales" no oficiales.

Paso 1:

Abra la fotografía que desee enviar por *e-mail* en el Editor de Elements 3. Diríjase al menú **Archivo** y seleccione la opción **Adjuntar a correo electrónico**. (Nota: Aparecerá un cuadro de diálogo denominado **Correo electrónico** en el que se le pide que seleccione un cliente de *e-mail* como predeterminado. Seleccione su cliente de correo electrónico, Microsoft Outlook, etc., en el menú desplegable, y haga clic en **OK**.)

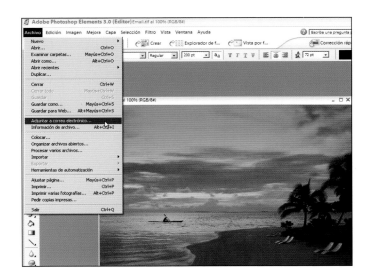

Paso 2:

Esta acción abrirá su fotografía en el cuadro de diálogo **Adjuntar a correo electrónico**. La primera decisión que debe tomar es ¿a quién quiere enviar esta fotografía? (Adobe denomina a esta simple tarea **Seleccionar destinatarios**, porque hace que suene significativamente más complicado y confuso.) Para seleccionar quién recibirá la fotografía por *e-mail*, si es una persona que no aparece en su lista, haga clic en el botón **Añadir destinatario** que encontrará en la parte inferior central del cuadro de diálogo.

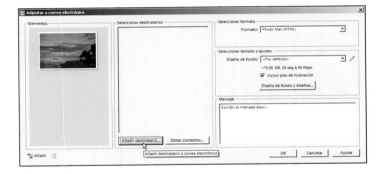

Paso 3:

Aparecerá un cuadro de diálogo en el que puede añadir el nombre, los apellidos y una dirección de correo electrónico. Introduzca la información y a continuación haga clic en **OK**. Si desea enviar esta fotografía a más de una persona, vuelva a hacer clic en el botón **Añadir destinatario** para añadir otro nombre; siga haciendo esto hasta que haya añadido una cantidad de nombres suficientes como para empezar a pensar que está mandando un correo basura en cadena.

Paso 4:

Si quisiera añadir un mensaje a su *e-mail* (del tipo "Aquí es donde estuve de vacaciones. El tiempo fantástico", etc.), escríbalo en el campo **Mensaje** que aparece en la parte inferior del cuadro de diálogo. ¿Se siente creativo? ¿Por qué no añadir un borde a su fotografía, o a todo un diseño y completarlo con gráficos que se enviarán junto con su fotografía? Para hacerlo, sólo tiene que hacer clic en el botón **Diseño de fondo y diseños**.

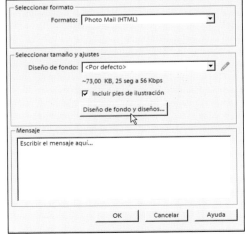

Paso 5:

Cuando aparezca el cuadro de diálogo **Asistente para diseño de fondo y composición,** verá que sólo tiene que tomar dos sencillas decisiones. La primera pregunta que debe contestar es: ¿cuál es el aspecto que quiere que tenga su diseño? Puede escogerlo en la lista de diseños (denominado **Diseño de fondo**) en la parte izquierda del cuadro de diálogo. Cuando haga clic en cada una de las opciones, el diseño se verá reflejado directamente en el área de previsualización que aparece a la derecha, de forma que verá lo que el "destinatario" va a ver. Si el diseño básico tiene un aspecto adecuado, haga clic en el botón **Siguiente paso** que aparece en la esquina inferior derecha del cuadro de diálogo.

Paso 6:

La segunda decisión es realmente una opción para personalizar su diseño, lo que puede hacer en el panel **Diseño** que aparece en la parte izquierda de la pantalla.

Puede escoger el tamaño de la fotografía, la posición de su fotografía, las opciones de texto, etc.

Por ejemplo, puede escribir un mensaje directamente en la pantalla en el área de previsualización y controlar después la fuente y el color de su texto en la categoría **Texto.**

Paso 7:

Ajuste las opciones en la parte izquierda del cuadro de diálogo para que su imagen tenga el mejor aspecto posible. Cuando tenga el aspecto adecuado, haga clic en el botón **Hecho**.

Paso 8:

Cuando haga clic en **Hecho**, como hemos modificado los ajustes de diseño, aparecerá un cuadro de diálogo en el que puede poner nombre a sus ajustes personalizados.

Escriba un nombre, haga clic en **OK** y lo tendrá guardado de forma que pueda acceder al mismo diseño en el futuro seleccionándolo en el menú Diseño de fondo.

A continuación, volverá a aparecer el cuadro de diálogo Adjuntar a correo electrónico. Haga clic en el botón **OK**.

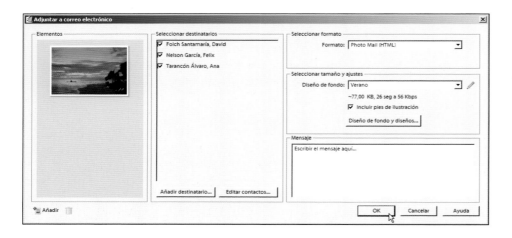

Paso 9:

Cuando haga clic en **OK** se abrirá su aplicación de correo electrónico predeterminada, y su fotografía y su diseño personalizado se encontrarán adjuntados al mensaje de forma automática. Todo lo que le queda por hacer ahora es hacer clic en el botón **Enviar**, y listo, su fotografía está de camino.

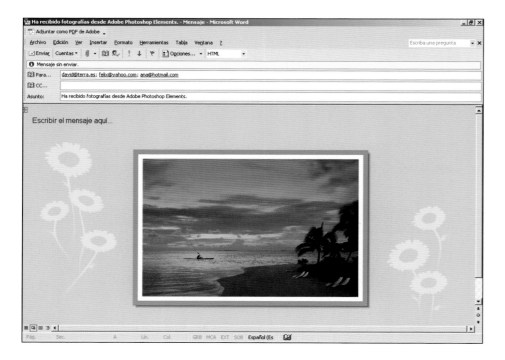

Fotógrafo Scott Kelby

Crear (o morir). Cómo hacer presentaciones con sus fotografías

13

> Capítulo 13. **Crear (o morir). Cómo hacer presentaciones con sus fotografías**

En el pasado, cuando terminábamos de editar una fotografía digital, simplemente teníamos que proceder a imprimirla. Era una época más sencilla. Si conseguíamos que la fotografía se centrara en la página, se consideraba un pequeño milagro, y había gente que venía de los pueblos de la comarca sólo a ver sus impresiones centradas. Pero ahora, los niños tienen estos artilugios modernos que le permiten coger las fotografías y convertirlas en proyecciones de diapositivas, páginas Web, calendarios de pared y CD de vídeo. Algunos llaman a esto progreso, pero yo digo que simplemente no está bien. Las fotografías no son para eso. Se supone que son inmóviles, sin vida, estáticas, y que aparecen centradas sobre un papel blanco. Pero entonces llega Photoshop Elements 3, con sus nuevas características de "creación" y, de repente, cualquiera con dos gigas de RAM se cree Dennis Hopper (que, por cierto, fue el protagonista del documental *Crear o morir*, que se estrenó en el año 2003 para todo el mundo; muchas de las personas que lo vieron ya tenían cámaras digitales, y, sin embargo, la mayoría de ellos no eran capaces de centrar correctamente sus fotografías en una página). Lo que digo es que hay que dejar temas como centrar fotografías a los profesionales.

CREAR CON SUS FOTOGRAFÍAS

Hay toda un área de Elements 3 dedicada a la creación de proyectos con sus fotografías. Cuando digo proyectos me refiero a transformar sus fotografías de ser simples impresiones a "creaciones" como proyecciones de diapositivas hechas y derechas, calendarios de pared, postales o galerías de fotografías Web. Veamos una de las formas de acceder a la característica Crear de Elements.

Paso 1:

Hay aproximadamente media docena de formas de acceder a la sección Crear de Elements, pero la forma más sencilla y más visual es simplemente haciendo clic en el botón **Crear** que aparece en la barra de opciones tanto del Editor como del Organizador de Elements 3. Por cierto, si hace clic en el botón **Crear** en el Editor, lo que hará es simplemente abrir el Organizador y abrir después la sección **Crear**, por lo que, si ya está trabajando en el Organizador, tiene la mitad del camino recorrido.

Botón Crear en el Editor

Botón Crear en el Organizador

Paso 2:

Cuando se hace clic en el botón **Crear**, se accede al cuadro de diálogo Configurar creación, en el que se ofrece una lista de opciones de creación a la izquierda, y una descripción de cada una de ellas en el área principal del cuadro de diálogo a la derecha. Para seleccionar una de estas creaciones, haga clic primero en la que desee dentro de la lista que aparece a la izquierda y, a continuación, haga clic en el botón **OK** que encontrará en la parte inferior derecha.

> **TRUCO:** Si observa la esquina inferior derecha del cuadro de diálogo, verá una fila de pequeños iconos. Estos iconos le dicen lo que serán las versiones finales de cada creación. En la captura de pantalla que puede ver a continuación, el pequeño icono del monitor significa que puede mostrarse en la pantalla; el icono de Acrobat significa que puede hacer un PDF de su creación; el globo con el sobre significa que puede enviarse por correo electrónico; y el monitor con el disco significa que puede hacer un disco de vídeo a partir de su creación.

CREAR PROYECCIONES DE DIAPOSITIVAS AVANZADAS

Previamente en este libro hemos visto la manera de crear una proyección de diapositivas sencilla a partir de fotografías seleccionadas en el Organizador, pero, si realmente desea crear una proyección de diapositivas que sea una obra maestra, está en el lugar adecuado.

Paso 1:

Una vez que haya hecho clic en el botón **Crear**, y se encuentre en el cuadro de diálogo Configurar creación, haga clic en la opción Proyección de diapositivas en la lista de creaciones que aparece a la izquierda y, a continuación, haga clic en **OK**.

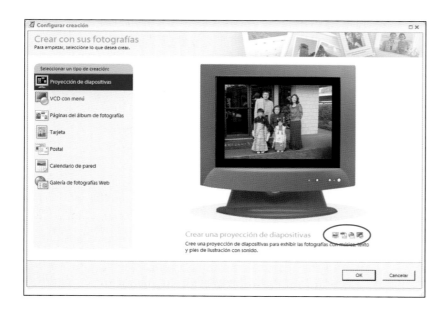

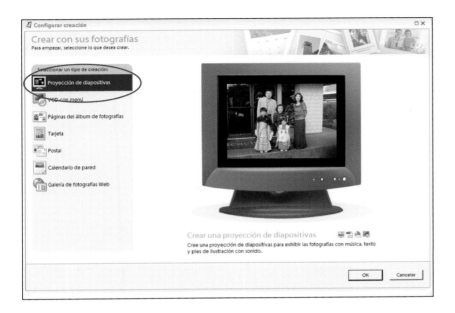

Paso 2:

Esta acción hará aparecer la ventana **Seleccionar un formato de proyección de diapositivas,** en la que tiene que decidir si desea crear una **Proyección de diapositivas sencilla** (que es un PDF que puede enviar por correo a sus amigos, pero que no provoca ninguna muestra de admiración) o una **Proyección de diapositivas personalizada** (que es la versión completa y avanzada de la que le he hablado). Haga clic en **Proyección de diapositivas personalizada** y, a continuación, haga clic en **OK**.

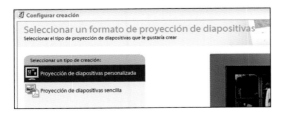

Paso 3:

Aparecerá el **Editor de proyección de diapositivas,** y aquí es donde creará su magia (de acuerdo, el término "magia" quizá sea un poco exagerado, pero aquí es donde hará "sus cosas").

Si seleccionó fotografías en el Organizador antes de hacer clic en el botón **Crear**, estas fotografías aparecerán en la Cesta de fotografías del **Editor de proyección de diapositivas** situada en la parte inferior (lo que significa que puede saltarse el resto de este paso junto con el paso 4).

Si no es así, observará que hay una pantalla vacía de color negro que le mira fijamente. Está esperando que usted escoja las imágenes que aparecerán en su proyección de diapositivas, así que diríjase al menú **Añadir**, y seleccione la procedencia de las fotografías que va a utilizar en su proyección de diapositivas.

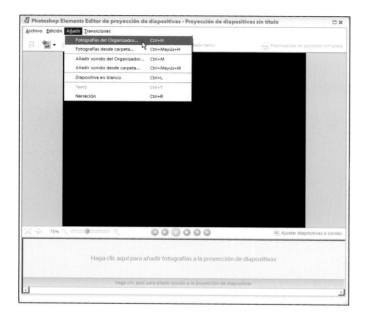

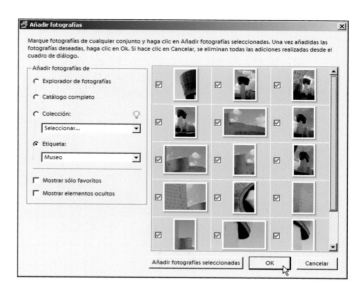

Paso 4:

Dependiendo de dónde se sitúen sus archivos (los míos están en el Organizador), aparecerá el cuadro de diálogo **Añadir fotografías**, que le proporciona acceso a sus fotografías en el Organizador sin dirigirse realmente al propio Organizador. Le permite estrechar su búsqueda explorando sólo una colección o incluso clasificando las imágenes por etiquetas, pero es bastante sencillo encontrar las fotografías que está buscando. En el ejemplo que aparece aquí, seleccioné un conjunto de imágenes que previamente había etiquetado. Cuando sus fotografías etiquetadas aparezcan en la ventana, haga clic en las que quiera que aparezcan en su proyección de diapositivas y, a continuación, haga clic en **OK**. Cuando haga clic en **OK**, sus fotografías aparecerán en la Cesta de fotografías (como puede ver en la imagen del siguiente paso).

Paso 5:

Para ver la proyección de diapositivas predeterminada (lo que significa simplemente cortes de las fotografías que importamos en el orden en el que fueron importadas), pulse el botón **Reproducir** que se encuentra justo debajo de la ventana de previsualización.

Para detener la reproducción, haga clic en el botón **Detener previsualización** (el botón en forma de cuadrado que aparece al lado del botón **Reproducir** mientras la proyección de diapositivas está en movimiento).

Bastante aburrido, ¿eh? Bueno, esto está a punto de cambiar, porque ahora procederemos a personalizar la proyección de diapositivas.

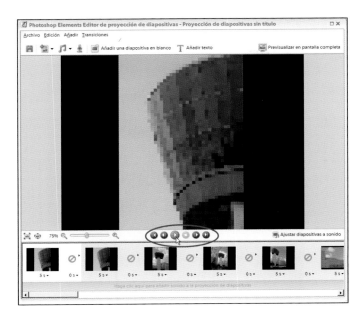

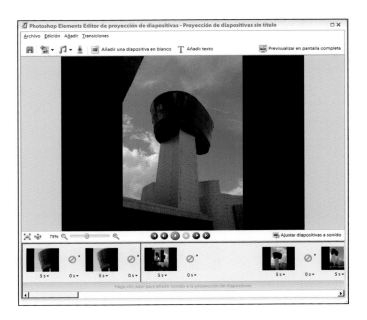

Paso 6:

Lo primero que haremos es poner las diapositivas en el orden que queramos. Para ello, simplemente haga clic en la miniatura dentro de la Cesta de fotografías en la parte inferior del cuadro de diálogo y arrástrela al lugar que desee (las diapositivas se reproducen de izquierda a derecha, así que si quiere que una determinada diapositiva aparezca en primer lugar, arrástrela completamente hacia la izquierda).

A medida que arrastre las imágenes en la Cesta, verá una barra de color negro que le indica el lugar en el que aparecerá la diapositiva cuando suelte el botón del ratón.

Paso 7:

Ahora, cuando las diapositivas estén en orden, eche un vistazo directamente debajo de las miniaturas en la Cesta de fotografías. Verá **5s**. Esto significa que esa diapositiva permanecerá en la pantalla durante cinco segundos. Si desea que aparezca en pantalla durante menos tiempo, sólo tiene que hacer clic directamente en ese número y aparecerá un menú contextual de tiempos de duración.

Si desea aplicar una duración en particular a todas sus diapositivas (por ejemplo, quiere que todas aparezcan en la pantalla durante tres segundos), una vez que seleccione la opción **3s** para una diapositiva, haga clic en el tiempo de nuevo en la misma diapositiva y seleccione la opción **Establecer todas las diapositivas en 3s**.

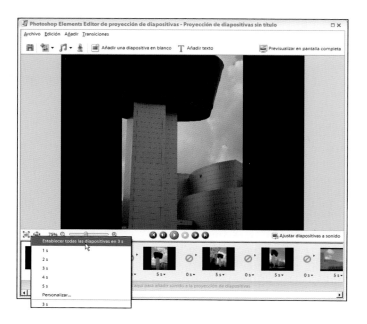

hizo para una diapositiva, sólo tiene que hacer clic en el número que aparece debajo de la transición, y elegir una duración en el menú contextual.

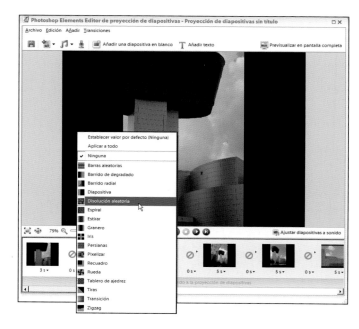

Paso 8:

Finalmente, la parte divertida; elegir las transiciones. Por defecto, no hay ninguna transición; cuando una diapositiva se termina, se corta y se pasa a la siguiente. Sin embargo, si prefiere tener una disolución agradable y suave entre las diapositivas, o algún tipo de transición elaborada, cambie la transición de su diapositiva haciendo clic en el símbolo internacional de ¡No!, que aparece a la derecha de la miniatura de su fotografía (es un círculo atravesado por una barra inclinada) y seleccione una transición en el menú contextual. Si desea que todas las diapositivas tengan la misma transición, haga clic en el símbolo de transición de nuevo y seleccione la opción **Aplicar a todo**. A continuación, vuelva a hacer clic en el botón **Reproducir** y vea cuánto ha mejorado el aspecto de su proyección. Por cierto, si desea cambiar la duración de sus transiciones, puede seleccionarla de la misma forma que lo

Paso 9:

Ahora, vamos con los títulos. Si desea añadir un título al principio de su proyección de diapositivas, haga clic en la primera diapositiva en la Cesta de diapositivas y, a continuación, haga clic en el botón **Añadir texto** que aparece en la parte superior central del cuadro de diálogo.

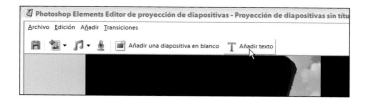

Paso 10:

Esta acción hará aparecer el cuadro de diálogo **Editar propiedades del texto**, en el que puede escoger la fuente, el estilo y el color que quiera utilizar para su texto. También verá un campo en el que puede introducir el texto que desee que aparezca en la parte superior de la fotografía. Cuando introduzca el texto, verá una previsualización instantánea para que observe el aspecto que tiene. Cuando haya terminado de configurar el texto, haga clic en **OK**.

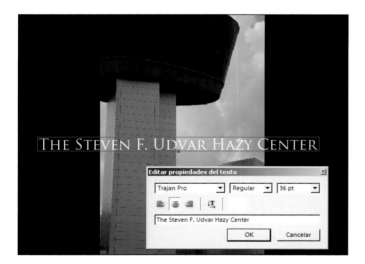

Paso 11:

Si desea que su título aparezca en una diapositiva en blanco, en lugar de aparecer sobre una fotografía, puede crear un título sobre un fondo vacío haciendo clic en el botón **Añadir una diapositiva en blanco** que encontrará en la barra de opciones. Esto creará una diapositiva negra vacía. A continuación, puede hacer clic en el botón **Añadir texto** y crear el texto que aparecerá en su diapositiva vacía. Esta diapositiva

vacía aparecerá con la transición establecida como predeterminada (un corte brusco), así que no se olvide de cambiar la transición para que se adecue al resto de su proyección de diapositiva y/o cambiar la posición de esta diapositiva en la Cesta de fotografías.

Paso 12:

Si desea cambiar el color de su diapositiva (el color que aparece como predeterminado es el negro), puede hacerlo seleccionando su diapositiva en la Cesta de fotografías, y dirigiéndose después al menú **Edición** del **Editor de proyección de diapositivas** y seleccionando la opción **Cambiar color de fondo**. Esto hará aparecer un cuadro de diálogo en el que puede elegir un color distinto haciendo clic en una muestra de color.

Elija un color, haga clic en **OK** y se cambiará el color de la diapositiva por el que haya seleccionado.

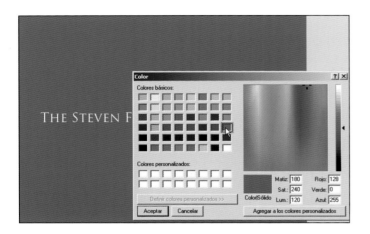

Paso 13:

De acuerdo, las diapositivas están en orden, hemos elegido las transiciones y hemos creado los títulos. Ahora, procedamos a darle el tono final, la música. Para añadir música a su proyección de diapositivas, haga clic en el icono Añadir sonido (el icono de la nota musical que encontrará en la barra de opciones del cuadro de diálogo), y seleccione la opción **Añadir sonido del Organizador**. Aparecerá el cuadro de diálogo **Añadir sonido**, en el que puede buscar sus propios archivos musicales o seleccionar un tema de una lista de archivos musicales que aparecen en su catálogo.

Para escuchar una canción de las que aparecen en el catálogo, haga clic en su nombre en la lista y haga clic en el botón **Reproducir** dentro de ese cuadro de diálogo. Cuando encuentre una canción que le guste, haga clic en su nombre en la lista, y después haga clic en el botón **OK**.

Paso 14:

Ahora es el momento de ver la proyección de diapositivas terminada. Haga clic en el botón **Previsualizar en pantalla completa** que encontrará en la esquina superior derecha del cuadro de diálogo del **Editor de proyección de diapositivas** y siéntese, relájese y disfrute de la "magia". Si, cuando esté viendo la previsualización a pantalla completa, ve algo que desea cambiar, sólo tiene que hacer doble clic en la pantalla para volver al **Editor de proyección de diapositivas**.

Paso 15:

Cuando la proyección alcance la perfección (o su satisfacción personal, lo que consiga primero), es el momento de llevar a cabo su salida en la forma final. Diríjase al menú **Archivo** del **Editor de proyección de diapositivas**, y seleccione **Salida como WMV** (para crear una película de vídeo de Windows Media, en cuyo caso aparecerá una cuadro de diálogo que le permite configurar el ajuste de calidad) o **Grabar un CD de vídeo** (opción que hará aparecer un cuadro de diálogo en el que se le pide que guarde su proyección de diapositivas). Y ya está, acaba de crear su primera proyección de diapositivas completa. Ahora, vaya y tómese una copa (¡eh, eso es lo que hacen los directores!).

CREAR PÁGINAS DE ÁLBUM FOTOGRÁFICO

Ésta es una de mis cosas favoritas en Elements 3, porque Adobe ha llevado a cabo un trabajo realmente ingenioso. Han creado una serie de plantillas excelentes para páginas de álbum de fotos y de álbum de recorte digital; todo lo que tiene que hacer es elegir el diseño que más le guste, y el programa se ocupará de lo demás. Veamos cómo podemos empezar a utilizar esta estupenda característica:

Paso 1:

Empiece por dirigirse al Organizador y hacer clic manteniendo pulsada la tecla **Control** sobre las fotografías que desea incluir en su primera página de álbum fotográfico. A continuación, haga clic en el botón **Crear** que encontrará en la barra de opciones, en la parte superior central de la ventana del Organizador.

Paso 2:

Cuando aparezca el cuadro de diálogo **Configurar creación**, en la lista de creaciones que aparece en la parte izquierda de dicho cuadro de diálogo, haga clic en **Páginas de álbum de fotografías** y, a continuación, haga clic en el botón **OK**.

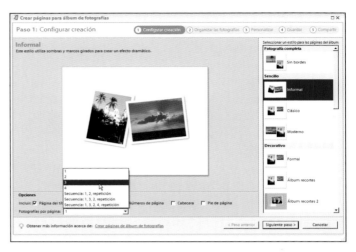

Paso 3:

Aquí es donde seleccionaremos el diseño que prefiramos para nuestras páginas de álbum de fotos, haciendo clic en uno de los estilos que aparecen en la parte derecha del cuadro de diálogo.

Cuando haga clic en un diseño, podrá ver una previsualización del mismo a la izquierda. Una vez que haya escogido su diseño, decida cuántas fotografías quiere que aparezcan en su página en el menú desplegable **Fotografías por página**, dentro de la categoría **Opciones**, en la parte inferior izquierda del cuadro de diálogo. Además puede incluir pies de ilustración, un título de página, etc.; a continuación, haga clic en el botón **Siguiente paso**.

Paso 4:

Ahora es el momento de arrastrar y soltar las fotografías en el orden en el que desee que aparezcan.

Por defecto, la primera fotografía importada aparece como la fotografía de la página de título (si seleccionó esa opción en el paso anterior), así que, si desea que aparezca una fotografía distinta en el título de página, sólo tiene que hacer clic sobre ella y arrastrarla a la primera posición.

Una vez que tenga las fotografías en el orden que desee, haga clic en el botón **Siguiente paso**.

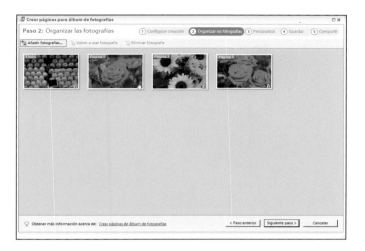

Paso 5:

La primera página que verá es la página de título, y puede editar el texto que aparece en la parte superior en la página más tarde pero, por ahora, haga clic en la flecha en dirección a la derecha de la previsualización de página de título para acceder a su primera página de álbum de fotos.

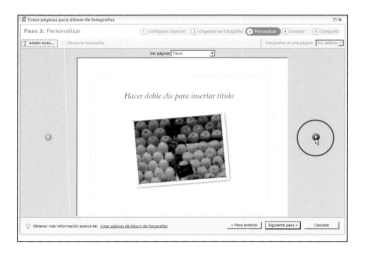

Paso 6:

Aquí es donde determinaremos cómo se recortarán las fotografías en sus marcos. Si hace clic en una de las fotografías, verá que aparece un borde de recorte a su alrededor. Puede mover o redimensionar la fotografía arrastrando uno de los puntos de esquina.

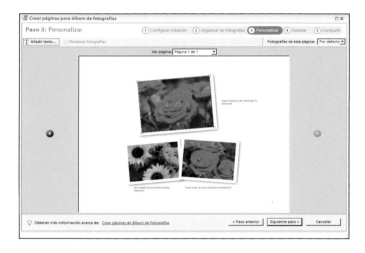

Paso 7:

En el ejemplo que aparece aquí, arrastre hacia afuera el punto de la esquina inferior derecha del borde de recorte, lo que recortará la fotografía más de cerca. Las áreas transparentes que aparecen en la parte exterior del borde fijado de su fotografía se eliminarán cuando se imprima la página del álbum. Para ver el aspecto que tiene su recorte, haga clic en cualquier otra fotografía. Si no le gusta el orden de las fotografías (digamos que quiere que las flores amarillas aparezcan arriba), sólo tiene que hacer clic en el botón **Paso anterior** y arrastrarla a la segunda posición, justo después de la página de título.

Cuando las fotografías estén en orden, haga clic en el botón **Paso siguiente**. (Nota: Si desea editar su página de título, es el momento de hacerlo. Sólo tiene que hacer clic en el botón de la flecha de Página anterior que aparece a la izquierda de la ventana de previsualización, hacer doble clic en el cursor de texto que aparece, e introducir el texto que desee en el cuadro de diálogo **Título**. Sólo tiene que hacer clic en el botón de la flecha a la derecha para volver a la página de su álbum.)

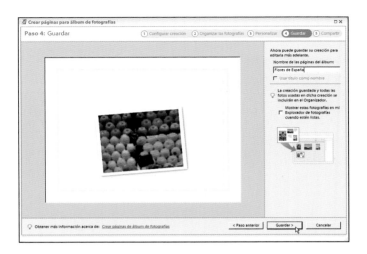

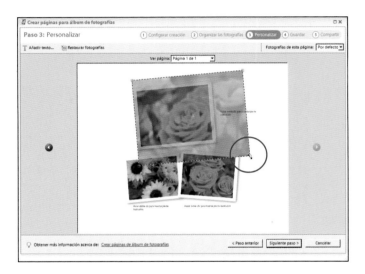

Paso 8:

Es el momento de guardar su página de álbum, así que póngale un nombre (en el campo **Nombre de las páginas del álbum** que aparece en la parte derecha del cuadro de diálogo) y, a continuación, haga clic en el botón **Guardar**. Sólo un paso más...

Paso 9:

A continuación verá una lista de cosas que puede hacer con su página de álbum de fotografías: crear un PDF, imprimirlo o mandarlo por correo electrónico. Haga clic en la opción que le suene mejor y ¡listo! Por cierto, si desea editar o hacer cualquier otra cosa con su página de álbum, lo encontrará en la ventana del Organizador (ahora mismo es la primera miniatura en la ventana).

CREAR TARJETAS DE FELICITACIÓN O POSTALES

Si le interesa estafar unos cuantos euros a Hallmark, aquí tiene una excelente forma de hacerlo, ¡cree sus propias tarjetas de felicitación! Pero no se trata sólo de dinero, se trata más de la personalización, que sólo se puede conseguir si utiliza una de sus propias fotografías para conseguir que su tarjeta sea realmente especial (¡y barata!). Veamos cómo no salirnos del presupuesto en vacaciones (es una broma):

Paso 1:

Comience desde el Organizador, escogiendo la fotografía que desea utilizar en la parte delantera de la tarjeta de felicitación. A continuación, haga clic en el botón **Crear** en la barra de opciones, situada en la parte superior del Organizador.

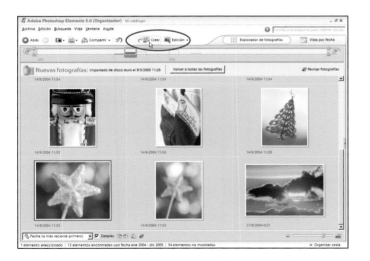

Paso 2:

En el cuadro de diálogo **Configurar creación**, seleccione la opción **Tarjetas** en la parte izquierda, y, a continuación, haga clic en **OK**.

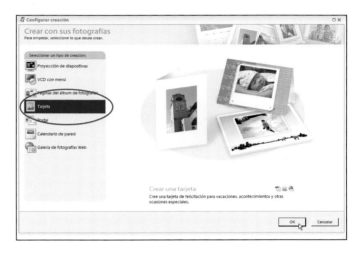

Paso 3:

A continuación procederemos a escoger un diseño de la lista de estilos que aparece en la parte derecha del cuadro de diálogo. Si se desplaza un poco hacia abajo, encontrará varias plantillas preestablecidas (como la que se muestra aquí de una sección denominada **Saludos estacionales**) o puede decidirse por diseños más tradicionales volviendo a los primeros diseños (truco: decántese por lo tradicional).

Una vez escogido el diseño (por favor, no escoja el que yo escogí aquí), haga clic en el botón **Paso siguiente**.

Paso 4:

A continuación se le pregunta cuál es la fotografía que desea utilizar. ¿Por qué no utilizamos la que seleccionamos previamente? Haga clic en el botón **Paso siguiente**.

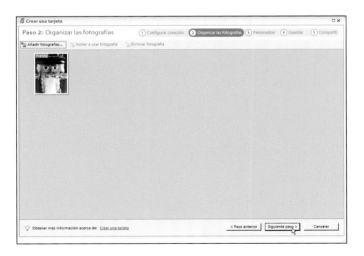

Paso 5:

Esta sección le permite personalizar el texto que aparecerá en su tarjeta, y también le permite recortar su fotografía dentro del borde arrastrando los manejadores de recorte hacia afuera (la imagen se recortará dentro del marco fotográfico preestablecido). Para añadir su propio texto, haga doble clic directamente en las palabras **Haga doble clic para insertar título**, y aparecerá el cuadro de diálogo **Título**. Una vez que haya introducido su texto (y haya escogido la fuente, el color, etc., en el cuadro de diálogo **Título**), haga clic en el botón **Hecho**. (Nota: Para añadir texto dentro de su tarjeta, seleccione la opción **Dentro** en el menú desplegable **Ver página** que encontrará encima del área de previsualización, y haga doble clic en el cursor de texto en la previsualización para introducir su texto en el cuadro de diálogo **Felicitación**.) A continuación, haga clic en el botón **Paso siguiente**.

Paso 6:

En esta pantalla, simplemente tiene que introducir un nombre en el campo **Nombre de tarjeta** y hacer clic en el botón **Guardar**, de forma que si desea editarla posteriormente, tenga acceso al original.

Paso 7:

En la pantalla final, verá una serie de cosas que puede hacer con su tarjeta de felicitación: crear un PDF, imprimirla, o enviarla por *e-mail*. Haga clic en la opción que desee, y ¡listo!

Postales

Paso 1:

Crearemos las postales de la misma forma que hemos creado una tarjeta de felicitación, así que no le haré pasar de nuevo por el mismo proceso; sólo tiene que seguir los pasos explicados previamente, excepto que, en el paso 2, debe escoger la opción **Postal** en lugar de **Tarjeta**.

CREAR CALENDARIOS

De acuerdo, pongamos que tiene 12 instantáneas realmente buenas. ¿Qué hacemos? Eso es, es el momento calendario, y utilizar las plantillas incluidas (y la fecha automática) es realmente tan sencillo que casi tiene la obligación de crear sus propios calendarios.

Paso 1:

Abra el Organizador y haga clic manteniendo pulsada la tecla **Control** en todas las fotografías que desee que aparezcan en su calendario. (Probablemente no hay necesidad de decir esto, pero abra al menos 13 de forma que tenga una para la portada y una para cada uno de los meses.) A continuación, haga clic en el botón **Crear** en la barra de opciones, en la parte superior del Organizador.

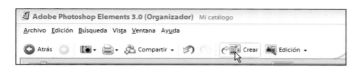

Paso 2:

Cuando aparezca el cuadro de diálogo **Configurar creación**, seleccione la opción **Calendario de pared** en la lista de opciones que aparece en la parte izquierda del cuadro de diálogo, y haga clic en **OK**.

Paso 3:

En este punto haremos dos cosas importantes: (1) escogeremos el diseño para su calendario en la lista de plantillas de calendario que aparece en la parte derecha del cuadro de diálogo y (2) en la esquina inferior izquierda, seleccionaremos las fechas de inicio y de fin de su calendario en los menús emergentes. Cuando seleccione estas fechas, Photoshop Elements 3 llevará a cabo el trabajo duro (poner las fechas) por usted. Cuando haya terminado de llevar a cabo sus decisiones, haga clic en el botón **Paso siguiente**.

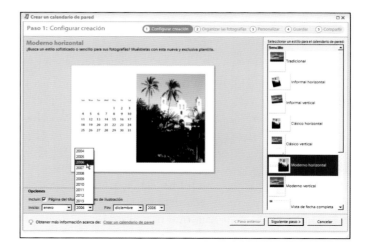

Paso 4:

A continuación decidiremos qué fotografía irá con cada uno de los meses, simplemente arrastrando y soltando sus fotografías en el orden que escoja (observe que el mes para cada imagen aparece en la esquina superior izquierda de las miniaturas de las imágenes). Cuando estén en orden, haga clic en el botón **Paso siguiente**.

Paso 5:

El siguiente cuadro de diálogo le permite añadir pies de ilustración y recortar sus fotografías, empezando por la primera. Para añadir un pie de ilustración, sólo tiene que hacer doble clic en el cuadro de texto que aparece y accederá al cuadro de diálogo **Pie de ilustración**, en el que puede incluir sus propios títulos. A continuación, haga clic en el botón de la flecha en dirección derecha que encontrará a la derecha de la previsualización de forma que pueda desplazarse y editar cada uno de los meses. Para recortar sus fotografías al tamaño adecuado, sólo tiene que hacer clic en una de las esquinas del borde de recorte visible y arrastrar hacia fuera hasta que se adapte al marco predeterminado de la forma que quiera. (Nota: Las áreas transparentes que se encuentran fuera del borde original se recortarán.) Cuando tenga un aspecto satisfactorio, haga clic en el botón **Paso siguiente**.

Paso 6:

En la siguiente pantalla, sólo tiene que introducir un nombre en el campo **Nombre del calendario de pared**, y, a continuación, hacer clic en el botón **Guardar** que aparece en la parte inferior del cuadro de diálogo. En la última pantalla tendrá que decidir cuál será la salida final de su calendario en la parte derecha del cuadro de diálogo: crear un PDF de él, imprimirlo o enviarlo por *e-mail*. Así de fácil, ¡su primer calendario!

CREAR SU PROPIO SITIO WEB DE FOTOGRAFÍAS

Si desea que sus fotografías lleguen a un público más amplio, no hay una forma mejor que crear un sitio Web de fotografías, y, una vez más, Elements 3 lleva a cabo todo el trabajo duro por usted. Todo lo que tiene que hacer es básicamente escoger las fotografías que desee y el diseño que le guste, y él hará el resto. (Ya he hablado de la Galería de fotografías Web en detalle previamente en este libro, pero quería hablar un poco de ella aquí también, puesto que es una de las funciones **Crear** y probablemente usted esperaba encontrarla en este capítulo.) Veamos cómo hacerlo:

Paso 1:

Abra el Organizador y haga clic manteniendo pulsada la tecla **Control** sobre las fotografías que desee que aparezcan en su galería Web. A continuación, haga clic en el botón **Crear** en la barra de opciones, que encontrará en la parte superior del Organizador.

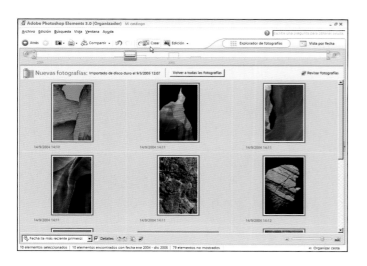

Paso 2:

Cuando aparezca el cuadro de diálogo **Configurar creación**, seleccione la opción **Galerías de fotografías Web** en la lista de creaciones que aparece en la parte izquierda del cuadro de diálogo, y haga clic en **OK**.

Paso 3:

Esto hará aparecer un cuadro de diálogo en el que puede llevar a cabo las decisiones más importantes. La primera de ellas es qué diseño desea utilizar para su galería. Seleccione el que quiera en el menú desplegable **Estilo de galería** que encontrará en la parte superior del cuadro de diálogo. Hay una previsualización del aspecto que tiene cada galería, pero tiene que escoger primero el nombre en la lista, y, cuando suelte el botón, aparecerá la previsualización de ese estilo de galería en la ventana del cuadro de diálogo.

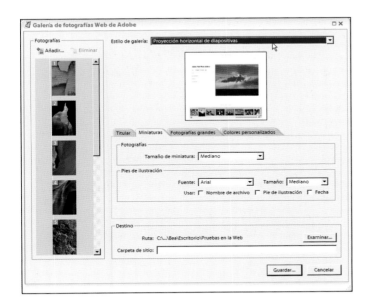

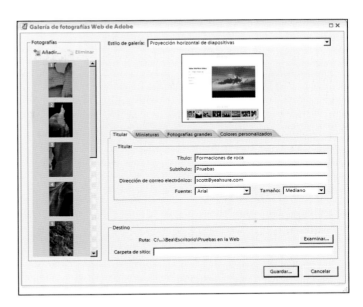

Paso 4:

Si la pestaña **Titular** no es la pestaña activa, haga clic en la palabra "**Titular**" para acceder a las opciones. Aquí es donde tiene que añadir el nombre a su sitio y su dirección de correo electrónico si lo desea (esto es especialmente importante si tiene clientes a los que enseña pruebas desde este sitio Web).

En la parte inferior de la pestaña **Titular**, en la categoría **Destino**, aparece la ubicación dentro de su disco duro en la que se guardará el archivo HTML y la carpeta de imágenes, así que haga clic en el botón **Examinar** y seleccione esto ahora, de forma que posteriormente pueda encontrar la galería de forma sencilla, cuando vaya a cargarla a la Web.

Paso 5:

Las etiquetas **Miniaturas** y **Fotografías grandes** son los apartados en los que determinará el tamaño de sus imágenes de miniaturas en su sitio Web, y el tamaño de las fotografías a tamaño completo que aparecerán cuando un cliente haga clic en una de las miniaturas.

Puede ceñirse a los tamaños predeterminados, o hacer clic en la pestaña **Fotografías grandes** para escoger un tamaño y un ajuste de calidad personalizados.

También puede escoger el lugar en el que aparecerán los pies de ilustración debajo de las fotografías, y, en este caso, puede escoger también la fuente y el tamaño.

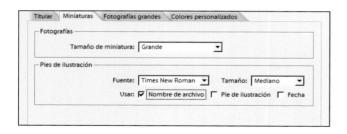

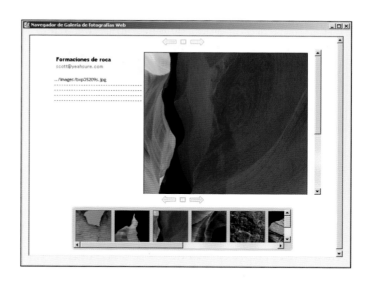

Paso 6:

Haga clic en el botón **Guardar** en el cuadro de diálogo, y su página Web será creada y guardada.

A continuación, Elements 3 mostrará una previsualización a tamaño completo de su página Web HTML terminada en el **Navegador de Galería de fotografías Web** (como aparece aquí). A continuación, observe la carpeta que especificó previamente y encontrará un documento HTML (llamado `index`) junto con las carpetas de sus imágenes, miniaturas, páginas, etc., listas para cargarse en la Web (siempre y cuando tenga un sitio donde cargarlas, por supuesto). Nota: Todo lo que haya en esa carpeta se cargará: archivos, carpetas y todo el tinglado.

CREAR UN CD DE VÍDEO

Si ha creado algunas proyecciones de diapositivas (utilizando la característica **Proyección de diapositivas** mencionada previamente en este capítulo), puede coger esas proyecciones y transferirlas a un CD de vídeo, que podrá reproducirse en muchos reproductores de DVD (de forma que puede verlas directamente en la televisión), y puede hacerlo todo directamente desde Elements 3. Veamos cómo funciona:

Paso 1:

Primero, tiene que crear sus proyecciones de diapositivas, así que haga esto primero, porque lo que vamos a hacer es crear un CD de proyecciones de diapositivas con un menú predeterminado de Elements. En consecuencia, si no tiene proyecciones de diapositivas no podrá crear un CD, así que empiece por ahí (diríjase al tutorial sobre proyecciones de diapositivas explicado previamente en este capítulo). Una vez que tenga creadas sus proyecciones de diapositivas, diríjase al Organizador y haga clic en el botón **Crear**.

Paso 2:

Cuando aparezca el cuadro de diálogo Configurar creación, en la lista de creaciones que aparece en la parte izquierda, seleccione la opción VCD con menú y haga clic en **OK**.

Paso 3:

El cuadro de diálogo que aparece es el lugar en el que selecciona las proyecciones de diapositivas que se incluirán en el vídeo CD. Para añadir proyecciones de diapositivas a la lista, haga clic en el botón **Añadir proyecciones de diapositivas** que se encuentra en la esquina superior izquierda y aparecerá un cuadro de diálogo en el que puede seleccionar cuáles de sus proyecciones de diapositivas guardadas aparecerán en su VCD haciendo clic en ellas. A continuación, haga clic en **OK** para añadirlas al cuadro de diálogo principal.

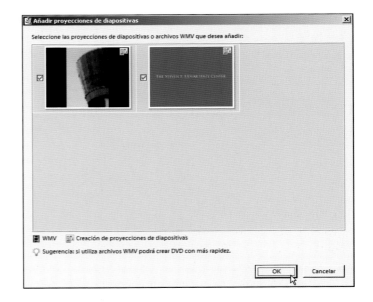

Paso 4:

Una vez que sus diapositivas aparezcan en la ventana principal, puede insertar un CD vacío en la grabadora de CD de su ordenador, y hacer clic en el botón **Grabar** que aparece en la parte inferior derecha del cuadro de diálogo para grabar sus proyecciones de diapositivas en un disco. Nota: Asegúrese de tener activada la opción **PAL** en la sección **Opciones de vídeo** del cuadro de diálogo. Ahora puede insertar su VCD en un reproductor de DVD y ver la proyección de diapositivas en su televisor.

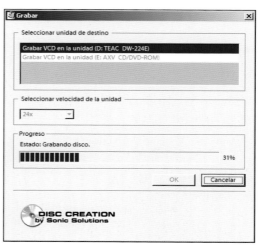

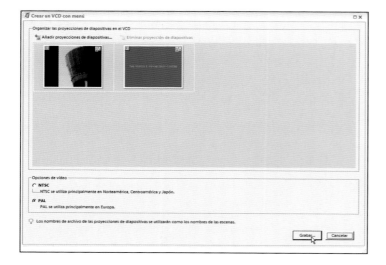

Fotógrafos colaboradores

A

> Apéndice A. **Fotógrafos colaboradores**

DAVID CUERDON

David Cuerdon lleva más de veinte años trabajando como fotógrafo comercial.

Fue uno de los primeros fotógrafos en utilizar la tecnología digital para la fotografía de moda a tiempo completo, desde 1995. David ha ganado dos veces el premio Mac Design "Crabby" de fotografía. En la actualidad, David dirige uno de los estudios de fotografía digital más avanzados del país para Value City Department Stores en Columbus, Ohio, donde reside con su encantadora mujer y colaboradora, Lisa, que es maquilladora, y su maravilloso hijo Ian.

JEANNIE THERIAULT

Jeannie Theriault es fotógrafa, editora y educadora; vive en Jacksonville, Florida. Empezó su carrera fotográfica como detective privado en Boston y, desde entonces, ha expuesto su trabajo en Boston, Puerto Rico y Jacksonville.

Siempre ha encontrado una gran fuente de inspiración en lugares y personas especiales, pero también le gusta plasmar aspectos poco usuales de los objetos normales.

Sus imágenes se han publicado tanto en Jacksonville como a nivel internacional, y su trabajo aparece también en el libro The Photoshop CS Book for Digital Photographers. Más recientemente, teNeues Publishing Group publicó su caja de tarjetas de grandes escapadas para su distribución por todo el mundo. Jeannie vive en Jacksonville con su marido y sus dos hijos pequeños.

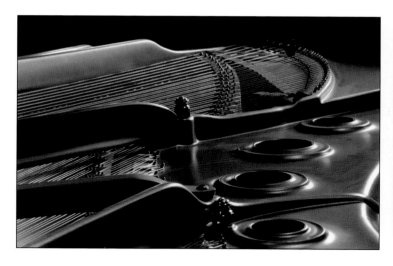

CAROL FREEMAN

Carol Freeman es una fotógrafa de gran talento que combina sus habilidades de diseño gráfico y fotográficas con su amor y aprecio por el mundo natural.

Su trabajo ha aparecido en muchas publicaciones, entre las que se incluyen *The 2002 Audubon Wildflower Calendar*, *Kew Magazine* y *Nikon World Magazine*, entre otras. Su obra está patrocinada por Nikon y es ponente invitada para Fuji Photo Film USA, donde dirige seminarios en muchos aspectos intrigantes y desconcertantes de la fotografía de la naturaleza. La obra de Carol ha recibido numerosos premios; los más recientes el Graphic Design USA y el Bronze Summit por su calendario In Beauty, I Walk 2002. Lo que más le gusta a Carol es estar en el exterior, en la naturaleza, buscando su próxima fotografía. Si desea contactar con ella puede hacerlo en el 847-404-8508.

DAVID MOSER

Dave se inició en su profesión como fotógrafo haciendo fotografía ecuestre, y su trabajo se publicó en una gran cantidad de revistas ecuestres.

Después, estudió fotografía biomédica en RIT, antes de convertirse en pionero en la entrega de noticias por Internet, como uno de los fundadores del portal Web MacCentral.com. Hoy en día, Dave trabaja como directivo jefe de operaciones para KW Media Group, y editor de la revista *Capture User* de Nikon.

La fotografía sigue siendo una parte importante de su vida, puesto que ahora principalmente fotografía naturaleza y conciertos. Su obra aparece en numerosos libros de Photoshop.

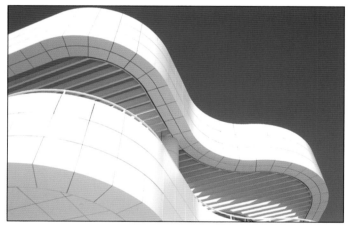

> Apéndice B

Recursos adicionales

B

> Apéndice B. **Recursos adicionales**

ScottKelbyBooks.com

Si desea obtener información sobre otros libros de Scott, visite su sitio Web de libros. Si busca información sobre Scott, visite el sitio Web http://www.scottkelby.com.

http://scottkelbybooks.com

Boletín de noticias Photoshop Elements Techniques

Este boletín de noticias ofrece un completo conjunto de técnicas y trucos prácticos y reales de algunos de los principales gurús de Photoshop Elements, entre los que se incluyen Dave Cross, Jan Kabili, Dave Huss y Scott Kelby. Cada tema de Elements será un recurso realmente valioso para los fotógrafos digitales. Visite el sitio Web, en el que encontrará información sobre la suscripción a este servicio.

http://www.photoshopelementsuser.com

Sitio Web de técnicas de Photoshop Elements

Este recurso fundamental para los usuarios de Photoshop Elements ofrece tutoriales, descargas, foros y mucho más. El sitio contiene además las últimas noticias y trucos de Elements, y concursos.

http://www.photoshopelementsuser.com

Videos de KW Computer Training

Scott Kelby y Dave Cross aparecen en una serie de DVD de formación de Adobe Photoshop y Adobe Photoshop Elements, cada uno de ellos sobre un tema determinado de Photoshop o Elements, disponibles a través de KW Computer Training. Visite el sitio Web o llame al 813-433-5000 si desea hacer un pedido u obtener más información.

http://www.photoshopvideos.com

Asociación nacional de profesionales de Photoshop (NAPP)

La asociación comercial de la industria para usuarios de Adobe Photoshop y el recurso líder a nivel mundial en lo que se refiere a formación, educación y noticias sobre Photoshop.

http://www.photoshopuser.com

Photoshop Down & Dirty Tricks

Scott es también el autor del best seller Photoshop Down & Dirty Tricks, y el sitio Web de la guía del libro tiene toda la información sobre éste, que puede encontrar en las librerías de todo el país.

http://downanddirtytricks.com

Tour de seminarios de Photoshop

Vea a Scott en vivo en la gira de seminarios de Adobe Photoshop, los seminarios sobre Photoshop más populares en América. Encontrará las próximas fechas de celebración y los programas de clases en el sitio Web del tour.

http://www.photoshopseminars.com

PhotoshopWorld Conference & Expo

La convención para usuarios de Adobe Photoshop se ha convertido en el acontecimiento sólo de Photoshop más grande del mundo. Scott Kelby es el presidente técnico y el director educativo, además de uno de los instructores.

http://www.photoshopworld.com

PlanetPhotoshop.com

Este sitio fundamental de Photoshop ofrece noticias, tutoriales, reseñas y artículos sobre Photoshop publicados a diario. El sitio contiene asimismo la información más actualizada sobre otros sitios Web relacionados con Photoshop.

http://www.planetphotoshop.com

Mac Design Magazine

Scott es editor jefe de Mac Design Magazine, la revista gráfica para usuarios de Macintosh. Se trata de una revista de tutoriales con columnas que explican cómo hacer cosas en Photoshop, Illustrator, InDesign, Dreamweaver, Final Cut Pro, etc. También encontrará trucos y métodos abreviados que podrá utilizar en sus aplicaciones gráficas favoritas.

http://www.macdesignonline.com

> Índice Alfabético

> A

> E

> P

> R

> S

04 06